中國學術思想 研究輯刊

三八編

林慶彰 主編

第13冊

倫理與文化論集（下）

肖群忠 著

花木蘭文化事業有限公司

國家圖書館出版品預行編目資料

倫理與文化論集（下）／肖群忠 著 -- 初版 -- 新北市：花木
蘭文化事業有限公司，2023〔民112〕
目 2+200 面；19×26 公分
（中國學術思想研究輯刊 三八編；第 13 冊）
ISBN 978-626-344-401-0（精裝）
1.CST：中國文化 2.CST：倫理學 3.CST：文集
030.8   112010424

ISBN-978-626-344-401-0

中國學術思想研究輯刊
三八編 第十三冊   ISBN：978-626-344-401-0

倫理與文化論集（下）

作　　者　肖群忠
主　　編　林慶彰
總 編 輯　杜潔祥
副總編輯　楊嘉樂
編輯主任　許郁翎
編　　輯　張雅淋、潘玟靜　美術編輯　陳逸婷
出　　版　花木蘭文化事業有限公司
發 行 人　高小娟
聯絡地址　235 新北市中和區中安街七二號十三樓
　　　　　電話：02-2923-1455／傳真：02-2923-1452
網　　址　http://www.huamulan.tw 信箱 service@huamulans.com
印　　刷　普羅文化出版廣告事業
封面設計　劉開工作室
初　　版　2023 年 9 月
定　　價　三八編 16 冊（精裝）新台幣 42,000 元
　　　　　　　　　　　　　　　　版權所有 · 請勿翻印

倫理與文化論集（下）

肖群忠　著

目

次

家教家風與立德樹人

近年來，在弘揚中華優秀傳統文化、踐行社會主義核心價值觀的過程中，中央媒體對家風家教的宣傳引起了全社會的共鳴和好評。習近平總書記在會見第一屆全國文明家庭代表時的講話，指出了要「三注重」：即注重家庭、注重家教、注重家風。那麼，我們為什麼要重視家庭？家教的核心內容是什麼？家訓、家教、家風對立德樹人又能發揮哪些作用？這是我們欲加以探討的問題。

（一）家庭及其德育功能的重要性

中華民族生活在東亞這個廣袤的土地上，形成了獨特的社會結構與文化傳統，地緣政治治理關係沒有完全擺脫血緣家族關係的影響，社會結構呈現出一種家國同構的模式，家是國的基礎，國是家的擴大，家更是「天下」這個中華民族共同體的基礎。正是在這樣的社會結構和文化傳統中，產生了儒家的修身、齊家、治國、平天下的倫理政治思想。中國人就是在這種家國同構的社會裏生活過來的，重視血緣親情和家庭是我們民族的傳統和價值觀。習近平總書記指出：「中華民族歷來重視家庭。」正所謂「天下之本在家」。旨在強調家庭對於國家治理、天下興亡的重要作用。

家庭是我們的生活共同體。家是人的出生之地，是人的生活依託和物質家園。我們需要父母親人的供養，才能完成生理成長、學業發展，才能成家立業。不僅如此，家還是我們的精神家園，如果我們缺乏一種家園感，我們的靈魂就無處棲息安頓，而難以安身立命。有父母才有家，這就是無數中國人過年時都要不遠萬里回家省親的原因。

德育是家庭的重要功能。家庭是人生的第一個課堂，父母是孩子的第一任老師。孩子們從牙牙學語起就開始接受家教，有什麼樣的家教，就有什麼樣的人。家庭教育涉及很多方面，但最重要的是品德教育，是如何做人的教育。也就是古人說的「愛子，教之以義方」，「愛之不以道，適所以害之也」。家長特別是父母對子女的影響很大，往往可以影響一個人的一生。中國古代流傳下來的孟母三遷、岳母刺字、畫荻教子都是母教的光輝典範。

良好家風還是人生吉祥幸福的保障，是社會文明的基礎。習近平總書記指出：「家風是社會風氣的重要組成部分。家庭不只是人們身體的住處，更是人們心靈的歸宿。家風好，就能家道興盛、和順美滿；家風差，難免殃及子孫、貽害社會。」正所謂「積善之家，必有餘慶；積不善之家，必有餘殃。」家庭是社會的細胞。家庭和睦則社會安定，家庭幸福則社會祥和，家庭文明則社會文明。

（二）德教是傳統家訓的核心內容

家訓，主要是指父祖對子孫、家長對家人、族長對族人的訓示教誨。也有夫妻間、兄弟姐妹間的囑託和誡勉。它的形式豐富多樣，但都具有言簡意賅、思想內容精粹、實踐針對性強、文字淺顯易記、易於教化實踐等特點。

家訓是家教、家風的文本規範體現和經驗積累。家教是長輩對於晚輩的實際教育活動。家訓家教的基本功能是倫理教化功能，家訓家教在家庭、宗族中有效倡行了敦親睦鄰、立身修德、謙恭處世等倫理道德準則，薰陶培育出品德高尚、清正廉明、為國為民的名臣賢士。家訓與家教培育促進了良好家風的形成，良好家風則構成了立德樹人育才的良好家庭環境與風氣。

傳統家訓的內容一般來說包括睦親治家、教子立身、處世之道幾個方面。

《朱子家訓》的作者是宋代大儒朱熹，他以弘揚理學為己任，力求重整倫理綱常、道德規範，重建價值理想、精神家園。在這樣的背景下產生的《朱子家訓》必然以道德作為其核心，其內容體現出對五倫關係及其道德義務的宣揚，當然也涉及到家庭關係、社會關係的處理以及個人修養，但其開篇卻是先講各種人倫道德義務，具有某種非家訓而呈國教的意味。他的儒家宗師地位，使他所寫的家訓就更多的具有官方正統道德宣示的意味，如其開宗明義就說：「君之所貴者，仁也。臣之所貴者，忠也。父之所貴者，慈也。子之所貴者，孝也。兄之所貴者，友也。弟之所貴者，恭也。夫之所貴者，和也。婦之所貴者，柔也。事師長貴乎禮也，交朋友貴乎信也。」當然家訓這種文本都

具有一定的綜合性，《朱子家訓》除了這種倫理綱常、道德規範的宣示外，也有一些人際之道的教訓，如「見老者，敬之；見幼者，愛之。有德者，年雖下於我，我必尊之；不肖者，年雖高於我，我必遠之。慎勿談人之短，切莫矜己之長。仇者以義解之，怨者以直報之，隨所遇而安之。人有小過，含容而忍之；人有大過，以理而諭之。」涉及齊家與個人修養的如「詩書不可不讀，禮義不可不知。子孫不可不教，童僕不可不恤。」「勿以善小而不為，勿以惡小而為之」。

朱柏廬《治家格言》顯然以治家為重點，體現了傳統中國人的家庭生活方式和齊家之道。它僅 522 字，但其巨大影響卻一直延續到當代。其文首曰：「黎明即起，灑掃庭除，要內外整潔。既昏便息，關鎖門戶，必親自檢點。一粥一飯，當思來處不易；半絲半縷，恒念物力維堅。宜未雨而綢繆，勿臨渴而掘井。自奉必須儉約，宴客切勿流連。器具質而潔，瓦缶勝金玉。飲食約而精，園蔬愈珍饈。勿營華屋，勿謀良田。」這些講究家庭清潔衛生，注意安全，節儉持家，禮貌待客，未雨綢繆等等思想對於中國人的生活方式發生了持久深刻的影響。「施惠無念，受恩莫忘。凡事當留餘地，得意不宜再往。人有喜慶，不可生妒忌心，人有禍患，不可生喜幸心。善欲人見，不是真善；惡恐人知，便是大惡。見色而起淫心，報在妻女；匿怨而用暗箭，禍延子孫。」這些人際之道、處世之方也為中國人所長期珍視。

吳越錢氏家族是指吳越國開創者錢鏐及其後裔。錢鏐為五代時吳越國的開國國王，對杭州和江浙一帶的經濟發展起到了奠基作用，其子孫代代有名人，如清代乾嘉學派的代表人物錢大昕，當代政治家和學者錢其琛、錢正英、錢學森、錢偉長、錢三強、錢鍾書、錢復、錢穆皆是其後裔。《錢氏家訓》作為一本王家家訓，既包括修身、齊家內容，也包括治國平天下的內容。四個部分分得非常清楚，即個人、家庭、社會、國家。體現了傳統家訓的修齊治平的全面追求。一般家訓涉及國家政治治理內容的不多，由於它是地方王家家訓，因此，在第四部分專門講政治治理原則和個人官德官守。比如：從政的基本原則：「執法如山，守身如玉，愛民如子，去蠹如仇。嚴以馭役，寬以恤民。」治國不可能不謀利，利以養民濟世，如何謀利？「利在一身勿謀也，利在天下者必謀之；利在一時固謀也，利在萬世者更謀之。」另外，還講到了官員的品德修養問題：「大智興邦，不過集眾思；大愚誤國，只為好自用。聰明睿智，守之以愚；功被天下，守之以讓；勇力振世，守之以怯；富有四海，守之以

謙。」集思廣益，力戒「愚而自專」，保持謹慎、謙虛、禮讓之官德情操。最後要堅持「節用」的理財原則，「進賢」的人才原則，「興學」的強國原則，「交鄰」的邦交原則：「務本節用則國富，進賢使能則國強；興學育才則國盛；交鄰有道則國安。」都是寶貴的政治歷史經驗的集中表達。

（三）重視家教家風、立德樹人

家風是一個家庭或家族在共同生活中，經過培育並代代相傳沿襲下來的，體現家族成員精神風貌、道德品質、整體氣質的家族文化風格、風氣、風尚。家風對人的道德、人格的成長確實是通過無形的「薰育」，即如春風化雨、潤物細無聲的形式對人發生潛移默化的影響。如在家人和睦、夫妻恩愛的家庭裏長大的孩子，往往大多具有健全的人格與心理，也有較強的愛的能力。而在一個天天充滿暴力、冷戰的家庭環境裏成長的孩子，其人格與心理很難不受負面影響。又比如，少年的主要學習方式是模仿。因此，家長每天在幹什麼，孩子就會模仿。如家長天天都在看書學習，就容易培養起孩子學習的興趣與熱情；而家長天天打麻將卻要孩子去學習，這顯然是不可能的。

家教、家風不僅對小孩這個未來的公民發生影響，而且對已經成年的家庭成員也會發生重要影響。家風對於領導幹部家庭來說還具有倡廉、助廉，促進家庭吉祥幸福的作用。領導幹部的家風，不僅關係自己的家庭，而且關係黨風政風。各級領導幹部特別是高級幹部要繼承和弘揚中華優秀傳統文化，繼承和弘揚革命前輩的紅色家風，向焦裕祿、谷文昌、楊善洲等同志學習，做家風建設的表率，把修身、齊家落到實處。各級領導幹部要保持高尚道德情操和健康生活情趣，嚴格要求親屬子女，過好親情關，教育他們樹立遵紀守法、艱苦樸素、自食其力的良好觀念，明白見利忘義、貪贓枉法都是不道德的事情，要為全社會做表率。從政家庭的幹部是否能夠廉潔從政，不僅關係到本人的從政與人生之路是否平安，而且也關係到整個家庭的吉祥安康。大多數從政官員都是家庭的頂樑柱，一旦有事，對家人生活和子女心理都會帶來很大衝擊和影響，這種反面教訓不可不引起我們重視。

原載《光明日報》，2017 年 8 月 21 日第 15 版

「正家，而天下定矣」——習近平關於注重家庭家教家風建設重要論述研究

　　黨的十八大以來，習近平總書記提出許多治國理政和精神文明建設的思想，其中關於注重家庭家教家風建設的重要論述極為豐富和深刻，為培育和踐行社會主義核心價值觀和實現中華民族偉大復興中國夢提供了科學的理論指導和行動指南。

　　習近平總書記非常重視家庭家教家風建設，在許多論述中反覆強調這個問題。習近平總書記關於「注重家庭、注重家教、注重家風」（以下簡稱「三注重」）的重要論述，首先是在 2016 年 12 月 12 日會見第一屆全國文明家庭代表時的講話中提出和闡發的。《習近平關於注重家庭家教家風建設論述摘編》收集了習近平總書記 2012 年 11 月 15 日至 2020 年 12 月 28 日期間的報告、講話、談話、說明、答問等 60 多篇重要文獻。以此書為研究文本，可以進一步探究習近平總書記關於注重家庭家教家風建設重要論述的思想精髓，深刻理解這些重要論述的歷史背景和當代意義。

一、注重家庭既是中華民族的優良傳統也是時代需要

　　中華文明伊始，就以其不同於西方的「亞細亞生產方式」邁入文明社會，形成了其獨特的社會結構與文化傳統。地緣政治治理關係沒有完全擺脫血緣家族關係的影響，社會結構呈現出一種家國同構的模式，家是國的基礎，國是家的擴大，家更是「天下」這個中華民族共同體的基礎。正是在這樣的社會結構和文化傳統中，產生了儒家的修身、齊家、治國、平天下的政治思想和治國之道。習近平總書記深刻瞭解中國獨特的歷史、國情及文化傳統，指出：「中

華民族歷來重視家庭，正所謂『天下之本在國，國之本在家』」〔註1〕，「家是最小國，國是千萬家」〔註2〕。「三注重」重要論述，與習近平總書記自黨的十八大以來多次強調的重視中華優秀傳統文化，並以此作為培育社會主義核心價值觀基礎的文化建設論斷是一脈相承、一以貫之的。那麼，要重視家庭的什麼價值？其意義何在呢？

按照馬克思、恩格斯的兩種生產理論，人的生產是在家庭中進行的，物的生產主要是通過人的聯合的社會化大生產得以實現的。家是人的本根，是人的出生之地，沒有家和父母就沒有我們。家既是生我養我之地，也是人的生活依託和物質家園。人既需要一個物質家園，又需要一個精神家園，如果缺乏『家園感』，人的靈魂就無處棲息安頓，難以安身立命。因此，中國人特別重視家庭，家庭觀念非常深厚，這不僅是因為如馬克思所說的「亞細亞生產方式」的中國文化進路和特點所導致的，而且也是由中國文化的生命觀所決定的。西方文化、印度文化均視生命為個體，而中國文化的生命觀則認為生命是血親集體之間的聯結與薪火傳遞——我的生命是父母祖親給的，也將在子孫的生命中得到延續；我有孝敬父母祖親的責任，而我的子孫則有延續香火、光宗耀祖的倫理責任。在中國傳統社會，血親家庭成員之間責任共擔、榮辱與共。雖然現代社會人與家庭的關係發生了很大變化，但這種文化傳統的影響並未消除。

中國人就是在這種家國同構的社會裏生活的，重視家庭和血緣親情是中華民族的傳統和價值觀。近代中國，在中國人民救亡圖存的歷史時期，時代文化曾經呼喚我們要做走出家庭的「新青年」、「新女性」，這在一定歷史時期內有其客觀必然性和歷史合理性；現代西方公民社會理念要求區隔以家庭為核心的私人生活領域和公共生活領域，做到公私分明，這也有一定的合理性。「但是，無論時代如何變化，無論經濟社會如何發展，對一個社會來說，家庭的生活依託都不可替代，家庭的社會功能都不可替代，家庭的文明作用都不可替代。」〔註3〕在新的歷史條件下，我們為什麼要重新注重家庭，這是因為雖然

〔註1〕 習近平，《習近平關於注重家庭家教家風建設論述》摘編〔M〕，北京：中央文獻出版社，2021年，第11頁。

〔註2〕 習近平，《習近平關於注重家庭家教家風建設論述》摘編〔M〕，北京：中央文獻出版社，2021年，第5頁。

〔註3〕 習近平，《習近平關於注重家庭家教家風建設論述》摘編〔M〕，北京：中央文獻出版社，2021年，第3頁。

現代社會較之傳統中國發生了很大變化，但家庭的生活的物質依託功能、社會功能與文明功能卻不可替代。家庭對人不僅具有生活的物質依託功能和精神家園的安身立命作用，而且還具有重要的社會功能和文明教化作用。家庭可以通過良好家教和家風為社會培育出合格公民，這就是家庭的文明功能。

家庭是人們生活的物質依託和精神港灣，雖然現代人是以一個獨立個體的身份參與到社會生活中去的，有自己的職業生活、經濟生活與社會交往，但不可否認，絕大多數人仍然會組成家庭，生兒育女，實現人的再生產，並與家人組成生活共同體，相互恩愛與扶持，教育子女成人成才。隨著西方個體本位思想的滲入，無論是男性還是女性，在經濟上都實現了一定的獨立與解放，雖然獨身人士較傳統社會有所增加，但絕大多數人還是組成了家庭，並實際形成了家庭的上述功能。當代中國，家庭是社會的細胞，這個基本國情並沒有改變。在發展的新時期，家庭文明建設對於保障人民群眾的社會職業生活有所發展與成就以及私人的家庭生活和睦幸福尤為關鍵。如果不重視家庭文明建設，就會產生諸多家庭矛盾，既影響家庭和諧穩定，也影響社會和諧穩定。獨身、離婚、家庭矛盾等日益增多，縱然是由於現代社會的諸多變遷等複雜因素的影響，但忽視家庭文化與倫理建設，顯然也是原因之一。因此，我們首要的是在觀念上，通過社會輿論和價值引導，重新在全社會形成提倡家庭價值的觀念，接續傳承和弘揚中華民族自古以來形成的重視家庭的優良傳統，防止現代化進程中這一傳統的日益消解。習近平總書記提出，要傳承中華民族自古以來就有的這種重視家庭及其精神價值的優良傳統，他指出：「中華民族自古以來就重視家庭、重視親情。家和萬事興、天倫之樂、尊老愛幼、賢妻良母、相夫教子、勤儉持家等，都體現了中國人的這種觀念」〔註4〕；「中國人一直讚美賢妻良母、相夫教子、勤儉持家，這些是中華民族傳統優秀文化的重要組成部分」〔註5〕；除了在上述兩次講話中的概括外，2016 年 12 月 12 日，習近平總書記在會見第一屆全國文明家庭代表時的講話中對這種優良傳統及其重要作用作出了更為全面精準的概括，他說：「中華民族歷來重視家庭。正所謂『天下之本在家』。尊老愛幼、妻賢夫安，母慈子孝、兄友弟恭，耕讀傳家、勤儉持家，

〔註4〕 習近平，《習近平關於注重家庭家教家風建設論述》摘編〔M〕，北京：中央文獻出版社，2021 年，第 9 頁。
〔註5〕 習近平，《習近平關於注重家庭家教家風建設論述》摘編〔M〕，北京：中央文獻出版社，2021 年，第 9 頁。

知書達禮、遵紀守法，家和萬事興等中華民族傳統家庭美德，銘記在中國人的心靈中，融入中國人的血脈中，是支撐中華民族生生不息、薪火相傳的重要精神力量，是家庭文明建設的寶貴精神財富。」〔註6〕這次講話對傳統家庭美德的方方面面如老幼代際關係、親子關係、夫妻關係、兄弟關係都有論及，對傳家、持家、治家、齊家之道也有高度概括和肯定，並認為這些傳統不僅是家庭文明建設的寶貴精神財富，而且是支撐中華民族生生不息、薪火相傳的重要精神力量，對其價值與作用做了高度肯定。之後，習近平總書記又進一步指出，「中華民族歷來重真情、尚大義」〔註7〕，並以「回家過年」為例論證了中華文化重家重情對人們安身立命的作用，並分析了形成這種傳統的原因在於中華文明根植於農耕文明，「從耕讀傳家、父慈子孝的祖傳家訓，到鄰里守望、誠信重禮的鄉風民俗，等等，都是中華文化的鮮明標籤，都承載著華夏文明生生不息的基因密碼，彰顯著中華民族的思想智慧和精神追求」〔註8〕。習近平總書記把耕讀傳家、母慈子孝的家庭文明看作是中華文化的鮮明標籤和華夏文明生生不息的基因密碼，充分肯定了我國自古以來重視家庭及家庭文明建設優良傳統的重要性。

這種優良傳統之所以在現代社會還需要進一步弘揚發展，如前所述，是因為現代社會雖然發生了很多變化，但家庭的基本功能沒有變，而且因為家庭仍是我國當代社會結構中的細胞組織，是人民群眾日常生活的依託、場所和精神家園，千家萬戶好，國家才能好，民族才能好，「國家富強，民族復興，最終要體現在千千萬萬個家庭都幸福美滿上，體現在億萬人民生活不斷改善上」〔註9〕，注重家庭文明建設，因為這「關係到家庭和睦，關係到社會和諧，關係到下一代健康成長」〔註10〕。其目的從正面講是為了「發揚光大中華民族傳統家庭美德，促進家庭和睦，促進親人相親相愛，促進下一代健康成長，促

〔註6〕 習近平，《習近平關於注重家庭家教家風建設論述》摘編〔M〕，北京：中央文獻出版社，2021年，第10頁。

〔註7〕 習近平，《習近平關於注重家庭家教家風建設論述》摘編〔M〕，北京：中央文獻出版社，2021年，第10頁。

〔註8〕 習近平，《習近平關於注重家庭家教家風建設論述》摘編〔M〕，北京：中央文獻出版社，2021年，第11頁。

〔註9〕 習近平，《習近平關於注重家庭家教家風建設論述》摘編〔M〕，北京：中央文獻出版社，2021年，第11頁。

〔註10〕 習近平，《習近平關於注重家庭家教家風建設論述》摘編〔M〕，北京：中央文獻出版社，2021年，第9頁。

進老年人老有所養」〔註11〕，同時，也是為了糾正現代社會出現的某些負面問題。習近平總書記說：「這幾年，我反覆強調要注重家庭、注重家教、注重家風，是因為我國社會主要矛盾發生了重大變化，家庭結構和生活方式也發生了新變化。過去大家的需求主要是吃飽穿暖，現在物質條件好了，人民群眾熱切期盼高質量的家庭生活和精神追求，希望子女能夠接受更好的教育，老人能夠得到更貼心的照料，等等。還要看到，當前城鄉家庭規模日趨變小，家庭成員流動頻繁，留守兒童、空巢家庭等現象日益突出。要積極回應人民群眾對家庭建設的新期盼新需求，認真研究家庭領域出現的新情況新問題，把推進家庭工作作為一項長期任務抓實抓好。」〔註12〕可見，倡導「三注重」不僅是對中華優秀傳統文化的繼承和弘揚，更在於立足現代家庭文明建設，解決當下家庭建設方面存在的突出問題。

　　隨著我國城市化進程的不斷推進，農村青壯年外出打工，家裏只有老人和留守兒童，老年人養老和兒童的培養教育也出現了嚴重問題。這些問題的解決，雖然可以依靠基層治理的不斷進步與完善，但要從根本上迅速解決這些問題，最直接有效的辦法還是要依靠千千萬萬個家庭的青壯年自覺重視家庭價值和親情，正確處理務工掙錢、發展自我與孝親養老、養育教育兒女的關係，使千千萬萬個家庭真正實現老有所養，幼有所扶、所教，促進家庭和睦與幸福。只有家庭和諧穩定，社會才能和諧穩定。

二、家教是立德樹人的重要載體和途徑

　　家庭，不僅是人們的生活共同體，而且是人格成長的搖籃，是人們進行並實現道德教育的重要場所和途徑。家教或者說家庭德育是家庭的重要功能，家庭教育包含諸多內容，但主要是道德教育、人格教育，知識教育的功能在現代社會已主要由學校承擔了。我國古人非常重視家庭的德育功能，很多仁人志士之所以能對國家和民族作出傑出貢獻，與他們幼年受到的家庭教育不無關係。「古時，那些子孫多賢達、功業多卓著的名門，無不與其良好家風的傳承息息相關。北宋楊家興隆三代，將帥滿門，人人忠肝義膽、戰功卓著。究其緣由，不由讓人感歎『楊家兒孫，無論將宦，必以精血肝膽報國』之家風的分

〔註11〕習近平，《習近平關於注重家庭家教家風建設論述》摘編〔M〕，北京：中央文獻出版社，2021年，第3頁。

〔註12〕習近平，《習近平關於注重家庭家教家風建設論述》摘編〔M〕，北京：中央文獻出版社，2021年，第5～6頁。

量。」〔註13〕吳越錢氏家族是指吳越國開創者錢鏐及其後裔。錢鏐為五代時吳越國的創建者，為杭州和江浙一帶的經濟發展奠定了基礎，其子孫代代有名人，如清代乾嘉學派的代表人物錢大昕，現代精英俊傑錢學森、錢偉長、錢三強、錢其琛、錢鍾書、錢穆等皆是其後裔，這與其《錢氏家訓》長期傳承化育不無關係。

習近平總書記「希望大家注重家庭」，在他看來，家庭是人生的第一個課堂，父母是孩子的第一任老師。孩子們從牙牙學語起就開始接受家教，有什麼樣的家教，就有什麼樣的後代。家庭教育涉及很多方面，但最重要的是品德教育，是如何做人的教育。也就是古人說的「愛子，教之以義方」，「愛之不以道，適所以害之也」。青少年是家庭的未來和希望，更是國家的未來和希望。古人云，養不教，父之過，家長應該擔負起教育後代的責任。父母對子女的影響很大，往可以影響人的一生。中國古代流傳下來的孟母三遷、岳母刺字、畫荻教子講的就是教子有方的故事。

在中國傳統社會，家庭德育是通過家訓家規的規訓和家風的春風化雨的涵養來完成立德樹人的功能的。家訓，主要是指親祖對子孫、家長對家人、族長對族人的訓示教誨，也有夫妻間、兄弟姐妹間的囑託和誡勉。它的形式豐富多樣，但都具有言簡意賅、思想內容精粹、實踐針對性強、文字淺顯易記、易於教化實踐等特點。家訓是家教、家風的文本規範、經驗積累和重要載體。中國古代有很多著名傳世家訓文本如《顏氏家訓》《朱子家訓》等，對後世影響很大。家教是長輩對於晚輩的實際教育活動，基本功能是倫理教化。家教在家庭、宗族中有效倡行了敦親睦鄰、立身修德、謙恭處世等倫理道德準則，薰陶培育出品德高尚、清正廉明、為國為民的名人聖賢。家訓與家教，培育促進了良好家風的形成，良好家風則構成了立德樹人、培育人才的良好家庭環境與風氣。

家教通過血緣親情的傳遞更易被晚輩接受，針對性更強，效果更好，對家庭晚輩成員修身立世、家庭親人之間關係的和睦、良好家風的形成、社會的穩定和諧發揮了重要的作用。一家仁，一國興仁；一家讓，一國興讓。今天在弘揚中華優秀傳統文化的過程中，我們應該賡續傳統家訓、家教、家風的優良傳統，從而立德樹人。

〔註13〕習近平，《習近平關於注重家庭家教家風建設論述》摘編〔M〕，北京：中央文獻出版社，2021年，第11～12頁。

　　中國人都有望子成龍的理想，因此普遍重視子女教育，而當代社會主要的問題是重智育而輕德育。對於各種特長班和興趣班、補課，家長普遍願意花錢投入，但在家庭日常生活中卻往往放鬆對孩子的德育，甚至溺愛嬌慣，這不僅不能使其形成健康人格，甚至還會造成人格缺陷。

　　家庭、家族的德育功能主要是通過家風的薰育陶冶與家規的合理約束來實現的。家風是一個家庭或家族在共同生活中，經過培育並代代相傳沿襲下來的，體現家族成員精神風貌、道德品質、整體氣質的家族文化風格、風氣、風尚。家風是無形的「薰育」，如春風化雨、潤物無聲，潛移默化地影響人的道德和人格的形成。所謂陶冶，也不是簡單的理論說教，而是像製作陶器一樣溫火慢工，怡養心性。如在家人和睦、夫妻恩愛的家庭里長大的孩子，往往大多具有健全的人格與心理，也有較強的愛的能力；而在一個充滿暴力、冷戰的家庭環境裏成長的孩子，其人格與心理難免受到負面影響。又比如，少年的主要學習方式是模仿。因此，家長每天都在幹什麼，孩子就會模仿什麼，如果家長天天都在看書學習，就容易培養起孩子學習的興趣與熱情，而家長沉迷吃喝玩樂卻要孩子去學習，顯然也並非易事。

　　教育是教育者對受教育者施加的有系統的影響，家庭教育的主體主要是父母親祖，家庭教育較之具有較強系統性的學校教育，則更具有針對性、隨時性、深刻性的特點。家長以身作則，身教重於言教，通過家訓的規訓、親長的教導、家風的化育等，家庭德育都會產生更好的效果。「古人都知道，養不教，父之過。家長應該擔負起教育後代的責任。家長特別是父母對子女的影響很大，往往可以影響一個人的一生。」〔註14〕「家庭是孩子的第一個課堂，父母是孩子的第一個老師。家長要時時處處給孩子做榜樣，用正確行動、正確思想、正確方法教育引導孩子。」〔註15〕習近平總書記這些重要論述強調了父母肩負的德育責任、以身作則的榜樣作用和正確的教育方法，是完全符合教育規律的科學思想。

　　那麼，在家庭德育中，應該對青少年進行德育的內容包括哪些呢？習近平總書記對此有比較全面的論述，他強調要「讓社會主義核心價值觀在少年兒童

〔註14〕習近平，《習近平關於注重家庭家教家風建設論述》摘編〔M〕，北京：中央文獻出版社，2021年，第18頁。

〔註15〕習近平，《習近平關於注重家庭家教家風建設論述》摘編〔M〕，北京：中央文獻出版社，2021年，第17頁。

中培育起來」〔註16〕，「幫助孩子扣好人生的第一粒扣子，邁好人生的第一個臺階」，「引導家庭成員特別是下一代熱愛黨、熱愛祖國、熱愛人民、熱愛中華民族。要積極傳播中華民族傳統美德，傳遞尊老愛幼、男女平等、夫妻和睦、勤儉持家、鄰里團結的觀念，倡導忠誠、責任、親情、學習、公益的理念，推動人們在為家庭謀幸福、為他人送溫暖、為社會作貢獻的過程中提高精神境界、培育文明風尚」〔註17〕。這些講話比較全面地論述了青少年教育的時代內容，包括愛黨、愛國、愛人民、愛民族的基本價值觀，中華傳統美德、家庭道德和個人的基本品德如忠誠、責任等。在此基礎上，他在不同場合特別強調了對青少年要進行勤儉節約教育：「勤儉是我們的傳家寶，什麼時候都不能丟掉。要大力弘揚中華民族勤儉節約的優秀傳統，大力宣傳節約光榮、浪費可恥的思想觀念，努力使屬行節約、反對浪費在全社會蔚然成風。」「節約糧食要從娃娃抓起，我們小時候都接受了這方面的嚴格家教，不要說剩飯，就是一粒米家長也不讓浪費。『鋤禾日當午，汗滴禾下土。誰知盤中餐，粒粒皆辛苦。』中國文化中有很多關於節約糧食的內容，應該從小給孩子們灌輸，弘揚勤儉節約的好風尚」〔註18〕。同時，他還特別注重對青少年進行勞動教育，他說：「要開展以勞動創造幸福為主題的宣傳教育，把勞動教育納入人才培養全過程，貫通大中小學各學段和家庭、學校、社會各方面，教育引導青少年樹立以辛勤勞動為榮、以好逸惡勞為恥的勞動觀，培養一代又一代熱愛勞動、勤於勞動、善於勞動的高素質勞動者」〔註19〕。強調勤儉節約和勞動教育對青少年群體非常有針對性。勤勞節儉是中華民族的優良傳統，新時代要對青少年進行勤勞節儉的教育，為青少年形成良好人格打好基礎。以勤勞創造財富，以節儉愛惜財物。熱愛勞動從來都是高尚人格形成之基、人生事業發展之本。愛惜節儉財物也是一個人德性成長的重要基礎，古人深諳「靜以修身、儉以養德」的道理，節儉財物不僅是一種惜物的態度，而且可以防止奢侈浪費、玩物喪志，這在今天物質財富比較豐裕的時代，顯得特別有意義。諸葛亮在其《誡子書》中說：

〔註16〕 習近平，《習近平關於注重家庭家教家風建設論述》摘編〔M〕，北京：中央文獻出版社，2021 年，第 17 頁。

〔註17〕 習近平，《習近平關於注重家庭家教家風建設論述》摘編〔M〕，北京：中央文獻出版社，2021 年，第 19 頁。

〔註18〕 習近平，《習近平關於注重家庭家教家風建設論述》摘編〔M〕，北京：中央文獻出版社，2021 年，第 15 頁。

〔註19〕 習近平，《習近平關於注重家庭家教家風建設論述》摘編〔M〕，北京：中央文獻出版社，2021 年，第 20 頁。

「夫君子之行，靜以修身，儉以養德，非淡泊無以明志，非寧靜無以致遠。」孔子也強調「君子謀道不謀食」，一個人物慾過強，怎麼可能會有高尚的道義與人格追求呢？「聽說有的同學喜歡比吃穿，比有沒有車接車送，比爸爸媽媽是幹什麼工作的，這樣就比偏了。一定不能比這些。『自古雄才多磨難，從來紈絝少偉男』、『少年辛苦終身事，莫向光陰惰寸功』。要比就比誰更有志氣、誰更勤奮學習、誰更熱愛勞動、誰更愛鍛鍊身體、誰更有愛心」〔註20〕，習近平總書記的話可謂語重心長，對家長們有很強的針對性和啟發性。

習近平總書記高度重視家教的德育功能的重要性，關於家庭德育的時代內容和重點內容的論述全面深刻，對現代社會實現立德樹人，搞好家庭德育，培育一代新人提出了極具針對性的要求，不僅對青少年的家庭德育，而且對全社會的德育工作都有重要的指導意義，需要我們認真學習研究，並在實踐中加以貫徹落實。

三、注重家風是政風清廉的動力和保障

習近平總書記「三注重」重要論述，一個重要的實踐關懷就是看到家風的好壞對幹部能否清廉從政會起到促進或者破壞作用。黨員領導幹部是掌握公權力的公務人員，應當具備立黨為公、執政為民的思想，權為民所用、情為民所繫、利為民所謀，黨員領導幹部在私人家庭生活中，如果黨性修養不強，就難免受到裙帶風等不良家風影響，從而影響廉潔自律。習近平總書記關於領導幹部家風建設重要論述大概可包含以下幾方面。

首先，揭示了家風影響幹部清廉從政的規律，要求把家風建設作為領導幹部作風建設的重要內容。

家風作為家庭長期重視家教而形成的一種文化氛圍和家庭風氣，對人的品德的形成起到春風化雨、潤物無聲的作用，不僅會對家庭裏的兒童產生影響，而且對已經成年的家庭成員也會產生重要影響。家風好壞，不僅關係到家道能否興盛，成員是否幸福，而且對於家庭成員中的從政者來說，還可以發揮促進和保障幹部廉潔的作用，這對家庭成員的人生吉凶安危、全家吉祥幸福都至關重要。

習近平總書記在會見第一屆全國文明家庭代表時的講話中指出：「家風是

〔註20〕習近平，《習近平關於注重家庭家教家風建設論述》摘編〔M〕，北京：中央文獻出版社，2021 年，第 16 頁。

社會風氣的重要組成部分。家庭不只是人們身體的住處，更是人們心靈的歸宿。家風好，就能家道興盛、和順美滿；家風差，難免殃及子孫、貽害社會，正所謂『積善之家，必有餘慶；積不善之家，必有餘殃』。諸葛亮誡子格言、顏氏家訓、朱子家訓等，都是在倡導一種家風。毛澤東、周恩來、朱德同志等老一輩革命家都高度重視家風。我看了很多革命烈士留給子女的遺言，諄諄囑託，殷殷希望，十分感人。」〔註21〕家風好壞，關係到家道能否興盛，家庭成員是否幸福，這是歷史和現實一再告訴我們的規律。曾國藩家風為世人所肯定和讚揚，其「學風至上，耕讀傳家；謹嚴有度、孝悌興家；戒驕去奢，勤儉立家」的家風家訓影響至今。曾氏家族培養產生了眾多人才，其分布之廣、跨度之大、接續之強，在國內罕有其比。中國傳統家訓本身就有豐富的廉政思想，很多家庭長輩也是自覺訓導從政成員要做清官不做貪官，講究公私分明，反對配偶干政。

　　家風倡廉、助廉，能夠促進家庭吉祥幸福。習近平總書記認為領導幹部的家風有倡廉助廉功效，他說：「領導幹部的家風，不僅關係自己的家庭，而且關係黨風政風。各級領導幹部特別是高級幹部要繼承和弘揚中華優秀傳統文化，繼承和弘揚革命前輩的紅色家風，向焦裕祿、谷文昌、楊善洲等同志學習，做家風建設的表率，把修身、齊家落到實處。」〔註22〕「各級領導幹部要保持高尚道德情操和健康生活情趣，嚴格要求親屬子女，過好親情關，教育他們樹立遵紀守法、艱苦樸素、自食其力的良好觀念，明白見利忘義、貪贓枉法都是不道德的事情，要為全社會做表率。」〔註23〕官員、幹部是否能夠廉潔從政，不僅關係到本人的從政與人生之路是否平安，而且也關係到整個家庭的吉祥安康。大多數從政官員都是家庭的頂樑柱，一旦有事，對家人生活和子女心理都會帶來很大衝擊和影響。「從近年查處的案件看，出問題的幹部普遍家風不正、家教不嚴」〔註24〕。當代社會很多貪官都是因裙帶關係和枕邊風影響而走上貪腐邪路，這種反面教訓不能不引起重視。「我反覆強調家風問題。大

〔註21〕習近平，《習近平關於注重家庭家教家風建設論述》摘編〔M〕，北京：中央文獻出版社，2021年，第24頁。

〔註22〕習近平，《習近平關於注重家庭家教家風建設論述》摘編〔M〕，北京：中央文獻出版社，2021年，第24～25頁。

〔註23〕習近平，《習近平關於注重家庭家教家風建設論述》摘編〔M〕，北京：中央文獻出版社，2021年，第55頁。

〔註24〕習近平，《習近平關於注重家庭家教家風建設論述》摘編〔M〕，北京：中央文獻出版社，2021年，第25頁。

家仔細看一看『家』和『冢』這兩個字，它們很像，區別就在於那個『點』擺在什麼位置。這就像家庭建設一樣，對家屬子女要求高一點才能成為幸福之家，低一點就可能葬送一個好家庭。」〔註25〕習近平總書記的話多麼生動鮮活，寓意深刻，搞好清廉家風建設，以家風帶動廉潔從政是決定一個家庭興亡存續的大事。

正因為存在上述規律，殷鑒不遠，因此要求黨員領導幹部一定不能把家風建設當作小事，而是要從對黨忠誠的高度重視自身的家風建設，「要把對黨忠誠納入家庭家教家風建設」〔註26〕，「所有黨員、幹部都要戒貪止欲、克己奉公，切實把人民賦予的權力用來造福於人民。要把家風建設擺在重要位置」〔註27〕，「把家風建設作為領導幹部作風建設重要內容」〔註28〕。「領導幹部特別是高級幹部要明大德、守公德、嚴私德，做廉潔自律、廉潔用權、廉潔齊家的模範」〔註29〕。黨員領導幹部不但要教育管理好親屬和身邊工作人員，而且還必須要誠懇接受各方面監督，「做到廉以修身、廉以持家，培育良好家風，教育督促親屬子女和身邊工作人員走正道」〔註30〕。

家風建設的關鍵是樹立正確的公私觀。「正確認識和處理人際關係，做到既有人情味又按原則辦。我國是個人情社會，縣級地域不大，人際關係比較緊密，親屬圈、朋友圈、同事圈等比較熱絡。領導幹部有權，自然找的人就多。面對老領導、老同事、老同學、老朋友、老下屬，還有遠的近的各路親戚，如何正確對待和把握是對領導幹部一個很現實的考驗。」〔註31〕這段話深諳中國國情又講得平實親切，習近平總書記認為，在人情考驗面前，仍然要堅持公私

〔註25〕習近平，《習近平關於注重家庭家教家風建設論述》摘編〔M〕，北京：中央文獻出版社，2021 年，第 35 頁。
〔註26〕習近平，《習近平關於注重家庭家教家風建設論述》摘編〔M〕，北京：中央文獻出版社，2021 年，第 40 頁。
〔註27〕習近平，《習近平關於注重家庭家教家風建設論述》摘編〔M〕，北京：中央文獻出版社，2021 年，第 38 頁。
〔註28〕習近平，《習近平關於注重家庭家教家風建設論述》摘編〔M〕，北京：中央文獻出版社，2021 年，第 34 頁。
〔註29〕習近平，《習近平關於注重家庭家教家風建設論述》摘編〔M〕，北京：中央文獻出版社，2021 年，第 38 頁。
〔註30〕習近平，《習近平關於注重家庭家教家風建設論述》摘編〔M〕，北京：中央文獻出版社，2021 年，第 34 頁。
〔註31〕習近平，《習近平關於注重家庭家教家風建設論述》摘編〔M〕，北京：中央文獻出版社，2021 年，第 32 頁。

分明，公勝於私。他說：「古語說：『不為愛親危其社稷，故曰社稷戚於親。』意思是不因為自己的親人而危害國家，所以說國家比親人還要親。中央領導同志、中央委員要帶頭反對特權，嚴格家風家教，為全黨作出表率。」〔註32〕這些重要論述立意高遠，要求明確。家風與廉潔從政的關係其實質是公私觀的問題，能否嚴辨公私、公私分明，不以公權謀私，這是每個黨員領導幹部保持政治清醒和黨性修養的關鍵。黨員領導幹部能否真正樹立起立黨為公、執政為民的思想和黨性，在能否樹立良好家風和對待與自己家人利益的問題上，都會體現出來並得到實踐檢驗。因此，家庭生活與家教家風建設是黨員領導幹部黨性的實踐，也是黨員領導幹部要清廉從政的重要原因。

其次，向老一輩革命家學習，嚴於律己，清廉從政。

家風是否優良，作風是否端正，僅靠組織紀律的監督是不夠的。因為這些問題都發生在幹部的私人生活領域，比較難以監督，更多的是要依賴幹部自身修養和道德自律。因此，黨員領導幹部加強自我修養，見賢思齊，嚴於律己就顯得非常重要。道德問題的解決，既需要他律，更需要自律。習近平總書記在相關重要論述中，多次講述了毛澤東、周恩來、劉少奇、朱德等老一輩革命家和老革命、老幹部的楷模如焦裕祿、甘祖昌、龔全珍等同志嚴別公私之辨，嚴格要求自己，立黨為公，保持清廉的榜樣行為，啟發幹部見賢思齊，從而提高自己嚴於律己、清廉從政的自覺性。

「我們是共產黨人，決不能搞『封妻蔭子』和『一人得道、雞犬昇天』那些封建社會的糟粕。新中國成立初期，毛主席給自己定下三條原則：念親，但不為親徇私；念舊，但不為舊謀利；濟親，但不以公濟私。毛主席如此，其他老一輩革命家也如此，我們要學習他們的崇高品德和精神風範。」〔註33〕這段話記述了毛澤東正確處理公私關係的三條原則，也是毛澤東和老一輩革命家終身的自覺實踐，為我們做出了榜樣。周恩來嚴格要求自己的親屬，給他們訂立了「十條家規」，從沒有利用自己的權力為自己或親朋好友謀過半點私利，自己身後沒有留下任何個人財產，連骨灰也不讓保留，撒進祖國的江海大地，永遠為後世所景仰。劉少奇家鄉的一些親戚看到他當了國家主席，跑到北京找

〔註32〕習近平，《習近平關於注重家庭家教家風建設論述》摘編〔M〕，北京：中央文獻出版社，2021年，第40頁。

〔註33〕習近平，《習近平關於注重家庭家教家風建設論述》摘編〔M〕，北京：中央文獻出版社，2021年，第53頁。

他辦事，但他仍然堅持公義為先，不廢原則，並教育自己的子女和身邊工作人員不能搞特殊化，不接受任何禮物。朱德當年寫詩讚揚我們黨領導的解放區「只見公僕不見官」，他自己就是人民公僕的典範。「在培育良好家風方面，老一輩革命家為我們作出了榜樣。每一位領導幹部都要把家風建設擺在重要位置，廉潔修身、廉潔齊家」〔註34〕。

除了見賢思齊外，黨員領導幹部要嚴格要求自己，潔身自好。「其身正，不令而行；其身不正，雖令不從」。焦裕祿就是這方面的楷模，他生活儉樸、勤儉辦事，吃苦在前、享受在後，從不利用手中權力為自己和親屬謀取好處，他知道自己兒子不買票看白戲的情況後，要求其立即去花錢買票補票；他親自起草《幹部十不准》，對幹部廉潔自律作出具體規定。「位高不能擅權，權重不能謀私。要堅持自重、自省、自警、自勵，帶頭遵守廉潔自律各項規定，遵守中央關於領導幹部工作和生活待遇等方面的規定。」〔註35〕廉潔自律是共產黨人為官從政的底線。「魚和熊掌不可兼得，當官發財兩條道，當官就不要發財，發財就不要當官。要始終嚴格要求自己，把好權力關、金錢關、美色關，做到清清白白做人、乾乾淨淨做事、坦坦蕩蕩為官。」〔註36〕「魚和熊掌不可兼得」這句話典出《孟子》，旨在說明掌握公權力為民服務的當官和謀私利金錢的活動從性質上是根本對立的。因此，當官就不要想著發財，發財就不要當官，如果既想當官又想發財就無法抵制各種誘惑，而出現貪腐問題。

習近平總書記在相關重要論述中還回憶了自己在福建寧德當地委書記期間不搞特殊化，沒有安裝窗式空調的事，這說明他在廉政方面不僅是說說而已，而是加強自己的修養，重在篤行。習近平總書記說：「對領導幹部來說，除了工作需要以外，少出去應酬，多回家吃飯。省下點時間，多讀點書，多思考點問題」〔註37〕。「儘管工作很忙，但『偷得浮生半日閒』，只要有時間，我就同家人在一起」。「我愛好挺多，最大的愛好是讀書，讀書已成為我的一種生活方式。我也是體育愛好者，喜歡游泳、爬山等運動，年輕時喜歡足球和

〔註34〕習近平，《習近平關於注重家庭家教家風建設論述》摘編〔M〕，北京：中央文獻出版社，2021年，第34頁。

〔註35〕習近平，《習近平關於注重家庭家教家風建設論述》摘編〔M〕，北京：中央文獻出版社，2021年，第48頁。

〔註36〕習近平，《習近平關於注重家庭家教家風建設論述》摘編〔M〕，北京：中央文獻出版社，2021年，第49頁。

〔註37〕習近平，《習近平關於注重家庭家教家風建設論述》摘編〔M〕，北京：中央文獻出版社，2021年，第29頁。

排球」〔註38〕。領導幹部要自覺追求健康的工作方式和生活方式，久久為功，庸俗的東西就近不了身。寧靜而致遠，淡泊以明志。「不能顛倒了公私、混淆了是非、模糊了義利、放縱了親情，要帶頭樹好廉潔自律的『風向標』，推動形成清正廉潔的黨風。要勤於檢視心靈、洗滌靈魂，校準價值座標，堅守理想信念。要增強政治定力、道德定力，構築起不想腐的思想堤壩，清潔白白做人、乾乾淨淨做事。」〔註39〕這一段話講得非常全面深刻，講到了加強修養，廉潔自律的一些根本性問題，如公私、義利之辨，價值觀與理想信念、政治定力、道德定力等，每位領導幹部要把這些作為加強自己廉德修養的鏡鑒，從而真正做到修己自律，持之以恆地提升修養並形成「慎獨」境界。他要求政治局和全黨同志「必須修身律己，慎終如始，時刻自重自省自警自勵，做到慎獨慎初慎微慎友。要像珍惜生命一樣珍惜自己的節操，做一個一塵不染的人。」〔註40〕「領導幹部要慎獨慎微的問題，大家要努力做到『暗室不欺』。元代的《景行錄》中說：『坐密室如通衢，馭寸心如六馬，可以免過。』意思是坐在密室中如置身大街上，駕馭小小的心如駕馭六匹馬，就可以免除過錯。」〔註41〕這段講話旨在強調要以慎獨警懼的態度認真對待廉政問題，他總是提醒黨的高級幹部要加強自己的修養，做到潔身自好，廉潔自律。

最後，防微杜漸，嚴格要求親屬子女，過好親情關。

雖然說打鐵首先要自身硬，但人們有時也難免過不了親情關，從而對家人不能嚴加管束。加強自我修養與自律是廉政的前提基礎，在家庭生活中，如果不嚴格要求親屬子女，防微杜漸，也會影響幹部清廉從政。「大量腐敗案例表明，很多人什麼關都能過，生死關也能過，但親情關過不去，最後栽在了這個問題上。對家裏那點事，要多操點心，多聽聽各方面反映，有了問題要敢抓敢管，再難也要硬起頭皮來管，一要管住，二要管好。」〔註42〕如果管不好家人，

〔註38〕習近平，《習近平關於注重家庭家教家風建設論述》摘編〔M〕，北京：中央文獻出版社，2021年，第30頁。

〔註39〕習近平，《習近平關於注重家庭家教家風建設論述》摘編〔M〕，北京：中央文獻出版社，2021年，第37頁。

〔註40〕習近平，《習近平關於注重家庭家教家風建設論述》摘編〔M〕，北京：中央文獻出版社，2021年，第41頁。

〔註41〕習近平，《習近平關於注重家庭家教家風建設論述》摘編〔M〕，北京：中央文獻出版社，2021年，第57～58頁。

〔註42〕習近平，《習近平關於注重家庭家教家風建設論述》摘編〔M〕，北京：中央文獻出版社，2021年，第35頁。

不僅會使領導幹部產生腐敗問題，還會使幹部嚴重脫離人民群眾，引起人民群眾的不滿。因此，「各級領導幹部特別是高級幹部要自覺遵守廉政準則，既嚴於律己，又加強對親屬和身邊工作人員的教育和約束，決不允許以權謀私，決不允許搞特權」〔註43〕。

近年來查處的很多貪腐案件，都與領導幹部的親屬和身邊人有關聯。有的是親屬配合做的，有的是被親屬拉著做的，有的是以腐敗官員為軸心，夫妻聯手，父子上陣，兄弟串通，七大姑八大姨共同斂財。「在查處的違紀違法幹部身上都有一個特點，就是『裙帶腐敗』、『衙內腐敗』體現得淋漓盡致，老子為官不正帶壞了配偶子女，配偶子女不端最終把老子拉下水。」〔註44〕嚴是愛，寬是害，鑄成大錯後悔莫及。因此，領導幹部必須管好親屬和身邊工作人員，決不允許他們擅權干政，謀取私利，不得縱容他們影響政策制定和人事安排，干預正常工作運行，不得默許他們利用特殊身份謀取非法利益。

領導幹部對親屬和身邊人不僅要自覺管，而且要敢管、善管。如何才能管住管好？一是幹部自己確實要上心、操心，「要留留神，防微杜漸，不要護犢子」〔註45〕，放任不管，最終害了自己和家庭。另外，就是要嚴格按照《中國共產黨黨員領導幹部廉潔從政若干準則》規定辦事，在配偶子女經商辦企業問題上，在請託關係為他人謀利方面等重大問題上尤其要有足夠的警惕心和廉潔行為，反對並力戒權錢交易，違法亂紀。不僅要管好配偶子女，而且也要管好身邊工作人員，嚴防他們搞特殊化，假借領導的名義以權謀私。

管好配偶、子女，防止他們以權謀私，腐化墮落，不僅是領導幹部廉政建設的重要內容，也是自身家風建設的應有之義。樹立良好家風，使家風成為幹部廉潔的助力與保證，家風不正，是導致幹部腐敗的重要原因之一。「從近年來查處的腐敗案件看，家風敗壞往往是領導幹部走向嚴重違紀違法的重要原因。不少領導幹部不僅在前臺大搞權錢交易，還縱容家屬在幕後收錢斂財，子女等也利用父母影響經商謀利、大發不義之財。有的將自己從政多年積累的『人脈』和『面子』，用在為子女非法牟利上，其危害不可低估。古人說：『將

〔註43〕習近平，《習近平關於注重家庭家教家風建設論述》摘編〔M〕，北京：中央文獻出版社，2021年，第45頁。

〔註44〕習近平，《習近平關於注重家庭家教家風建設論述》摘編〔M〕，北京：中央文獻出版社，2021年，第58頁。

〔註45〕習近平，《習近平關於注重家庭家教家風建設論述》摘編〔M〕，北京：中央文獻出版社，2021年，第54頁。

教天下，必定其家，必正其身。』『莫用三爺，廢職亡家。』『心術不可得罪於天地，言行要留好樣與兒孫。』」〔註46〕按照儒家學說，只有修身才能齊家，齊家才能治國平天下。要形成幹部廉潔從政的作風，既要求幹部加強自身修養，又要搞好家教家風，只有這樣，才能推動並保障幹部能夠廉潔從政，因此，良好家風是政風清廉的動力和保障。

家文化是中國傳統文化的核心，家既是中國傳統社會的基礎，也是現代社會的細胞，中國傳統文化在某種意義上可以說就是以家為本的「家文化」。把家推廣到鄉里就是家鄉，推廣到全國就是國家，推廣到世界就是天下一家。中國人認為家國是可以由近及遠地推愛的，是一體的，這也就是我們常說的：「家是最小國，國是千萬家」。因此，中國人大多都有非常濃厚的家國天下情懷。

習近平總書記也有著深厚的家國情懷，情繫千萬家、家正天下平、家為國之本、國為千萬家。他提出的「三注重」重要論述，體現出他豐厚的中華文化修養，對中華民族的文化、國情有深刻的瞭解，充分認識到家庭是中國社會的細胞和基礎，我國國家治理和社會文明建設必須立足於這個文化土壤和基礎之上。同時，我們所做的一切又都是為了千千萬萬個家庭也就是廣大人民生活幸福，這就是共產黨人的初心，是他執政為民思想的重要體現。他提出弘揚和培育民眾的家國情懷，既愛家又愛國，把愛家與愛國統一起來，把實現個人夢、家庭夢融入國家夢、民族夢之中，使之成為實現中國夢的強大動力。

家庭是社會的細胞。家庭和睦則社會安定，家庭幸福則社會祥和，家庭文明則社會文明。歷史和現實告訴我們，家庭的前途命運同國家和民族的前途命運緊密相連。我們要認識到，千家萬戶好，國家才能好，民族才能好。國家富強、民族復興、人民幸福，不是抽象的，最終要體現在千千萬萬個家庭的幸福美滿上，體現在億萬人民生活不斷改善上。要努力使千萬個家庭成為國家發展、民族進步、社會和諧的重要支點，家和萬事興、家和國家興、家和社會祥，家庭和諧必然人民幸福。

家庭可以為我們培育人格健康、道德高尚的公民，中國人自古以來就有家國情懷，中國人也素有修身、齊家、治國、平天下的情懷和思維方式，我們要引導公民把愛家與愛國統一起來，把實現家庭夢融入民族夢之中，心往一處

〔註46〕習近平，《習近平關於注重家庭家教家風建設論述》摘編〔M〕，北京：中央文獻出版社，2021年，第55頁。

想，勁往一處使，用我們 4 億多家庭、14 億多人民的智慧和熱情匯聚起實現中華民族偉大復興中國夢的磅礴力量。在家盡孝，為國盡忠是中華民族的優良傳統。沒有國家繁榮發展，就沒有家庭幸福美滿；沒有千千萬萬個家庭的幸福美滿，就沒有國家繁榮發展。我們要在全社會大力弘揚家國情懷，提倡愛家愛國相統一，讓每個人、每個家庭都為中華民族大家庭作出貢獻，推動中華民族偉大復興中國夢的實現。

原載《理論與現代化》，2022 年第 1 期

傳統孝道的百年境遇與當代價值

　　孝是中華傳統美德的始德與首德，百姓俗語「百善孝為先」說的就是這個意思。不僅如此，孝是傳統中國社會與傳統文化中一個根本性、始基性的價值觀念，它是家國同構的社會、政治、文化的基礎。德國哲學家黑格爾在談到中國「孝敬」問題時說：「中國純粹建築在這一種道德的結合上，國家的特性便是客觀的『家庭孝敬』。」〔註1〕但在百年前的五四運動時期，孝卻受到一些激進啟蒙知識分子的激烈批判。自20世紀90年代以來，隨著社會對傳統文化的重視，傳統孝道又逐漸得到重視和弘揚。2019年，習近平總書記重要講話明確肯定孝是中華傳統美德，這具有重要的歷史里程碑意義。那麼，孝有哪些基本含義？它在傳統中國社會、文化與道德中的地位如何？在現代中國百年的各個歷史時期它的遭遇是怎樣的？為什麼在世紀之交和新時代，它又能受到重視和弘揚，其歷史機遇是什麼？這是本文欲加以探討論述的。

一

　　何為孝？《爾雅·釋訓第三》對孝的解釋是「善父母為孝」〔註2〕；《說文》的解釋是：「善事父母者。從老省，從子。子承老也。」〔註3〕許慎認為「孝」字是由「老」字省去右下角的部分，和「子」字組合而成的一個會意字。孝被看作是子女對父母的一種善行和美德。

〔註1〕　黑格爾（著），王造時（譯），《歷史哲學》〔M〕，北京：生活·讀書·新知三聯書店，1956年，第165頁。

〔註2〕　郭璞（注），王世偉（校），《爾雅》〔M〕，上海：上海古籍出版社，2015年，第68頁。

〔註3〕　王貴元，《說文解字校箋》〔M〕，上海：學林出版社，2012年，第354頁。

　　孝的這種倫理含義，是戰國以後流行至今且為儒家所倡導並為國人所認同的基本含義，在當代主要以父母子女兩代人生活在一起的「核心家庭」結構裏，這種含義更有針對性和實踐性。實際上，除此之外，孝還有另外兩層含義：一是尊祖敬宗，二是生兒育女、傳宗接代。

　　孝道最初產生於郊祭之禮中，「報本返始」是其倫理意義，這有利於培養人們的敬畏和感恩意識，而這兩種意識是上古社會道德意識產生形成的根源。儒家代表人物荀子提出的三本學說表達的就是這樣一個意思：「天地者，生之本也；先祖者，類之本也；君師者，治之本也。無天地惡生？無先祖惡出？無君師惡治？三者偏亡焉，無安人。」〔註4〕天地，是生命的本源，祖先，是種族的本源，君主，是治國的本源。沒有天地，哪能有生命？沒有祖先，後代怎麼出生？沒有君主，怎麼治國？一切道德感情最初都產生於敬畏與報恩這兩種意識中，最初的孝道就是對祖先神的敬畏崇拜，對其作為本族生命本源的敬畏與感恩。孝道是基於生命崇拜和祖先崇拜而產生的，因此，孝道最初是指祭祀祖先的儀式和尊祖敬宗的意識。

　　孝還有第三個含義，即生兒育女、傳宗接代。如果上述尊祖敬宗是對生命惜護的敬畏，那麼，這一條就是對生命延續的追求。孝道的這三層含義將中國人的過去、現在與未來聯繫到一起，安頓了中國人的身心，也是中華文化綿延不絕的精神基因。因此，孝對中國文化與中國人來說，是非常重要的觀念與道德。

　　第一，孝是中國傳統社會的精神價值基礎。正如前述德國哲學家黑格爾所說的那樣，孝道確實構成了傳統中國社會的精神基礎，這是因為傳統中國社會是一種家國同構的社會，家是國的基礎，國是家的擴大。而孝是家庭倫理的首要精神價值與道德，自然就構成組織國家社會的精神基礎。它不僅對傳統中國社會的政治治理產生深刻影響，比如漢代就有「以孝治天下」的政策，在此之後，還用舉孝廉、丁憂制度等加以保障。而且，對民間的社會生活也產生了深刻而持久的影響，比如，中國人的歲時節日如過年省親，清明節上墳祭親祖、九九重陽尊老等等。

　　第二，孝是中國文化的鮮明特點。現代新儒家的代表人物之一、著名學者梁漱溟在其著作《中國文化要義》一書中列舉了中國文化的 14 個特點，其中

〔註4〕荀況（著），楊倞（注），耿芸（標校），《荀子》〔M〕，上海：上海古籍出版社，2014 年，第 229 頁。

之一是把中國文化稱為「孝的文化」〔註5〕。中國文化可能有很多特點，但特別強調「孝」，這確實是中國文化的特點之一。孝在文化中的含義是非常豐富的，它不僅僅是子孫輩對父母親祖的倫理義務和規範，而且，這種文化觀念對中國文化中的宗教、政治、法律、教育、文藝等等都產生了深刻影響。林語堂先生在詮釋「教」字時說：「中文中代表『文化』或『宗教』的『教』字，也是從『孝』演變而來。即『孝』字加一表示使役的偏旁『攵』，意思是『使……孝』。」〔註6〕也就是說，中國文化的根本追求和文明教化都是為了使人孝。我們在詩歌、散文、小說等文藝形式中，都能看到孝的影響，比如很多勸孝詩，又如祭文甚至就是專門為孝而產生的。在明清章回小說中，也能看到很多的章節都是以孝為題的，因為文學是人學，它只是傳統中國人實際生活方式的表現。

　　第三，孝是中國國民性和人格的首要品德。在文化人類學中，有這樣一則趣談：假如一座大樓失火了，人們在緊急逃生時，來自不同國家文化背景的人，就會體現出不同的思維方式、行為方式和價值優先性選擇，這則趣談這樣說：在這種情景下，循規蹈矩地尋找門道出逃的是德國人，因為他們崇尚理性和規矩。而迅速越窗而逃的是美國人，因為他們崇尚實用主義。首先幫助情人或者妻子出逃的是法國人，而首先背著母親逃跑的是中國人，因為法國人浪漫，而中國人講究孝道。這雖然是則笑談，卻說明了孝是傳統中國人最優先的價值選擇和國民性。確實，在傳統中國，孝是考察一個人人品的首要標準。時過境遷，現在有些人也許已經不這麼想這麼做了，比如在2008年汶川地震中出現的「范跑跑事件」中，主人公回答記者提問時就坦言，他在危難時，不會先救母親，而會先救女兒。不管如何評價這件事，這個事件卻告訴我們，現代中國人的代際價值觀已經發生變化，孝道價值的失落是一個不爭的事實。

二

　　在傳統中國社會如此重要的孝道在開啟現代中國的五四運動時期卻受到了魯迅、胡適、吳虞等激進啟蒙知識分子的批判。

　　如何分析、看待五四時期對傳統孝道的批判？首先我們應該看到，五四時期對包括孝道在內的傳統文化的批判既具有具體歷史條件下的歷史啟蒙的進

〔註5〕梁漱溟，《中國文化要義》〔M〕，上海：上海人民出版社，2011年，第278頁。
〔註6〕林語堂，《中國人》〔M〕，上海：學林出版社，1994年，第184頁。

步性，也有某種片面性。啟蒙知識分子把近代中國落後的原因全部歸結為傳統文化，這是不客觀的，也是不公允的。由於孝是以儒家為核心的傳統文化的始基、首要核心觀念和德行，因此在一片「打倒孔家店」的聲浪中，孝成為首要的批判對象也一點不奇怪。首先，批判者認為孝維護了封建專制統治，這與其說是一種批判，不如說是一種歷史描述。產生於一定歷史時代的道德總是要或多或少地為當時的政治服務，在當時孝道不可避免地維護了封建統治。其次，批判者認為傳統孝道壓抑了子輩的個性，從代際關係上看，中國文化相較於西方文化，確實有重老輕少的片面性，應該倡導代際平等，但中國倫理是建立在等差基礎上的平等，是一種承認地位差異基礎上的各盡其倫理義務。從當下的現實看，我國當代的代際關係已經發生了翻轉，不再是重老輕少，在眾多家庭中，已經是子孫成為生活與價值的中心，親子代際之間已經相當平等了，因此，這一批判也失去了其現實意義。對孝道的某些具體事蹟故事中的神秘性、極端性的批判，是針對故事敘事中的某些具體情節，實際上我們應該重視的是滲透在其情節之後的精神，孰是孰非，當然仍然是可以討論的。

在五四運動之後的三十年間，中國民眾在實踐上仍然是普遍踐履孝道的。這是因為五四時期激進知識分子的批判，當時最多在知識界產生了一定影響，在民間並未產生多大影響，而且某些知識分子如胡適寫文章說父母生育子女並沒有恩情，而且還享受了快樂，這種觀點在大多數中國人看來真是奇談怪論。胡適、魯迅在言論上雖然非常激進，而在行動上則還是相當保守的。吳虞在鄉里也有不孝父的惡名。當時民國政府堅持的仍是一種殘破的儒學體系，傳統的價值與美德仍然得到宣揚，孫中山先生在其「新八德」中雖然將孝列在忠之後，但仍然堅持弘揚孝道。中國共產黨鼓勵青年走出家庭，投身革命，鼓勵大家為民族行大孝即盡忠。因此，可以說，在這一階段，孝道作為一種實踐，仍然為絕大多數中國人所恪守。

在中華人民共和國成立至 1978 年這段時間裏，中國人大多也是在踐行傳統孝道的，孝親敬老的精神實質和倫理實踐還是普遍受到人們的認同。改革開放以來，我們首先在學術上正本清源，開始在學術界重新認識討論儒家思想及其孝道。

從 20 世紀 90 年代以來，傳統文化得到了社會各界的重視，民間對傳統文化的重視首重「孝」這一涉及眾多家庭私人生活、家庭和諧、人才培養的首德，因此，在民間興起了諸多弘孝的活動，成為推動中華傳統文化復興的首要

抓手。這說明孝道文化在當代中國仍然有廣泛的群眾基礎，一旦社會提倡傳統美德，那麼，孝仍然被中國廣大老百姓看作是最重要的道德。

2019 年，在傳統孝道傳承弘揚方面發生了兩件具有里程碑意義的重要事件，一是 2019 年 2 月 3 日，習近平總書記在春節團拜會上明確指出「在家孝親」是傳統美德，他說：「在家盡孝、為國盡忠是中華民族的優良傳統。」「古人講，『夫孝，德之本也』。自古以來，中國人就提倡孝老愛親，倡導老吾老以及人之老、幼吾幼以及人之幼。我國已經進入老齡化社會。讓老年人老有所養、老有所依、老有所樂、老有所安，關係社會和諧穩定。我們要在全社會大力提倡尊敬老人、關愛老人、贍養老人，大力發展老齡事業，讓所有老年人都能有一個幸福美滿的晚年。」〔註7〕

中共中央和國務院於 2019 年 10 月 27 日，頒布了《新時代公民道德建設實施綱要》，其中也非常明確的要求「自覺傳承中華孝道」，並對相關要求做出了經典表達：「自覺傳承中華孝道，感念父母養育之恩、感念長輩關愛之情，養成孝敬父母、尊敬長輩的良好品質」〔註8〕，這充分肯定了傳統孝道的價值和基本要求，即它是子孫輩對父母長輩在感念基礎上的養敬倫理責任。這表明近二三十年來，在民族文化自信增強，傳承弘揚中華優秀傳統文化的大背景下，弘揚傳統孝道這一傳統美德已經不再僅僅是民間和地方的事了，也為黨和國家所高度重視。習近平總書記高度重視傳統孝道，視其為德之本，在實踐上率先垂範，發揮了很好的指向、引領與模範帶頭作用。

三

經過四十多年改革開放，我們對自身文化的民族自信心不斷增強。一個國家不僅應該具有經濟、科技、軍事等方面的硬實力，也需要文化的軟實力，弘揚中華優秀傳統文化就是當代文化建設的重要使命之一。在這種大背景下，作為中華文化始基性和首要的核心價值觀念與首德就必然受到肯定，雖然它不可能再回到傳統中國的國家精神基礎和泛孝主義的地位，但它確實可以作為應對和解決中國社會老齡化的寶貴精神資源。另外，作為傳統美德的育人功能也是古今傳承、一脈相連的。雖然我們也必須結合當代實踐，實現傳統孝道的

〔註7〕 習近平，《在二○一九年春節團拜會上的講話》〔N〕，《人民日報》，2019 年 2 月 4 日第 1 版。

〔註8〕 《新時代公民道德建設實施綱要》〔N〕，《人民日報》，2019 年 10 月 28 日第 1 版。

創造性轉化和創新性發展，但我們認為它的如下具體價值仍然是客觀存在的，與古代社會既具有一致性，又具有時代的新特點。那麼，在當代中國弘揚傳統孝道究竟有什麼樣的價值呢？

第一，有利於改善家庭親子關係，促進家庭關係和諧穩定。在現代家庭關係中，較之傳統社會，夫妻關係的重要性似乎增強了，但親子關係仍然是家庭關係中最根本、最核心的關係。望子成龍是中國家長普遍的期待，親子和諧是家庭和諧幸福的源泉。如何建立親密和諧的親子關係，做到孟子所言「父子有親」〔註9〕，自然離不開父母親祖的慈道，但也同樣離不開子女晚輩的孝道。我國的孝道傳統使絕大多數家庭親子關係親愛和諧，其樂融融，但某些兒女的不孝（甚至違法犯罪）行為也令人震驚，這也反映出當今年輕一代的孝德孝行缺失問題令人擔憂。因此，需要我們在全社會大力加強孝道教育。現代中國社會，雖然人們的生產、交往活動的很大部分已經不再集中於家庭之內，但家庭關係仍然是中國人最重要的人際關係。現代中國的絕大部分人仍然有著非常深厚的家庭情結，親子關係的和諧價值仍然為人們所珍視。雖然現代親子關係要建立在平等的基礎上，也要倡導父母應慈愛子女，但仍然要大力提倡孝這一傳統美德的合理內核即要養敬父母。因此，我們要在道德建設過程中，通過學校、單位、社會等，對公民進行孝的優良傳統美德教育，從而建立和諧的親子關係，和睦的家庭關係。只有家庭和睦，才可以促進社會和諧。贍養父母雖然也是公民的一條法律義務，但這條義務具有更多的倫理性，其履行更需要道德的自覺。因此，必須加強孝道教育，從而促進親子家庭和諧與社會穩定。

第二，有利於促進以孝為基礎的家庭養老。在傳統中國社會，以孝道為基礎的家庭養老是最主要的養老形式。在現代社會，可能還有國家養老、機構養老等形式，但在我們這樣一個人口眾多和具有孝道文化傳統的國家，以孝道為核心的家庭養老仍然是我國社會在相當長時期內最主要、最可靠的養老方式。中國目前是一個快速老齡化的國家。據國家統計局 2019 年公布的數據，2018年末中國 60 周歲及以上人口為 24949 萬人，占總人口的 17.9%，其中 65 周歲及以上人口 16658 萬人，占總人口的 11.9%。〔註10〕從 2017 年起到 2030 年，中國老年人口每年將增加 1000 萬，老齡化將給中國人物質上和精神上帶來前

〔註 9〕楊伯峻，《孟子譯注》〔M〕，北京：中華書局，1960 年，第 125 頁。

〔註10〕國家統計局，2018 年經濟運行保持在合理區間發展的主要預期目標較好完成，（2019-01-21）http://www.stats.gov.cn/tjsj/zxfb/201901/t20190121_1645752.html.

所未有的壓力。弘揚孝道有利於解決中國的養老問題。解決老有所養問題不僅是黨和國家也是全社會普遍關心的問題，也是弘揚傳統孝道的重要道德價值之一。現實生活中，在農村子女養父母的狀況並不樂觀，而在城市，由於經濟條件相對較好，因而養的問題相對不突出，但在精神上關心尊敬父母的狀況也並不是太好。另外，在相當長的歷史時期內，由於中國社會經濟發展水平的限制，也由於文化傳統和民眾心理的不同，中國養老大多還要採取家庭養老模式。因此應該通過弘揚孝道來促使兒女履行自己養敬父母的責任，從而較好地解決中國老齡化社會的養老問題。

第三，有利於增強當代中國社會基層社區的和諧穩定與發展。我們應該吸取傳統中國德治主義傳統中以孝來睦族睦鄉的基層治理經驗，以弘揚孝道作為社會基層治理的重要方法，進而讓人們報親報鄉。《論語·學而》：「有子曰：『其為人也孝悌，而好犯上者，鮮矣；不好犯上，而好作亂者，未之有也。』」〔註11〕《孝經·紀孝行章》說：「事親者，居上不驕，為下不亂」，「居上而驕則亡，為下而亂則刑」〔註12〕，漢宣帝也曾說：「導民以孝，則天下順。」〔註13〕筆者曾經考察過河南一個村莊，該村有名村幹部少年時是一個孤兒，得到鄉親們的關照，他長大後在經濟上取得了很大成就，知恩圖報，將自己的資金投資為鄉親們修起了新房，並帶領鄉親們一起致富，把本村建成了一個遠近聞名的富裕文明村。德治的主要方法是教化，孝在中國民間社會有著深厚的社會民眾心理文化基礎，在傳統社會教化中，教化的主要對象是兒女媳婦等晚輩，教化的內容主要是孝與節這兩個德目。從尼山書院在曲阜開展儒學推廣活動的鄉村宣教實踐看，民眾歡迎和關切的主要也是孝道，這充分說明，孝的精神文化資源可以成為基層社會治理的重要抓手。現代國家的宏觀社會治理，自然要有很多制度性的頂層設計和系統性的制度安排，從而主要靠法律與制度的力量進行治理。但在微觀的基層社會治理中，我們應該要弘揚我國傳統德治的孝治傳統，應該以孝治基層，使基層社區穩定祥和，風清氣朗。

第四，有利於立德樹人，培養現代中國人的道德責任感，提升公民道德素質。孝作為人的倫理責任心的源頭和實踐道德的首德，這一內在機制在當代社會的道德建設中並沒有改變。確實，人最早接觸的人際關係就是與父母的關

〔註11〕楊伯峻，《論語譯注》第2版〔M〕，北京：中華書局，1980年，第2頁。
〔註12〕汪受寬，《孝經譯注》〔M〕，上海：上海古籍出版社，2007年，第51頁。
〔註13〕班固（著），顏師古（注），《漢書》〔M〕，北京：中華書局，1962年，第250頁。

係，人間的慈愛與呵護首先來自父母，愛教會愛，人總是從他人的愛中感受愛，進而體驗並形成最初的道德責任感的。因此，愛團體、愛社區、愛民族、愛國家的道德心與責任感，首先都是產生於愛父母的感情中。一個人的初始責任也是對父母的責任。人的道德成長正是把這種責任感不斷擴充、昇華而形成對他人及社會的愛與責任。因此，我們在人的道德發展的青少年時期，一定要重視對其進行孝敬父母的教育。在中國文化中不太強調代際的獨立與斷裂，因此，我們每個人不管年齡多大，只要父母健在，我們仍然是兒女，不能擺脫孝敬父母的責任。而每一個社會成員大多具有為人子女的身份，因此要求每個人孝敬父母實在是培養公民道德素質的起點。傳統中國之所以能把孝泛化，一方面是因為孝的主體是廣泛的，另一方面孝作為道德的起點與內在精神即愛與責任也是有進一步擴充、昇華的可能性，以至於從孝敬父母中可以昇華出愛他人、愛民族、愛國家的社會責任感來，如對民族行大孝的意識，視祖國為父母之邦的意識，我們都是炎黃子孫的意識等。

孝是培養人格和道德的起點和基礎。俗語曰：三歲看小，七歲看老。道德人格的奠基和培育重在兒童時期的家庭教育。父母和家庭環境、家風家教對孩子健康人格的形成有著巨大的影響。愛心、敬意、忠德、順行，這些孝道的核心倫理精神都是在家庭中最初接受的。一個充滿愛的家庭環境和良好的親子關係及父母的言傳身教都可以使孩子們形成對社會和他人的愛心善意。一個在家能尊重父母的人，自然會在學校和社會上尊重老師、尊重領導。有了愛心善意，把它落實在對待人和事的態度上，並盡心竭力地做人做事，這就是忠。孝道的直觀行為表現就是聽父母的話，也就是孝順，雖然這種孝順不是沒有原則和是非的絕對順從，但懂得孝順的孩子肯定是一個乖孩子，而不是忤逆不孝之子。這必將增強孩子在社會上的協調性和親和力，進而增強公民的道德責任感，提高民族整體道德素質。

結語

總之，中華優秀傳統文化是中華民族的根脈，而傳統孝道又是中華優秀傳統文化與道德的根源，雖然它在百年來的現代中國歷史上命運坎坷，但在弘揚中華優秀傳統文化、實現中華民族及其文化的偉大復興的過程中，它又迎來了新的歷史機遇。我們一定要不忘本來，吸收外來，面向未來，總結百年歷史經驗，把握新的歷史機遇，努力實現傳統孝道的創造性轉化與創新性發展，

讓傳統孝道在新的歷史條件下再次煥發生命力並使其發揮出在當代中國文化建設中的積極作用。

原載《船山學刊》，2021 年第 2 期

論傳統女德的批判繼承
——以班昭《女誡》為例

　　近年來，中華傳統文化受到官方和民間的普遍重視，傳統道德作為其核心與靈魂則備受重視。其中，不僅適用於所有人的普遍道德，而且傳統女德及其相關文獻研究也受到重視，社會上有一些人士以傳習《女四書》等為職志。由於立場與觀點的分歧，在對待傳統女德方面的爭論也非常大。在中華民族發展的歷史上，為什麼女德修養與教育受到高度重視？傳統女德的基本內容是什麼？如何批判繼承傳統女德，實現創造性轉化與超越？本文欲對這些問題進行探討。

一、重視女德修養教育的中華傳統

　　道德不僅是對所有人的普遍要求，而且也可以根據人的自然年齡、性別對特殊人群提出特殊要求，以自然年齡為區別依據的，我們往往稱其為時年道德，如《論語・季氏》中就載有：「孔子曰『君子有三戒：少之時，血氣未定，戒之在色；及其壯也，血氣方剛，戒之在鬥；及其老也，血氣既衰，戒之在得。』」

　　所謂女德就是女性道德，是一種性別道德。女性道德既是一種基於自然生理因素和社會文化因素的性別道德。如果把人的角色還原為最基本的自然性別角色的話，世界就是由男人和女人構成的。中華民族非常重視道德修養與道德教育，「自天子以至於庶人，一是皆以修身為本」〔註1〕，「謹庠序之教，申

〔註1〕《大學》。

之以孝悌之義」〔註2〕。不僅重視人的道德修養與教育，而且尤其重視弟子與女子的道德教育修養。重視年幼的人的道德修養與教育，是因為青少年還處於人生的成長期，這對其人生發展至關重要。重視女性的道德修養教育，其理由就稍微要複雜些。

第一，夫婦關係是所有人倫關係的起點和根本。《易傳・序卦傳》：「有天地，然後有萬物；有萬物，然後有男女；有男女，然後有夫婦；有夫婦，然後有父子；有父子，然後有君臣。」《中庸》：「君子之道，造端乎夫婦。」荀子說：「夫婦之道，不可不正也，君臣父子之本也。」〔註3〕班昭《女誡・夫婦第二》也說：「夫婦之道，參配陰陽。通達神明。信天地之宏義。人倫之大節。」男女結合而成夫妻，夫妻相交相合乃生子女，或者說人的誕生正是通過男女相交相合而產生的，沒有人就沒有一切人類關係。因此，夫婦關係的和諧是人倫關係和君子之道的起點。它也是其他人倫關係如君臣父子關係的根本。夫婦關係固然離不開為人夫者的男性道德，也離不開為為人婦者的女性道德。儒家經典《詩經》之所以以《關雎》為首篇，就在於它是歌頌后妃之德性。「窈窕淑女，君子好逑」，所說不僅指女子之美貌，更重女子之德性。后妃之德，風之始也，所以風天下而正夫婦也。「先王以是經夫婦，成孝敬，厚人倫，美教化，移風俗。」〔註4〕可見，男女夫婦之道，則可以成孝敬，厚人倫，美教化，移風俗，實在是一切倫理教化的起點與根本。

第二，女性道德修養與教育是夫婦關係和諧的前提條件和可靠保證。「是以禮貴男女之際。詩著關雎之義。由斯言之，不可不重也。夫不賢則無以御婦。婦不賢則無以事夫。夫不御婦則威儀廢缺。婦不事夫，則義理墮闕。」〔註5〕夫婦雙方如果都能有較高的道德修養，自然就會容易相處，沒有矛盾，從而增進感情，和睦相處。因此，儒家非常重視夫婦之道的探究、教育與修養。儒家經典《儀禮》《禮記》等提出了處理男女夫婦關係的基本原則，班昭所概括的女性道德的「三從四德」原則就是根據上述儒家經典而概括的並得到了後世的認可。如「未嫁從父，既嫁從夫，夫死從子」的「三從」原則出於《儀禮・喪服・子夏傳》，其傳文曰：「婦人有三從之義，無專用之道。故未嫁從父，既嫁從夫，夫死從子。故父者子之天也，夫者妻之天也。」「四德」原出於《禮記・

〔註2〕 《孟子・梁惠王上》。
〔註3〕 《荀子・大略》。
〔註4〕 《毛詩・關雎序》。
〔註5〕 《女誡・夫婦第二》。

昏義》:「教以婦德、婦言、婦容、婦功。」

第三,女性道德修養是家庭、家族發展與和諧的保證。《中庸》:「詩曰:『妻子好合,如鼓瑟琴;兄弟既翕,和樂且耽;宜爾室家;樂爾妻帑。』」今日之人女,即為將來之人妻人母。由於婦女在家庭裏擔當著母親的角色,擔負著家庭內部的諸多奉上、善處平輩、養教後代的重任,因此,女子道德對於家庭、家族甚至家國天下具有重要意義,「孟母三遷」、「岳母刺字」等故事之所以為中國人耳熟能詳,就在於它體現了母親對子女重要的教育作用。漢語中之所以把妻子尊稱為「太太」就是為了紀念西周初三位偉大的女性或母親:太姜、太任、太姒。她們分別是周文王的祖母、母親和妻子。她們的名字都有個「太」字,被稱為「三太」,她們所生的兒子全都是聖人。太姜生文王的父親王季,太任生文王,太姒生武王和周公,奠定了周朝八百年的基業,這都是因為三太的德行與教育。比如說,太任在懷文王的時候,就注重胎教,所謂目不視惡色,耳不聽淫聲,口不出傲言,成就了淑女與母儀天下的風範。

古人認識到女德修養教育的重要性,有非常自覺的女德教育傳統。如前所述,先秦儒家的經典有大量關於女德教育的相關論述,漢代以後形成了系統的女德教育相關論著。如漢代劉向所編《列女傳》,記述了上古至漢代婦女的嘉言懿行,為中國最早專門闡述婦女生活準則的教科書,也有觀點認為該書是一部婦女史。《列女傳》共分七卷,共記敘了 105 名婦女的故事。西漢時期,外戚勢力強大,宮廷動盪多有外戚影子。劉向認為「王教由內及外,自近者始」,即王教應當從皇帝周邊的人開始教育,因此寫成此書,以勸諫皇帝、嬪妃及外戚。「列女」就是「諸女」的意思,《列女傳》就是一部女子傳記錄,其中六卷為正面的榜樣:《母儀傳》《賢明傳》《仁智傳》《貞順傳》《節義傳》《辯通傳》。一卷為反面的典型:《孽嬖傳》。以前我們輕易否定批判這些傳統時,好多人誤把此「列女」當作「烈女」,是不對的。

在此之後不久,班昭作為東漢著名女史學家,所撰著的《女誡》是女學女德教育史上直接系統論述女德的首部專門著作,成為後世女德女教首要的經典。此後歷史上的女學女教著作非常豐富,尤其在唐、宋、明、清各代,這類著作更多。在儒學發展史上,南宋朱熹將《大學》《中庸》《論語》《孟子》編在一起並加集注,是為《四書》,成為宋明後人們學習儒家學說的主要經典和門徑。在女學女教著作方面,人們為了在眾多著作中,突出幾本書的重要性,在明代天啟四年(1624)就有一本由多文堂合刻的《閨閣女四書集注》行世,

其「四書」包括《女誡》《女論語》《內訓》和唐朝侯莫陳（三字複姓）邈之妻鄭氏編寫的《女孝經》。而一般所說的「女四書」是清朝初年學者王相編輯的。其四書，前三書相同，最後一本則是由其母親劉氏編著的《女範捷錄》，以貞德教育為主，宣揚古代的貞女烈女與賢妻良母的事蹟。

以上只是舉例說明其中幾種比較重要的，實際上這類女學女教著作還很多，如在《五種遺規》的「教女遺規」中就錄有三卷十一種；大約成書於明代的《女兒經》因其為七言韻文，文字更加通俗易懂，直到新社會，一些文化不高的老年婦女還能背誦，可見其影響深遠。

作者以女教首要經典班昭《女誡》為例，概括分析傳統女德女教的主要內容，並在此基礎上討論傳統女德的批判繼承問題。

二、傳統女德的主要內容——以《女誡》為例

《女誡》一書，由《序言》及《卑弱》《夫婦》《敬順》《婦行》《專心》《曲從》和《叔妹》七章構成，不過 1800 餘字。它集中反映了古代女子道德的內容。其可包括幾個方面：第一，關於女子地位與角色責任的論述，這主要體現在《卑弱》章中。第二，事夫之道，這體現在《夫婦》《敬順》《專心》章裏；第三，和家之道，這主要體現在《曲從》與《叔妹》章裏；第四，女性個人修養，這主要體現在「婦行」章裏。

（一）女性的地位與角色責任

古者生女三日，臥之床下，弄之瓦磚，而齋告焉。臥之床下，明其卑弱，主下人也。弄之瓦磚，明其習勞，主執勤也。齋告先君，明當主繼祭祀也。三者蓋女人之常道，禮法之典教矣。謙讓恭敬，先人後己，有善莫名，有惡莫辭，忍辱含垢，常若畏懼，是謂卑弱下人也。晚寢早作，勿憚夙夜，執務私事，不辭劇易，所作必成，手跡整理，是謂執勤也。正色端操，以事夫主，清靜自守，無好戲笑，潔齊酒食，以供祖宗，是謂繼祭祀也。三者苟備，而患名稱之不聞，黜辱之在身，未之見也。三者苟失之，何名稱之可聞，黜辱之可遠哉！〔註6〕

本章以《詩經》中所記載的古俗展開，論述了女子生來相較於男子就處於卑弱地位，其主要職責就是執勤、祭祀。據《詩經》記載，古代生男孩，就將

其放在床上，給他一塊玉石讓其玩耍，稱之為「弄璋」，以顯示其尊貴。而生了女孩則將其放之床下，給其一塊磚塊，以示其卑下。卑弱、執勤、祭祀，是女性的地位與角色職責，接著論述了如何實現這三重角色職責，並認為如果三者都做的很好，就會美名流傳，不會遭遇黜休之辱。

（二）事夫之道：敬順專心

> 夫婦第二。夫婦之道，參配陰陽，通達神明，信天地之弘義，人倫之大節也。是以《禮》貴男女之際，《詩》著《關雎》之義。由斯言之，不可不重也。夫不賢，則無以御婦；婦不賢，則無以事夫。夫不御婦，則威儀廢缺；婦不事夫，則義理墮闕。方斯二事，其用一也。察今之君子，徒知妻婦之不可不御，威儀之不可不整，故訓其男，檢以書傳。殊不知夫主之不可不事，義禮之不可不存也。但教男而不教女，不亦蔽於彼此之數乎！《禮》，八歲始教之書，十五而至於學矣。獨不可依此以為則哉！〔註7〕

在《女誡·夫婦第二》章中論述了夫婦之道的重要性和女教之重要性，相關論述已如前引，在《女誡·夫敬順第三》章中，認為夫婦關係本應以親恩義合加以調節，作為女性，要處理好夫婦關係，就要使自己具有敬順之德。這是因為「陰陽殊性，男女異行」注〔註8〕，男尚剛強，女貴柔弱。敬順之道，婦人之大禮大德也。敬要持久，順要寬裕，要知止恭下。

> 敬順之道，婦人之大禮也。夫敬非它，持久之謂也；夫順非它，寬裕之謂也。持久者，知止足也；寬裕者，尚恭下也。〔註9〕

要討得夫君喜愛，除了要有敬順之德外，還要有專心之情。所謂專心就是對夫君感情一心一意，「夫有再娶之義，婦無二適之文，故曰夫者天也。天固不可逃，夫固不可離也。行違神祇，天則罰之；禮義有愆，夫則薄之。」〔註10〕誠心誠意並在行動上加以落實，即正色行端。有《女誡·夫專心第五》章具體論述。

（三）和家之道：曲從舅姑、親合叔妹

對於已婚女性，還要善處夫家家庭人際關係，這就是曲從舅姑、親合叔

〔註7〕《女誡·夫婦第二》。
〔註8〕《女誡·敬順第三》。
〔註9〕《女誡·敬順第三》。
〔註10〕《女誡·專心第五》。

妹。舅姑就是公公婆婆的古代稱謂，叔妹就是丈夫的弟妹。因為舅姑是丈夫的父母，他們的評價會影響丈夫的態度，也許會破壞或者增進夫妻的恩義，如《孔雀東南飛》中的女主人劉氏並不是其夫焦仲卿不愛她，終是因為焦母不容她，而遭譴並自殺。由於公公婆婆是長輩，有時是沒法和其論是非的，只好曲從，是最明智的選擇和德性。不僅要曲從丈夫的父母，而且也要以親和謙順的態度對待叔妹。從積極的意義看，為了維持家庭和睦和諧，作為嫂子應以謙和態度善待叔妹，這也可視為一種嫂德。

（四）個體修養：德、言、容、功

作為為人婦者不僅要清醒認識自己的角色責任，專心敬順事夫，曲從謙下和家，而且還要加強自己的個體道德修養。那麼，這種修養從哪幾個方面去實踐呢？這就是要從德、言、容、功四個方面加強自己的修養，這四者在《女誡·婦行第四》章中不僅論述了其具體要求：

> 女有四行，一曰婦德，二曰婦言，三曰婦容，四曰婦功。夫云婦德，不必才明絕異也；婦言，不必辯口利辭也；婦容，不必顏色美麗也；婦功，不必工巧過人也。清閒貞靜，守節整齊，行己有恥，動靜有法，是謂婦德。擇辭而說，不道惡語，時然後言，不厭於人，是謂婦言。盥浣塵穢，服飾鮮潔，沐浴以時，身不垢辱，是謂婦容。專心紡績，不好戲笑，潔齊酒食，以奉賓客，是謂婦功。

而且認為，雖然為女人之大德，但只要存心去做，實際上也不難做到。

總之《女誡》雖然字數並不算多，但從上述四個方面論述了女德的各方面要求，既有對女性地位角色責任的論述，又有女性的人際倫理，還有女性個體德性方面的具體要求，奠定了後世女德修養與教育理論基礎。

三、傳統女德的批判繼承

我們仍將從上述四個方面來展開分析，並提出相應觀點：

（一）男女關係：平等有別

關於女子的角色責任問題，必然涉及到男女夫婦關係，在《女誡·卑弱第一》篇中提出的女性地位與角色責任的三個內容。其中，主祭祀，這與古代中國人看重祖宗祭祀有關，作為家中的女主人，操持祭祀供品酒食並參與祭祀祖先活動。要求婦女在操持家務方面執勤，並將家裏打理地有條有理，這不

僅是男女內外有別所決定的，也體現出中國古代婦女之勤勞美德。那麼，中國古代女性相較於男性要處於卑弱地位，似乎與近現代的男女平等思想會有衝突，也容易引起爭議。在此，我們重點來討論男女平等思想與男女有別思想的關係。

中國古代在處理男女關係方面，堅持男女有別思想。孟子曾在其「五教」說中明確指出，「父子有親，君臣有義，夫婦有別，長幼有序，朋友有信」〔註11〕，強調分、別、序是中國傳統倫理特別是禮的精神。夫婦男女要別什麼？「陰陽殊性，男女異行」，可能有男女生理心理之別，比如，生小孩由女人生，男人總生不了；一般來說，男人體力比較強壯，女人體力比較弱小。從心理性格上，男人尚陽剛，女人當陰柔，男人似山，女人似水。從分工的角度看，男女的自然分工是人類最初的分工形式，男主外，女主內，似乎也是古代中國人的一種傳統和生活方式。黃梅戲《天仙配》中的「夫妻雙雙把家還」中的唱詞：「你耕田來我織布，你挑水來我澆園」，這種自然分工也並沒有人質疑其合理性。基於男女自然生理、心理上的差別，並沒有異議，爭論主要在於男女夫婦社會倫理地位上的尊卑、主從關係。

在中國傳統倫理的三綱中，其實不僅主張男尊女卑、男主女從，而且父子、君臣之間也是這樣的，漢儒較為強調尊卑，宋儒比較強調主從。傳統哲學對男尊女卑的「合理性」的論證，主要是依靠《周易》的天地陰陽的辯證思維方法進行論證的。尊就是崇高，卑就是低下，男為天，女為地；男為陽，女為陰；男為乾德，女為坤德。天居於上，地處於下，這是一個無法改變的事實，《周易·繫辭上傳》說：「天尊地卑，乾坤定矣。」天地、陰陽、柔剛並不是絕對對立的，而是一個辯證的統一體，就像八卦太極圖所示，是你中有我，我中有你，天生萬物，地養萬物，天上有陽光，也可以下雨，但如果沒有大地的承載，萬物則不能生長，因此萬物生長靠太陽，但也離不開土地，就像領袖離不開人民一樣，父母離不開兒女一樣。

另外，剛強與柔弱也是辯證的統一。

老子的《道德經》反覆申說「柔弱勝剛強」的辯證道理。

> 天下莫柔弱於水，而攻堅強者莫之能勝，以其無以易之。弱之勝強，柔之勝剛，天下莫不知，莫能行。〔註12〕

〔註11〕《孟子·滕文公上》。
〔註12〕《道德經》第 78 章。

天下之至柔，馳騁天下之至堅。〔註13〕

人之生也柔弱，其死也堅強；草木之生也柔脆，其死也枯槁。
故堅強者死之徒，柔弱者生之徒。是以兵強則滅，木強則折。強大
處下，柔弱處上。〔註14〕

「滴水穿石」也就是這種道理的體現。剛強與柔弱，男人與女人只有和而不同的處於一個世界中，才是合理和諧的。女人具有溫柔之德，恰恰是其強大的表現，一個柔情似水，春風化雨的妻子肯定會有一個恩愛和諧的夫妻關係。

再來討論一下女子與男子的主從關係。如前所述，「三從」即「未嫁從父，既嫁從夫，夫死從子」確為古代女子道德規範的基本原則，這往往被解釋為女子依附於男子，是父權、夫權、族權對女性的壓迫，是不平等的。古代的主從關係實際上是一種根據角色地位不同而做出的一種合理分工思想。女子未出嫁，聽父母這與兒女聽父母並無不同。既嫁從夫，倆人建立了婚姻家庭，丈夫為主，夫唱婦隨不正是和諧婚姻的表現嗎？「夫死從子」，一方面是由於男權社會的影響，另一方面兒子要承擔贍養母親的責任，擔負家庭的主要經濟責任。另外，「從」不光是絕對服從的意思，還有隨從過日常生活的意思。「主從關係」雖與今天的男女平等平權思想衝突的，但由當時的社會經濟關係客觀決定的。

今天，男女在經濟上首先是平等的，甚至有的家庭女性比男性還掙的多，在今天講男女平等自然是有其合理性的，理解問題一定要有歷史緯度。古代性別倫理中的「男女有別」思想中確有男女不平等的一些糟粕，如《女誡‧專心第五》篇中所言「夫有再娶之義，婦無二適之文」，這實際上在某種意義上剝奪了女性在離婚的權利，是不符合現代婚姻法中的自由平等原則的。但另一方面，我們也要辯證地看待古代性別倫理中「夫婦有別」思想的合理成分。

中國倫理精神的等差精神是和而不同精神的體現，承認差別，世界和人際關係才會豐富多彩。差別也會使人能認識到自身地位與角色責任，各盡其責，人際關係和社會才會有序和諧。如果大家都處在同一地位，是絕對平等的，那麼還有什麼倫分、角色、責任可言呢？因此，在堅持宣傳近現代平等倫理精神的同時，也要弘揚中國傳統倫理的分、別、序的等差倫理精神，實現男女平等、男女有別的統一，才是建設當代男女性別道德的基本原則。

「平等」是近現代倫理精神。中國社會自「五四運動」以來，在男女平等

〔註13〕《道德經》第 43 章。
〔註14〕《道德經》第 76 章。

方面，做出了很大努力，取得了顯著的成績，對於婦女解放起了很大的作用。婚姻自由，權利平等，走出家庭，走向社會，投身革命，參加工作，奉獻社會，參政議政，女性的社會價值與人格尊嚴得到了很大實現，平等倫理功不可沒。另一方面，由於自「五四運動」以來歷次的反傳統，使中國傳統的「男女有別」觀念卻逐漸淡漠，一些婦女在日常生活出現了性別角色意識不明甚至扭曲，影響了家庭和諧和女性的人生幸福。因此，在建設當代性別道德、處理男女夫婦關係時，應該在社會生活中堅持「平等」觀念，而在私人家庭生活中，堅持「男女有別」原則，如果能將二者辯證的統一融合起來，必將促進婦女社會價值的實現和家庭和諧、人生幸福。

（二）夫妻之道：敬愛專貞

現代婚姻倫理是自由選擇、自願結婚的，合道德的婚姻必須建立在愛情的基礎上，當然婚姻的維繫需要夫妻雙方堅持道義原則、各盡倫理義務。感情具有一定的持久性、頑固性，也具有流動性、變異性，因此，夫婦雙方必須以情義相處相待。德性是道德主體自覺自願做出的，這裡所探討的是女德，也就是女性應該自覺培養的對待丈夫的倫理態度和倫理義務。敬愛是一種感情，女性愛丈夫，不僅是喜歡、依戀、親近等感情，還有或多或少的尊敬的成分。「尊敬」在夫妻婚前婚後都應有。因此，感情的「愛」與「敬」是密不可分的，它不僅在「感情」上表現，還要表現在行為上。

所謂男女平等就是指雙方的人格是平等的，是應該互相尊重的。心意上的專心，行為上的忠貞，仍然是中華民族的優良道德傳統，也是處理夫婦關係的應有之義，這是男女雙方都應該努力做到的，但儒家強調仁以愛人，義以責己，作為一種德性，雙方要先要求自己。男女雙方都應遵守誠意貞節的道德要求，這是維護夫妻關係的基本道德要求。在現代社會，很多夫妻離婚都是因為一方情意別戀，外遇出軌導致的。

（三）和家之道：孝長悌幼

女性對家庭和諧會發揮重要作用，《女誡》要求古代為人婦者要「曲從」於公婆，要求即使公婆說的不對也要聽從，這是消極的。我們將此改造為「孝敬」公婆，孝敬要比曲從包含的意義廣泛的多，要對公婆的生活給予照顧，要對公婆的意見加以遵從，「孝敬」之敬從積極方面包含「順從」之意，要順從長輩的心意。當然重大原則問題，未必要全聽，但起碼不應當面頂撞，容後商量，否則不合儒家孝道之「婉諫」「悅親」之理，既違孝道，又失和諧。

要達到和睦齊家的目的，儒家家庭道德要求女性不僅要處理好與丈夫、公婆的關係，而且要處理好與丈夫的兄弟姐妹的關係甚至還有妯娌關係，謙和待下，與人為善，相互幫助，這樣定會家和萬事興。另外，女性成為人母后，還要自覺承擔養育教育子女的責任。在歷史實踐中，主內的母親實際上在教育子女的問題上也承擔了重要責任，如生活照料，督促學習，培養品德，這都是為人母應該承擔的倫理義務。

（四）個體修養：踐行四德

「四德」也叫「四行」，如婦功是女人特有的勞動技藝，婦容是某種審美意義上的修飾打扮之事，能否具有這些技能和修養，都被看作是道德問題，因此，也就叫「四德」。一般認為，「三從」還有封建不平等因素，而「四德」完全可以批判繼承，它要求女性從四個方面加強自己的德性修養，不斷提高自己的道德素質。

婦德。對於一般婦女來說，德重於才，即使有才之女也應表現謙恭。前述《女四書》的作者都是才女，她們以清閒貞靜，行己有恥，動靜有法，堅守節操，執勤整齊，從而獲得後世尊重，成為女德楷模。

婦言。中國古代的言語價值觀上，不提倡「辯口利辭」、能說會道，認為這樣的人可能會缺德，如《論語・子路》篇中就有：「子曰：剛、毅、木、訥近仁。」《論語・學而》：「子曰：巧言令色，鮮矣仁。」因此，對於女性之口德修養是反對辯口利辭，饒舌多嘴。言德修養在於根據時間、場合等條件擇辭而說。這些言德修養的教訓對我們今天仍有啟發借鑒意義。

婦容。不一定非得長的絕對美麗，穿著打扮妖豔，要講究個人衛生，沐浴以時，身不垢辱，盥浣塵穢，面目清潔，這些思想平實易行，也值得現代女性參考吸收。

婦功。在中國古代自然經濟社會裏，男主外，女主內。女性要有一定的生產生活技能，不會紡織裁縫，可能家人就沒穿的，不會做飯，不僅不能奉客，可能自己和家人都沒吃的。在當時社會條件下，講究這些女性特有的主內家務的婦功，是有其合理性的。今天家務勞動的社會化程度越來越高，但是家庭生活的基本模式也還沒有從根本上改變，女人要有一些特有的生活技能，比如刺繡、女紅等更能顯示女性之美。總之，德、言、容、功，是古人給女性提出的四個修養途徑，可以為現代婦女修養提供參考。

原載《孔學堂》，2016 年第 2 期

傳統家訓價值的傳承與現代轉化
——以《錢氏家訓》為主要分析對象

　　2015 年 2 月 17 日，習近平總書記在出席新春團拜會發表的重要講話中強調指出：「春節是萬家團圓、共享天倫的美好時分。中華民族自古以來就重視家庭、重視親情。家庭是社會的基本細胞，是人生的第一所學校。不論時代發生多大變化，不論生活格局發生多大變化，我們都要重視家庭建設，注重家庭、注重家教、注重家風，緊密結合培育和弘揚社會主義核心價值觀，發揚光大中華民族傳統家庭美德，促進家庭和睦，促進親人相親相愛，促進下一代健康成長，促進老年人老有所養，使千千萬萬個家庭成為國家發展、民族進步、社會和諧的重要基點。」〔註 1〕

　　習近平總書記的這次講話反映出中華民族重視家庭的傳統美德，道出了中國人民深沉的家國情懷，這是對社會上廣泛開展的以家風家教為突破口培育社會主義核心價值觀的相關努力的肯定，也是與習近平總書記所強調的培育社會主義核心價值觀要立足中華優秀傳統文化的思想相一致的。

　　「家教是為國家培養合格建設者和可靠接班人的基礎工程，家風是良好社會風氣形成的起點和基石，家教家風在家庭生活中得以產生。以家風家教為抓手，既是培育和傳承中華傳統美德最直接的方式，也是弘揚和踐行社會主義核心價值觀最重要的手段，對於家庭血脈的傳承，社會文明的延續，民族復興

〔註 1〕 習近平，《中共中央國務院舉行春節團拜會　習近平發表重要講話》〔N〕，《人民日報》，2015 年 2 月 18 日第 1 版。

中國夢的實現，都具有重要的歷史意義和現實意義。」〔註2〕貫徹落實習近平總書記「注重家庭、注重家教、注重家風」的講話精神，既要繼承優良傳統，又要賦予其新的時代發展內涵，從而為實現中國夢提供道德支撐。近年來，在立足中華優秀文化傳統進行當代社會主義核心價值觀培育和踐行的過程中，家風與家教已成為重要的突破口和有力抓手，得到了社會與媒體的廣泛關注，取得了切實有效的成績。這一過程不僅重視現代家風家教的教育實踐，也特別重視傳統優秀家訓等文化資源的傳承與創新。很多地方非常重視挖掘地方家訓、家風、家教等文化資源。

其中，「錢氏家訓與臨安家風」格外受到重視。錢氏為歷史上的旺族，其先族吳越國國王錢鏐治績顯著，促進了當時當地的發展，得到了宋代官方的認可。錢鏐作為吳越小國的開國者，由於其對江南的繁榮作出的貢獻，宋代文人在編寫《百家姓》時，就把錢姓列在了官家趙姓之後，即「趙錢孫李、周吳鄭王」。吳越錢家之所以代代有英才，就在於其家風的影響。僅以近代為例，除了「三錢」（中國導彈之父錢學森、中國力學之父錢偉長、中國原子彈之父錢三強）外，還有國學大師錢穆、錢鍾書、錢玄同等，政治領導人如錢其琛（前國務院副總理）、錢李仁（前中共中央對外聯絡部部長）、錢信忠（前衛生部部長），等等，包括 2008 年諾貝爾獎得主華裔科學家錢永健，他們都是錢王後裔。其先祖錢鏐的塑像至今屹立在杭州西湖岸邊，受到民眾的尊重和敬仰。錢氏的家訓家風歷代相傳，春風化雨。其家訓文本《錢氏家訓》言簡意賅、切實可行，是傳承中華優秀傳統文化的重要文本和載體。

客觀評價《錢氏家訓》及其對臨安旺族與地方社會風氣的影響，進而探討家訓、家風在當今社會文化建設、價值觀培育與社會教化中的地位和作用，這是本文要重點探討的問題。

一、全面理解傳統家訓的文化傳承意義

家訓這種文本是中華傳統文化的重要傳承形式，它大多是由有教養的知識分子出於齊家、和家、教育子孫的目的而創作撰寫的。我國歷史上有豐富的家訓文本，比較著名的如顏之推《顏氏家訓》、司馬光《家範》、朱熹《朱子家訓》、朱柏廬《朱子治家格言》，等等。近年來，《王陽明家訓》（亦稱《示憲兒》）

〔註2〕習近平，《注重家庭：「家和」才能真正「萬事興」——習近平總書記在春節團拜會上關於家庭建設的重要論述在各地引發熱烈反響（上）》〔N〕，《中國婦女報》，2015 年 2 月 26 日第 A1 版。

在互聯網上廣泛傳播。明代袁璜寫的《了凡四訓》實際上也是一部家訓，袁璜本人還曾做過寶坻縣縣令，由於該家訓包含了一些因果報應思想，在後世的傳播中，被佛教作為勸善書加以大力推廣，使人們忽略了它的家訓性質，2016年5月，學界與寶坻縣聯合舉辦了關於這部家訓的國際學術研討會。這些都說明了當代中國社會對家訓的文化傳承和社會精神教化意義的重視。

家訓承載著中華民族的核心價值觀、道德觀與為人處世甚至治國之道的基本價值觀念與行為規範。如南宋理學家、著名大儒朱熹撰寫的《朱子家訓》，雖然僅有317字，卻體現了傳統美德的基本德目和規範要求。其中一篇的首段即說：「君之所貴者，仁也。臣之所貴者，忠也。父之所貴者，慈也。子之所貴者，孝也。兄之所貴者，友也。弟之所貴者，恭也。夫之所貴者，和也。婦之所貴者，柔也。事師長貴乎禮也，交朋友貴乎信也。」（《紫陽朱氏宗譜》）這短短數語，不僅包括了我國傳統道德中的「五倫十義」的相關內容，即君仁臣忠、父慈子孝、兄友弟恭、夫和妻柔、朋友有信，而且還包括了《白虎通義》「六紀」中的師生之道，即「事師長貴乎禮也」，可以說內容較為全面準確。

傳統家訓以修身、育子、齊家為直接目的，而擴及處人行世、治國平天下，言簡意賅，思想內容精粹，實踐針對性強，文字淺顯易記，易於教化實踐。從家訓的思想內容和關注領域來看，家訓大多以教育子孫修身做人、和睦齊家、交往處世為主要內容，並以個人修養為基礎，以齊家、興家為直接目標，進而擴充到處世經驗。而言及治國平天下原則的家訓並不多，一方面，這是因為不是所有家庭的子孫都有機會參政，另一方面，這種相關教訓在我國歷史上大多出現於官箴文本中。大多數家訓的思想內容基本符合儒家《大學》「八條目」中所講的修身、齊家、治國、平天下的內聖外王之道，並強調「自天子以至於庶人，一是皆以修身為本」。不同的文本強調的重點有所差異，比如諸葛亮的《誡子書》、王陽明的《示憲兒》顯然以指導子孫修身為要，而朱柏廬的《朱子治家格言》顯然以治家為重點。由於做人、齊家不可能完全脫離社會，因此，大多數家訓還涉及交往處世的內容，以幫助家人在社會上立身行世，獲得人生安全與幸福。朱熹撰寫的《朱子家訓》則側重與人交往、處世的原則與智慧，比如其曰：「見老者，敬之；見幼者，愛之。有德者，年雖下於我，我必尊之；不肖者，年雖高於我；我必遠之。慎勿談人之短，切莫矜己之長。仇者以義解之，怨者以直報之，隨所遇而安之。人有小過，含容而忍之；人有大

過，以理而論之。勿以善小而不為，勿以惡小而為之。人有惡，則掩之；人有善，則揚之。處世無私仇，治家無私法。勿損人而利己，勿妒賢而嫉能。勿稱忿而報橫逆，勿非禮而害物命。見不義之財勿取，遇合理之事則從。」（《紫陽朱氏宗譜》）對於這些人際交往的態度、原則和涉世智慧，如果我們都能按其去做，則顯然有利於推動當代社會人際關係的融洽和社會和諧。

家訓多用來教育子孫，其出發點是將子孫培養成人，希望他們有益於社會、國家；另外，中華傳統文化倡導「家和萬事興」，因此，治家、齊家也是家訓直接關注的領域。雖然儒家認為齊家是治國的基礎，但家訓作為一種民間文本，更強調齊家、和家的價值。如朱柏廬《朱子治家格言》一開篇就說：「黎明即起，灑掃庭除，要內外整潔；既昏便息，關鎖門戶，必親自檢點。」〔註3〕稍有中華傳統文化修養的人都能背誦這幾句，可見其影響之大。如何齊家？以道德齊家，家庭成員只有各守角色道德，才能促進家庭和睦。「兄弟叔侄，須分多潤寡；幼內外，宜法肅辭嚴。聽婦言，乖骨肉，豈是丈夫；重資財，薄父母，不成人子。嫁女擇佳婿，毋索重聘；娶媳求淑女，勿計厚奩。」〔註4〕這些都是經過歷史考驗的齊家、和家之道，可資借鑒。

當今社會對家訓文化的關注，一方面是從培育人的角度出發，認為家訓、家教對子孫的人格養成有重要的基礎性作用。近百年來，我們引進了西方的學校教育制度，這對青少年的智育顯然發揮了重要作用；但在德育方面，僅靠學校還是不夠的。「子不教，父之過」，家庭應該承擔更多的德育教化功能，社會也希望家庭能夠發揮這樣的作用，希望個體能夠通過家庭加強自己的道德修養，並從中汲取精神資源。另一方面則是從官員道德培育的需要出發。家風對幹部的道德修養和廉潔自律具有重要影響，很多幹部之所以貪污腐敗多與其不能齊家、管束家庭成員有關，因此中紀委在官方網站上推薦官員閱讀《錢氏家訓》。在中國的傳統文化中，廉潔教育也是家訓、家規的重要內容之一。例如，包青天最恨貪官污吏，他曾留下一條著名的家規：「後世子孫仕宦有犯贓濫者，不得放歸本家；亡歿之後，不得葬於大塋之中，不從吾志，非吾子孫。」這是一條很嚴格的家規。古人把死後能否葬於祖墳看作大事，如果貪贓枉法就不能入葬祖墳，這對人的作為會有很大的約束與警示作用。再如，抗日民族英

〔註3〕 朱柏廬（著），李牧華（注），《朱子家訓》〔M〕，蘭州：甘肅人民出版社，1990年，第1頁。

〔註4〕 朱柏廬（著），李牧華（注），《朱子家訓》〔M〕，第2頁。

雄吉鴻昌的父親吉筠亭在 1920 年去世前留下家訓式的遺囑——「做官即不許發財」。吉鴻昌把這七個字燒製在細瓷飯碗上，分發給他的部屬，與他們共志廉潔。

總之，雖然不同家訓文本的重點略有不同，但修、齊、治、平的價值觀念與行為規範則是傳統家訓的核心內容，它承載著我國的優秀文化傳統、傳統美德和實踐智慧，是當今社會核心價值觀培育、精神文明建設與社會教化的非常寶貴的精神資源與思想寶庫。

二、《錢氏家訓》思想內容的傳承性

《錢氏家訓》是我國傳統家訓的一個重要文本，雖僅有 532 字，但內容卻非常豐富，分為個人篇、家庭篇、社會篇、國家篇，層次分明，條理清晰。由於其是地方王家家訓，因此不同於其他家訓而專門有「國家篇」，涉及官員修養和從事政治治理的一些原則與訓誡。從總體上看，其思想內容大多可以為當今社會所繼承和弘揚。下面分別對其四方面的內容作分析與述評。

個人篇自然是講個人修養：心術言行要對得起天地聖賢，要提高修身的自覺性，「三省吾身」，持躬謹嚴，臨財廉介；處事決斷，存心寬厚，心胸寬闊，行有定力。這些勸喻與規訓對個人加強自身道德修養都非常具有啟發意義。道德源於敬畏意識，根源於心術誠意，如果一個人缺乏對崇高價值的信仰與敬畏，是不可能具有道德意識的。另外，人必須對自身進行反省，提升自身的自覺性、主動性，才會在道德上有進步。在此基礎上，還要不斷嚴於律己、廉潔奉公、心存仁愛、見利思義、志存高遠，才能知止有成。「能改過則天地不怒，能安分則鬼神無權。讀經傳則根柢深，看史鑒則議論偉。能文章則稱述多，蓄道德則福報厚。」〔註5〕安於本分，知錯改過，熟讀經史、道德文章，這些都是個人修養之要旨與途徑。總之，在個人修養層面，《錢氏家訓》既強調對天地聖賢的敬畏之心，又重視修養的自覺性和修養工夫及方法論，是我們加強自身修養的至理名言，足以引為借鑒。

家庭篇首先強調建立家規的重要性：「欲造優美之家庭，須立良好之規則。」「內外六閭整潔，尊卑次序謹嚴。」〔註6〕傳統家庭倫理強調尊卑次序，現代家庭強調代際男女平等，對此應該辯證理解。儒愛、仁愛精神本身就是強

〔註5〕張仲超，《錢氏家訓》〔M〕，北京：線裝書局，2010 年，第 2 頁。
〔註6〕張仲超，《錢氏家訓》〔M〕，第 2 頁。

調等差之愛，「禮」更是強調別序精神，因此，在代與代之間還是應該強調平等與等差的統一。因為代際倫理不僅產生於親愛之情，還產生於倫份之理，如「父慈子孝」，其實「慈」與「孝」都是愛的意思，但「慈」表達上對下的憐愛與呵護，而「孝」則表達下對上的愛戴與尊敬，僅僅愛而不敬可能就會亂了倫份。夫妻關係在現代社會強調男女平等，而傳統社會則強調男女有別，這是基於自然生理與社會角色分工的不同。筆者認為，在現代社會甚至政治生活中堅持男女平等，有助於實現婦女解放；但在家庭等私生活領域，還應該堅持男女有別，這有助於保持男女特性，使其發揮各自所長，促進人的幸福和家庭和諧。因此，在夫婦男女之倫上，筆者認為應該堅持「平等」、「有別」的倫理原則。「父母伯叔孝敬歡愉，妯娌弟兄和睦友愛。」〔註7〕雖然現代中國的家庭結構和生活方式發生了很大變化，但這種強調大家族內部和睦友愛的精神仍然可以為當代中國人所繼承。「祖宗雖遠，祭祀宜誠；子孫雖愚，詩書須讀。」〔註8〕尊祖敬宗，祭之以時以誠，仍然是中國人的傳統習俗；耕讀傳家，教育子孫，仍是中國人最重要的價值追求。「娶媳求淑女，勿計妝奩；嫁女擇佳婿，勿慕富貴。」〔註9〕這種婚戀觀是合理的，重德重才而輕財，是婚姻牢靠和家庭幸福的正確價值導向，對當代人仍然具有重要的指導和啟發意義。「家富提攜宗族，置義塾與公田；歲饑賑濟親朋，籌仁漿與義粟。」〔註10〕由宗族向社會擴張，多施仁心，多行義舉，這種傳統慈善與公益精神顯然是可以為現代社會所繼承和弘揚的。「勤儉為本，自必豐亨；忠厚傳家，乃能長久。」〔註11〕中國人最根本的持家、傳家之道就是「勤儉持家」「忠厚傳家」，前者是對做人、做事和財富的態度，後者則是以道德傳家，涉及齊家、興家、傳家最根本的原則。

社會篇提出了對待朋友、鄉鄰、弱勢群體的倫理原則：「信交朋友，惠普鄉鄰。恤寡矜孤，敬老懷幼。」〔註12〕還提出對社會公益的倫理態度與倫理義務：「救災周急，排難解紛。修橋路以利人行，造河船以濟眾渡。興啟蒙之義塾，設積穀之社倉。」〔註13〕對於在社會上如何立身行事、與人交往的教訓與

〔註7〕 張仲超，《錢氏家訓》〔M〕，第2頁。
〔註8〕 張仲超，《錢氏家訓》〔M〕，第2頁。
〔註9〕 張仲超，《錢氏家訓》〔M〕，第2頁。
〔註10〕 張仲超，《錢氏家訓》〔M〕，第3頁。
〔註11〕 張仲超，《錢氏家訓》〔M〕，第3頁。
〔註12〕 張仲超，《錢氏家訓》〔M〕，第3頁。
〔註13〕 張仲超，《錢氏家訓》〔M〕，第3頁。

勸喻是：「私見盡要剷除，公益概行提倡。不見利而起謀，不見才而生嫉。小人固當遠，斷不可顯為仇敵。君子固當親，亦不可曲為附和。」〔註14〕人在社會上與他人交往，重要的是要剷除私見、摒棄私利，「吃得虧，坐一堆」，多行公益必受人歡迎，不貪私利，不嫉賢妒能，與小人、君子交往各有原則，既保持獨立人格，也維護人身安全。這些都是勸世良言和人生智慧的結晶。

國家篇實際上講的是家族成員中能夠為官的人的官守與官德。一是講到了從政的基本原則：「執法如山，守身如玉，愛民如子，去蠹如仇。嚴以馭役，寬以恤民。」〔註15〕既強調「執法如山」，又強調「愛民如子」，這一原則體現了法治精神與仁政思想的統一。治國不可能不謀利，利以養民濟世，如何謀利？「利在一身勿謀也，利在天下者必謀之；利在一時固謀也，利在萬世者更謀之。」〔註16〕強調要謀天下公利和長遠之利，這體現了官員的責任擔當和濟世情懷，因此為包括前任國務院總理溫家寶在內的很多政要所欣賞。二是講到了官員的品德修養問題：「大智興邦，不過集眾思；大愚誤國，只為好自用。聰明睿智，守之以愚；功被天下，守之以讓；勇力振世，守之以怯；富有四海，守之以謙。」〔註17〕集思廣益，力戒「愚而自專」，保持謹慎、謙虛、禮讓之官德情操。三是講到了為官要堅持「節用」的理財原則、「進賢」的人才原則、「興學」的強國原則、「交鄰」的邦交原則：「務本節用則國富；進賢使能則國強；興學育才則國盛；交鄰有道則國安。」〔註18〕這些都是寶貴的為官經驗與訓誡。

三、家訓傳承載體與教化主體的現代超越

在古代社會，家訓的創作與傳承僅限於家庭、家族內部，一般不外傳。另外，家訓是家庭、家族得以存在和延續的精神文化紐帶，其教化主體多是家庭、家族中的家長與長輩。在現代社會，我國的家庭結構與生活方式已經發生了巨大變化，在新的社會條件下，應該傳承家訓的哪些內容，以什麼作為家訓文化的傳承載體與主體，這是需要探討的問題。

如前所述，傳統社會中的家訓凝結著中華優秀傳統文化的精華。在今天，

〔註14〕張仲超，《錢氏家訓》〔M〕，第3頁。
〔註15〕張仲超，《錢氏家訓》〔M〕，第3頁。
〔註16〕張仲超，《錢氏家訓》〔M〕，第3頁。
〔註17〕張仲超，《錢氏家訓》〔M〕，第3頁。
〔註18〕張仲超，《錢氏家訓》〔M〕，第3頁。

它們已經不再為某個家族所私有，而成為中華民族優秀傳統文化的歷史記憶和載體，是全民族的文化遺產。同時，我國社會的家庭結構已經由聚族而居的傳統大家庭發展為分散而居的「核心家庭」，有家族文化傳承的大家族已經不多。因此，家訓文化在當代不可能僅由其家族來傳承。

中共中央 2001 年發布的《公民道德建設實施綱要》已經將社會道德教育的主體設定為四個，即家庭、學校、社會、單位。我們今天傳承優秀的傳統家訓文化的主要目的還在於弘揚中華優秀文化，培育社會主義核心價值觀，興國樹人，培育良好社會風氣，建立高度文明的和諧社會。為了實現這一社會教化目標，家庭、家族自覺傳承自己的家訓、家風自然是義不容辭，同時，政府與社會也具有不可推卸的責任。一定的家訓總是產生於一定地方並對其家族與鄉里產生重要影響。《錢氏家訓》就是具有鮮明的地域特點並對錢氏家族及臨安地方治理產生非常重要影響的一部家訓。臨安市市政府與《光明日報》聯合舉辦的「《錢氏家訓》與臨安家風傳承座談會」就很好地體現了地方政府與社會傳媒對優秀文化傳承的責任擔當。地方政府以《錢氏家訓》為優秀文化資源，大力開展「好家風」建設，取得了促進地方文化和精神文明建設的寶貴經驗；《光明日報》作為體現黨和國家意志、具有廣泛社會影響力的國家級報紙，主動舉辦這類專題座談會，將地方經驗向全國傳播推廣，對培育社會主義核心價值觀、營造良好社會風氣、提高中華民族整體道德素質，發揮了良好的推動作用。當代中國公民整體道德素質的提高、社會道德文明水平的提升，離不開家庭教育、學校教育，但不可否認，大眾傳媒在現代社會精神文明培育過程中的作用也不容低估，在傳播正能量、影響世道人心方面，其功不可沒。

地方政府不僅應該更加自覺地擔當起傳承地方家訓優秀文化的責任，而且還應該成為社會教化的主體，自覺地利用這些優秀的家訓文化資源教育本地區的民眾，形成良好的「家風」「村風」「市風」，培育好子女、好村民、好市民，以促進地方文化建設和精神文明建設水平的提升，提高當地民眾的整體素質，促進地方經濟、社會的全面發展。如果全國各地都能積極響應習近平總書記提出的「注重家庭、注重家教、注重家風」建設工作的指示，積極作為，必將推動中華優秀傳統文化的弘揚，推動社會主義核心價值觀的培育和踐行，推動社會教化工作的創新，推動中華民族的偉大復興。

中國古代社會是一種家國同構、以家為本的社會結構，家是國的基礎，國是家的放大，家庭在社會生活中的地位較之現代社會更為重要，特別是在培養

人才、塑造人格方面發揮著極其重要的作用，因此，家訓在育人方面能夠發揮重要作用。家訓的創作主體、教育主體是家族中兼具道德和文學修養的前輩先賢，教化對象主要是家族成員中的晚輩及後學。而現代社會是一個公民社會，公共領域與私人生活領域的區隔是其重要特徵。但儘管如此，現代中國社會仍是從傳統中國社會發展而來的，家庭在現代社會生活中的地位與作用仍不可忽視。因此對於青少年的社會教化，家庭具有不可推卸的責任。同時，黨和政府、社會媒體、單位都承擔著公民社會教化的主要責任。我國的主流新聞媒體是黨和政府的喉舌，也是聯繫溝通社會與民眾的紐帶，對於培育正確價值觀、傳播道德正能量發揮著重要作用。近年來，中央電視臺與《光明日報》等主流媒體以家訓、家風、家教為突破口，在弘揚中華優秀傳統文化、促進社會主義核心價值觀培育等方面發揮了重要的輿論引導作用，受到了社會的廣泛關注與普遍好評。媒體在意識形態建設中具有思想理論教育、宣傳、引導的作用。培育和踐行社會主義核心價值觀，做好傳統家訓家風的宣傳，傳承傳統家訓，實現傳統家訓價值的現代轉化，廣大媒體責無旁貸。首先，應於眾聲喧嘩中保持頭腦的清醒，不盲目不盲從，堅定價值信念，擇天下之好家訓。其次，應立足時代發展，拒絕因循守舊，創新宣傳方式方法，運用信息傳播的新手段新媒介，以群眾喜聞樂見的形式宣傳好家訓。再次，應與時俱進，聚焦家訓內容的時代轉化，促進傳統家訓資源的創新性發展。

傳承家訓家風，是培育和踐行社會主義核心價值觀的重要內容，也是重要途徑。對於傳統家訓所承載的中華民族的核心價值觀與傳統美德，我們完全可以古為今用，以辯證揚棄的態度加以繼承弘揚，將其作為當代社會修身、齊家、興國、樹人的重要文化資源和精神食糧。如何使傳統家訓的精神價值真正得到傳承落實？從傳承、教化的主體角度來看，除了必要的家庭中的家長，各級政府、單位機構、學校、社會媒體都要將其作為民族文化的公共資源和優良傳統，加以傳承弘揚。各級政府要著力發掘地方文化中的家訓文化資源，樹立良好家風，促進地方文化與精神文明建設；各類學校可以將優秀家訓內容選入教材讓青少年學習實踐；媒體要採取各種形式，傳播推廣傳統家訓的精神價值。同時，教化客體或稱受教之人也不僅僅侷限於某個家族的晚輩子孫，而是可以擴及所有社會成員，這樣不僅可以使傳統家訓的精神價值得到更大程度的發揮，也能發揮傳統美德興國立人的作用，從而真正實現傳統家訓資源的創造性轉化與創新性發展。正如錢穆在《中華文化十二講》一書中所言：「身生

活總是有作用、無意義；是手段、非目的。……身生活如漏斗，過而不留，心生活是永久性的，能積存，如萬寶藏。」〔註19〕在物質文明快速發展的時代，必須加速精神文明的提升，重視思想文化建設，在重視人身之需求的同時，更關注人心之需求，此乃推進時代與社會進步之根本。

原載《社會主義核心價值觀研究》，2016 年第 3 期

〔註19〕錢穆，《中華文化十二講》〔M〕，北京：九州出版社，2012 年，第 43 頁。

職業倫理的現代價值與當代中國的成功實踐

　　職業活動是人類生存的需要，職業倫理是伴隨著社會分工和職業的形成而產生的，是人們在職業活動中表現出來的所有價值觀念、規範體系與主體品質的統一，它既包含著不同職業群體所擁有的不同的價值觀，如醫務道德的救死扶傷、實行人道主義，教師道德的傳道授業、教書育人等；也包含著職業同事關係以及不同職業關係之間相互交往應遵循的道德規範，以及從業者作為該職業人的某些個人品質，如企業家精神、軍人作風、幹部作風、師德風範等。但從總體上看，職業倫理的重點似乎是一種做事的行業道德，雖然這並不排斥在職業活動中的做人道德與交往道德。職業倫理不僅在歷史上有重要的地位和優良的傳統，而且在現代社會具有更加重要的地位與作用。我國改革開放四十多年的社會發展進步，離不開職業道德的推動；同時，經濟社會的發展和進步也推動著中國人職業道德水平的提升和進步。

一、職業倫理的歷史地位與優良傳統

　　職業就是人因社會分工不同而形成的不同形式的正當謀生勞動、活動形式和人群集團。人類最初是根據性別、年齡等因素而形成的自然分工，體現了人類最初的男耕女織的自然分工狀況。之後，人類歷史上相繼出現了三次社會大分工，即農業、牧業、商業、手工業的相對分離獨立。伴隨著社會分工，從事某一分工的人員相對穩定，便形成了職業，相應地為調節職業活動而制定的規範、價值理念等職業倫理逐漸形成。在我國上古文獻中就有職業分工

和職業倫理的記載，《尚書·夏書·胤征》載：「每歲孟春，遒人以木鐸徇於路，官師相規，工執藝事以諫，其或不恭，邦有常刑」，意指工匠藝人們用包含在工藝技術中的道理進行規勸，這說明當時不僅出現了各種技藝性的職業分工，而且有了一定的職業規範要求。《周禮》將職官分為六類：天官主管宮廷、地官主管民政、春官主管宗族、夏官主管軍事、秋官主管刑罰、冬官主管營造，這是官員的職業分工。最後一篇《周禮·冬官考工記》又把當時社會中存在的職業分工概括為「六職」，即「坐而論道，謂之王公；作而行之，謂之士大夫；審曲面勢，以飭五材，以辨民器，謂之百工；通四方之珍異以資之，謂之商旅；飭力以長地財，謂之農夫；治絲麻以成之，謂之婦功」。儘管這種分工還是社會階級、職業、性別混合在一起，但已經有了職業分工及其倫理的初步思考。

在儒家原創時期，孔子、孟子、荀子都有關於職業分工及職業道德規範的思考，儘管這種思考還是很初步和簡單的。《孟子·離婁上》曰：「上無道揆也，下無法守也；朝不信道，工不信度；君子犯義，小人犯刑，國之所存者，幸也」，雖然這些論述更多的是在談朝野官民、君子小人的政治道德，但也包含著政治倫理對「工」這種職業倫理的影響。《荀子·王制》則對「工」的規范進行了專門論述：「論百工，審時事，辨功苦，尚完利，便備用，使雕琢文采不敢專造於家，工師之事也」，考察工匠的技藝、審查生產事宜、辨別產品質量、挑選堅固好用的器具是工師的職責。《荀子·王霸》篇則認為，「農分田而耕，賈分貨而販，百工分事而勸，士大夫分職而聽，建國諸侯之君分土而守，三公總方而議，則天子共己而止矣」。荀子上述思想雖然仍有職業倫理與政治倫理的混同，但畢竟已經開始清晰地論述了農、商、工、士四民的基本倫理義務，是儒家職業倫理思想的重要端啟。

從古至今，凡具有勞動能力的成年人，欲在社會生活中獲得生存所需的生產、生活資料，都要從事一定的社會生產勞動或工作，正如蔡元培先生所說：「凡人不可以無職業，何則？無職業者，不足以自存也。」他還認為，如果一個人無正當職業，「無材無藝，襲父祖之遺財，而安於怠廢，以道德言之，謂之游民」[註1]，其實就是社會的寄生蟲。因此，職業不僅是人的謀生活動，更是一種以某種特定事業活動而結成人群集團的方式，或者說職業是因為這

〔註1〕 蔡元培，《國民修養兩種》〔M〕，上海：上海文藝出版社，1999年，第93頁。

類人要做一種特定的事而結成的人群關係，因此，也就形成了這類人的行規、特有品質、價值觀念和作風，即形成了不同的職業倫理。

涂爾幹在其《職業倫理與公民道德》一書中把道德規範分為政治規範與職業規範兩類，這二者構成了每個歷史時代的公共規範。他分析了西方歷史上職業倫理的發展，認為，「在歷史中，這種職業群體被稱為法團（corporation）」〔註2〕，「任何職業活動都必須得有自己的倫理。實際上，我們已經看到許多職業都能夠滿足這樣的需要」〔註3〕。涂爾幹認為，古羅馬時期的「法團」還不是純粹的職業團體，還兼有一些宗教、家庭共同體的性質，只有到了中世紀，隨著手工業、商業的逐步發達和城市生活的興起，「法團」才具有更為典型的職業行會性質。「法團用牢固的紐帶把具有同樣職業的人們結合起來。……在每一行中，雇主與雇工的相互義務也都有明確的規定，雇主之間亦如此，……其他規定則旨在保證職業誠實。」〔註4〕「法團或法團制度（regimecorporatif）的重要性似乎並非因為經濟原因而是源於道德的理由。唯有借助法團體系，經濟生活的道德標準才能形成。」〔註5〕隨著手工業和商業的發達，第三等級即平民階層或資產階級得以發展起來，「實際上，在相當長的一段時期裏，資產階級和商人是完全一樣的，……資產階級就是城鎮居民」〔註6〕。「商人（mercatores）和居民（forenses）這兩個詞與公民（cives）是同義的：都同樣適用於公民權（juscivilis）和居民權（jusfori）」〔註7〕。可見，西方歷史上的職業倫理與公民倫理具有產生根源上的內在聯繫。到了現代社會，大工業消解了這種法團組織，因為經濟活動範圍越來越大，不再是一種地方性、城市性的活動，但在現代社會，仍然需要職業倫理，只是現代職業倫理需要國家力量的更多介入，「所有分崩離析的情形，所有政治無政府狀態的趨勢都會伴隨著不

〔註2〕〔法〕涂爾幹，《涂爾幹文集：第2卷》〔M〕，梁敬東等譯，北京：商務印書館，2020年，第41頁。

〔註3〕〔法〕涂爾幹，《涂爾幹文集：第2卷》〔M〕，梁敬東等譯，北京：商務印書館，2020年，第39頁。

〔註4〕〔法〕涂爾幹，《涂爾幹文集：第2卷》〔M〕，梁敬東等譯，北京：商務印書館，2020年，第48～49頁。

〔註5〕〔法〕涂爾幹，《涂爾幹文集：第2卷》〔M〕，梁敬東等譯，北京：商務印書館，2020年，第56頁。

〔註6〕〔法〕涂爾幹，《涂爾幹文集：第2卷》〔M〕，梁敬東等譯，北京：商務印書館，2020年，第60頁。

〔註7〕〔法〕涂爾幹，《涂爾幹文集：第2卷》〔M〕，梁敬東等譯，北京：商務印書館，2020年，第61頁。

道德的狀況而產生」〔註8〕；「國家首先是一個道德紀律的機構」〔註9〕，「國家的基本義務就是：必須促使個人以一種道德的方式生活」〔註10〕；「公民道德所規定的主要義務，顯然就是公民對國家應該履行的義務，反過來說，還有國家對個體負有的義務」〔註11〕。通過國家道德或者公民道德對職業行為的調節，最終形成「產品和服務之間穩定和諧的交換，以及所有善良的人的相互合作，才能實現人們沒有任何衝突而共享的理想」〔註12〕。涂爾幹在此書中分析了西方社會職業倫理的發展歷史和現代職業倫理的國家干預，充分說明職業倫理和國家倫理（或稱之政治倫理和公民倫理）始終是社會倫理結構的兩個重要因素。

職業分工逐步明晰以後，相應的職業道德或者職業倫理就產生了。儘管傳統社會的職業倫理遠沒有現代社會那麼重要，中國傳統道德或者儒家道德往往是以修身、齊家、治國、平天下幾個方面加以分類的，修身倫理是基礎，「自天子以至於庶人壹是皆以修身為本」（《大學》）。職業倫理雖然也有其傳統，特別是一些比較穩定的自由職業倫理，如醫德、師德、武德等歷史悠久，但在主流倫理結構中似乎不占統治地位，有的職業被消解在階級倫理中，比如士人道德大多被看作是一種政治倫理而非職業道德；而涉及商業、手工業等行業的倫理規範大多是以民間行會、行規形式得以傳承發展，它們顯然在主流社會道德結構中不占主體地位。儘管如此，職業倫理在傳統道德結構中還是長期存在、發展的，甚至梁漱溟先生還曾提出一種不為過去主流觀點認同的意見，他認為，中國傳統社會不是階級對立的社會，而是職業分途的社會，「假如西洋可以稱為階級對立的社會，那麼，中國便是職業分途的社會」〔註13〕。「士、農、工、商之四民，原為組成此廣大社會之不同職業。彼此相需、彼此配合。隔則為階級之對立；而通則職業配合相需之徵也。」〔註14〕。

〔註 8〕 〔法〕涂爾幹，《涂爾幹文集：第 2 卷》〔M〕，梁敬東等譯，北京：商務印書館，2020 年，第 104 頁。
〔註 9〕 〔法〕涂爾幹，《涂爾幹文集：第 2 卷》〔M〕，梁敬東等譯，北京：商務印書館，2020 年，第 102 頁。
〔註 10〕 〔法〕涂爾幹，《涂爾幹文集：第 2 卷》〔M〕，梁敬東等譯，北京：商務印書館，2020 年，第 100 頁。
〔註 11〕 〔法〕涂爾幹，《涂爾幹文集：第 2 卷》〔M〕，梁敬東等譯，北京：商務印書館，2020 年，第 75 頁。
〔註 12〕 〔法〕涂爾幹，《涂爾幹文集：第 2 卷》〔M〕，梁敬東等譯，北京：商務印書館，2020 年，第 101 頁。
〔註 13〕 梁漱溟，《中國文化要義》〔M〕，上海：上海人民出版社，2003 年，第 163 頁。
〔註 14〕 梁漱溟，《中國文化要義》〔M〕，上海：上海人民出版社，2003 年，第 179 頁。

恩格斯說：「每一個階級，甚至每一個行業，都各有各的道德」〔註15〕。這句話清楚地表明了在階級社會，雖然各階級都有其道德，階級道德在階級社會中居於核心地位，但同時也存在著職業道德，即「每一個行業，都各有各的道德」。這是因為，無論如何，人類要想生存和發展，就不能離開做事，離開了做事就不能生產出物質和精神產品，也不能產生在生產中因佔有生產資料的不同從而對產品和利益進行佔有分配的階級關係，沒有階級的存在，自然階級道德也就不復存在了。因此，在階級社會，職業道德與階級道德是相互聯繫，不可分割的。也可以說，階級社會的道德結構主要是由這兩種要素組成的。

正因為職業倫理在傳統社會中長期存在，它自身也就形成了一些優良傳統，其中以亙古延續的「執事以敬」為代表。孔子曰：「居處恭，執事敬，與人忠」（《論語‧子路》），「敬」，作為一種臨事執業的態度、精神、行為規範，是在中國倫理史上出現較早的德目之一，具體包含如下幾層含義。

第一，執事主一專一。宋儒陳淳在其著作《北溪字義‧敬》中說，「程子謂『主一之謂敬，無適之謂一』。文公合而言之，曰：「主一無適之謂敬；尤分曉。……所謂敬者無他，只是此心常存在這裡，不走作，不散漫，常惺惺地惺惺，便是敬。主一隻是心作主這個事，更不把別個事來參插。若作一件事，又插第二件事，又插第三件事，便不是主一，便是不敬。」可見，所謂「敬」，首先是指對某種職業和事業要全心全意去做，不可三心二意、見異思遷。「敬」可以說是人們從業精神的總動員，而且要全神貫注、聚精會神。

第二，對待事情嚴肅認真。在西周金文中，王或者諸侯在冊封官職之後，經常告誡被封者「敬夙夜勿廢朕命」，顯然是要求被授職的人要嚴肅認真地對待君主的任命。孔子曰：「道千乘之國，敬事而信，節用而愛人，使民以時」（《論語‧學而》）。在這裡「敬事」是指嚴肅認真地對待政事。現代大儒馮友蘭也說：「有真至精神是誠，常提起精神是敬，粗淺一點說，敬即是上海話所謂『當心』。《論語》說：『執事敬。』我們做一件事，『當心』去做，把那一件事『當成一件事』做，認真做，即是『執事敬』。」〔註16〕

第三，勤勉努力。《周禮》鄭注：「敬，不懈於位也」，說的就是努力。《說

〔註15〕馬克思‧恩格斯，《馬克思恩格斯選集：第四卷》〔M〕，北京：人民出版社，1995 年，第 240 頁。

〔註16〕馮友蘭，《新世訓：生活方法新論》〔M〕，北京：生活‧讀書‧新知三聯書店，2007 年，第 128 頁。

文》曰：「惰，不敬也，慢，隋也。怠，慢也，懈，怠也。」這些字的說解從反面說明了敬有勤勉、努力的含義。「敬者何？不怠慢、不放蕩之謂也」（《朱子語類》）。

第四，畏懼謹慎。《詩‧大雅‧報》中有曰：「敬天之怒，無敢戲豫。敬天之渝，無敢馳驅。」「戲豫」是遊樂安逸的意思，只看這其中的「無敢」，便可知「敬天」之「敬」含有畏懼的意思。只有敬畏天地萬民，才會辦事謹慎。《左傳‧襄公二十九年》引逸《書》曰：「慎始而敬終。」可見，敬和慎義極相近。

在西方，受新教的影響，甚至產生了「職業是天職」的觀念。在新教教義中，「職業」一詞是「呼喚」、「呼叫」的意思，即人的職業是上帝在天上對人類的呼喚和命令，是每個個體天賦的職責和義務，也是感恩神的恩召的舉動。天職是一種使命，人必須各司其職、恪盡職守、兢兢業業、辛勤勞作，才能獲得上帝的青睞。人應該將世俗的工作視作自己的神聖天職，視作自己的信仰。馬克斯‧韋伯在《新教倫理與資本主義精神》一書中認為，這種視工作為天職的觀念作為一種精神道德力量極大地促進了資本主義的發展，「這種全身心投入的做法，過去是，現在也一直是我們的資本主義文化的一個特有的組成部分」〔註17〕。這種基於新教倫理基礎上的職業天職觀，極大地促進了西方人的職業倫理進步，使西方從業人員對工作保有神聖感、使命感、責任感，以積極的心態對待工作，不是僅把工作看作是一種謀生的手段，而且是為工作本身所具有的崇高意義而工作。在本職工作中內不自欺、外不欺人，踏踏實實地完成任務，才能獲得上帝的認可。在現實生活中，做好本職工作是實現自我價值的舞臺，更是提升自我，實現進步的階梯〔註18〕。

中西方由於各自的文化傳統不同，在敬業精神方面既有共性，也表現出不同的歷史和文化特點。「中西方敬業精神在強調勤勉努力、嚴肅認真方面，有一致性。但由於社會狀況、文化背景不同，強調主一專心、謹慎穩妥則是中國傳統敬業精神獨有的，與西方之開拓進取、倡導冒險精神等是大異其趣的。而西方敬業精神中把賺錢、成功看作是人生目的和人的天職，特別重視職業責任等因素，則是在西方市場經濟發展、等價交換規律、權利義務相統一等的社會、文化基礎上形成的，是獨具特色的，也是中國傳統敬業精神中所沒有

〔註17〕（德）馬克斯‧韋伯，《新教倫理與資本主義精神》〔M〕，林南譯，南京：譯林出版社，2020年，第51頁。

〔註18〕肖群忠、郭清香主編，《天職與敬業：首都職工職業道德規範》〔M〕，北京：高等教育出版社，2010年，第14～15頁。

的。」「敬業精神，作為一種對待職業勞動與事業追求的執事道德，不像人際道德那樣，具有鮮明的時代性、階級性特徵，而有更強的歷史延續性和繼承性。」〔註19〕我們在研究現代職業倫理時也要繼承人類歷史上一切有益的文明成果。

二、職業倫理的現代地位與特性

職業倫理在人類歷史上一直存在並發揮著作用，但相較於傳統社會，職業倫理在現代社會中具有了更重要的地位和作用，同時，也表現出一些不同於傳統職業倫理的現代特徵。

正如前述，在傳統中國社會，人們是以修身的個體私德作為基礎，而以家庭（家族）倫理和政治（君臣）倫理為核心，以天下治平倫理為目標的。職業倫理雖然長期存在，但並不居於核心地位。現代社會的生產活動打破了以家庭為單位的小農經濟的生產模式，大工業生產必然帶來更為精細的社會分工，這導致了現代的職業分化越來越細。雖然家庭仍然是人們的私人生活場所，但其生產甚至生活功能、教育功能、交往功能在很大程度上被分離出來，人們的生產與交往活動主要是在職業場所和公共領域中進行的。因此，在現代社會，社會的經濟活動、個體的謀生職業活動和交往顯得比傳統社會更加頻繁和重要，人們的社會交往關係主要是憑藉業緣關係建立起來的。根據社會學的研究，現代社會較之傳統社會，血緣關係和地緣關係逐步淡化，中國民眾的生活方式已經由過去的四世同堂、聚族而居演變為核心家庭模式，即一對父母和兒女兩代人生活在一起的模式。業緣關係的強化致使職業交往的頻度和廣度都增強了，隨之地緣關係的範圍也越來越大了，整個社會逐步由熟人社會變成陌生人社會，人們的交往關係主要是依靠業緣關係維繫的，這種發展變化凸顯了職業倫理在現代社會中的重要地位。

從個體的角度看，現代人的社會身份、利益獲取、社會交往、自我實現主要是通過職業活動實現的。新中國成立以後，人民已經成為國家和社會的主人，人與人之間政治地位平等，相區別的只是職業身份，人們在社會中因職業不同而獲得的身份認同不同，當然，這裡並不排除公民在私人生活中因血緣關係而形成的家庭身份。現代社會強調公共領域與私人領域的區分，公民的社會公共身份主要是一種職業身份，從事不同職業勞動的公民，以自己特定的勞動

〔註19〕肖群忠，〈敬業精神與市場經濟〉〔J〕，甘肅社會科學，1995年第6期。

提供相互服務，以盡自己的社會責任，從而獲得收入和經濟利益，以維持自己和家庭的生存和發展，同時也獲得了社會生活的意義感，使自我得到了實現並獲得了社會交往和社會榮譽的機會。

相較於傳統職業倫理，現代職業倫理具有下述三個特徵。

第一，從現代職業倫理的動力根源看，是利益與道義相統一。人們總是以某種特定的勞動方式和職業形式取得生活資源、獲得收益，因此，職業勞動首先是一種謀生手段，如果某人不遵守一定的職業倫理，其直接的後果或者危機就是會「丟了飯碗」，這是人們遵守職業倫理的自然的、基本的需要和動力，這也完全符合馬克思「需要即他們的本性」的人性理論。人首先是一個肉體的自然存在，故必然有其基於生存和享受的物質利益，這種利益的滿足必須通過一定的職業勞動來獲得；而人不僅是一個自然存在物，更重要的，人還是一個社會存在物，因此，勞動就具有兩重性質，即謀生和奉獻社會，前者必須按照按勞分配的利益原則來實現，而後者則是職業勞動更加崇高的社會意義。馬克思曾經說過：「在選擇職業時，我們應該遵循的主要指針是人類的幸福和我們自身的完美。……相反，人的本性是這樣的：人只有為同時代人的完美、為他們的幸福而工作，自己才能達到完美。如果一個人只為自己勞動，他也許能夠成為著名的學者、偉大的哲人、卓越的詩人，然而他永遠不能成為完美的、真正偉大的人物。」「歷史把那些為共同目標工作因而自己變得高尚的人稱為最偉大的人物；經驗讚美那些為大多數人帶來幸福的人是最幸福的人；……如果我們選擇了最能為人類而工作的職業，那麼，重擔就不能把我們壓倒，因為這是為大家作出的犧牲；那時我們所享受的就不是可憐的、有限的、自私的樂趣，我們的幸福將屬於千百萬人」〔註20〕。這段話明確地指出了職業的崇高社會價值和自我實現意義，因此，人們在選擇和從事職業活動時，一定要把二者結合起來，可以選擇那些高收入、高回報的職業，同時也應是我們自己所喜歡的並且具有崇高社會價值的職業。這樣，我們才可以使自己過上既富足又高尚的生活。如果僅以收入的多少和待遇的好壞為標準選擇職業就會帶來人性的某些異化，使人陷入一種物役主義的狀態，從而失去精神的快樂和幸福的體驗。如果僅僅將職業當作一種謀生手段，那麼，職業勞動和職業倫理對其就是一種外在的束縛；如果能將利益的追求與道義的追求結合起來，職業就變成崇

〔註20〕馬克思‧恩格斯，《馬克思恩格斯全集：第一卷》〔M〕，北京：人民出版社，1995 年，第 459 頁。

高的事業，人就會迸發出無窮的創造力和持久的工作熱情。

第二，從現代職業倫理的維護手段看，是契約與德性相協調。職業倫理不是被外部權威附加的道德教化，而是從業者們自發地創造和自覺地履行的一種行為規範。這是因為，選擇職業的行為是建立在一種自願的契約關係之上的。職業契約關係既為自願，遵守該行業的行為規範也應是自願的。某個行業的從業者遵守該行業的職業倫理既是德性，也是義務。正如涂爾幹所說：「最為重要的事情，就是經濟生活必須得到規定，必須提出它自己的道德標準，只有這樣，擾亂經濟生活的衝突才能得到遏制，個體才不至於生活在道德真空之中。……有必要確立職業倫理，……規範必須告訴每個工人他有什麼樣的權利和義務，它必須細緻入微，面面俱到，而不能採用籠統的說法，它必須考慮到每天所發生的最普通的事情。」〔註21〕這段話不僅強調了職業倫理的契約性的必要性，而且還要求這種規範細化，才會具有更好的可行性。職業倫理具有契約性、規範性，甚至技術性，但如果僅僅是這樣，職業倫理就變成了職業集團內部的律法，它的作用只能是外在性的他律。真正的職業倫理還必須變成從業者真正的職業德性、品質和作風，才能真正內在地發揮作用，這不僅需要職業團體對其成員進行職業倫理教育，也需要職業人員對其職業倫理規範、價值觀有內在的認同、服膺和踐行，從而使其成為自己內在的德性。某些學者在介紹涂爾幹關於職業倫理的相關思想時，比較強調職業倫理規範的技術性、價值中立性，甚至非道德化，這是值得商榷的。職業倫理不僅僅是一種基於契約的行業技術規範，更應該具有其價值性、道德性，捨此就不能稱為倫理或者道德規範。當然，該文最後的結論仍然是正確的：「要化解職業道德帶來的道德困境，我們首先應該通過德性倫理來恢復職業道德的道德屬性，讓『職業道德對人們的道德品質』發揮重要影響。」〔註22〕因此，現代職業倫理應該是契約與德性的統一。

第三，從現代職業倫理的培育方式看，是制度與教化相配合。契約與規範必然在各種職業團體中以制度的形式得到體現和保障。因此，現代職業倫理在各種職業團體中往往以制度、守則、公約、誓言、條例等形式表現出來，如各個單位均有不同的崗位責任制和各種制度、公約，這樣便於不同的職業與行業

〔註21〕（法）涂爾幹，《涂爾幹文集：第 2 卷》〔M〕，梁敬東等譯，北京：商務印書館，2020 年，第 37 頁。

〔註22〕李育書，〈職業道德：興起、困境及其化解之道〉〔J〕，《倫理學研究》，2018 年第 3 期。

人員明確和踐行職業倫理規範。這種顯性的職業倫理規範具有行業規範的具體性和可操作性，並且可以用組織制度的機制力量確保這些規範得以貫徹實施。因此，現代職業倫理建設與培育，首先要求各個職業團體和單位要建立健全本職業團體、本單位的各種制度，其中包含著豐富的倫理規範內容，這是其道德成熟性的表現，也是建設現代職業倫理所必需的，是職業團體的倫理責任。如前所述，現代職業倫理不僅是契約性的約束性規範，它還是人的自覺德性追求與培育，而職業人良好的倫理德性的養成不僅需要個體的修養與實踐，更需要社會與團體的思想教化。只有把二者很好地結合起來，既有明確的職業倫理規範與制度，又有對員工及時有效的職業倫理教化，從而促成員工職業德性的形成，才能真正培育建設好本職業團體的職業倫理與道德。

三、職業倫理是推動當代中國發展的強大精神力量

現代職業倫理在新中國得到了很好的實踐與發展，尤其是改革開放之後，中國取得了令世人矚目的經濟社會發展成就，這是各行各業的中華兒女幹出來的，凝結在他們身上良好的職業倫理是推動當代中國發展的強大精神力量。

新中國成立以後，我們的主要任務已經由通過革命奪取政權而進入建設時期。要建設發展，自然需要各行各業職業倫理的支持。我們在道德結構認知上，經過長期探索，逐步形成了以國家道德和主流道德為主導的新的道德結構體系，即以為人民服務為核心，以集體主義為原則，以「五愛」（愛祖國、愛人民、愛勞動、愛科學、愛社會主義）為公民基本道德規範，主要體現在三大社會生活領域的道德，即家庭道德、職業道德、社會公德。其中，職業道德居於重要地位，這並不是否定其他兩個方面的重要性，而是突出強調職業道德是集中體現公民的社會貢獻和實質價值的領域。因此，新中國出現了很多職業倫理的典型，比如工人職業的「以工人王進喜為代表的鐵人精神」、農民的「大寨精神」、軍人的「雷鋒精神」「王杰精神」、科技軍事的「兩彈一星精神」、幹部的「焦裕祿精神」等，要取得非凡的成就，離不開職業倫理精神的支撐。當然，這其中可能也是基於職業人的革命熱情和政治熱情，但從行為和效果的角度看，顯然也可以視作一種職業精神和職業倫理。

1978 年後，我國進入了改革開放的新的歷史時期，經濟模式主要是從計劃經濟轉型為市場經濟。伴隨著社會主義市場經濟的建立和完善，人們由「單位人」轉變為「社會人」，每個人自由發展的空間日益擴大，體現一個人最重

要的社會價值的活動是其職業生活。經濟活動與交往的複雜化需要更為具體的職業倫理加以規範，因為大多數職業活動與經濟活動都有聯繫，職業倫理對於個人安身立命和社會發展的重要性顯著增強了。正因為如此，相較於前一個發展階段，社會和民眾會更加重視職業倫理。在這一時期，中國的職業倫理建設也有了顯著的進步。

對比這兩個階段我們能明顯地感到：由於過去在計劃經濟時期實行「大鍋飯」制度，「責、權、利的結合還不甚緊密，幹好幹壞一個樣，責任由集體承擔，加之管理體制、組織機構上的論資排輩、缺乏活力和競爭機制，這些都壓抑了人們的社會積極性與敬業精神，甚至在部分人中還形成了與敬業精神相反的一種德行——混事（世）倫理態度。得過且過，做一天和尚撞一天鐘，甚至做和尚也不撞鐘，對職業勞動缺乏創業的熱情，更談不上頑強拼搏、開拓進取、優質服務、精益求精。缺乏嚴肅認真、恪盡職守的職業責任感。以至人們在打招呼時，相互問候不是說近來『幹』得怎麼樣，而是問近來『混』得怎麼樣？」〔註23〕改革開放初期，我們在工廠實行責任制、股份制，在農村實行包產到戶責任制等改革，並把這種旨在實現權利義務平等的改革精神和物質利益原則向各行各業推廣，極大地調動了各個行業從業者的積極性，使職業倫理的提升具有了動力機制，湧現出很多具有高度職業倫理精神的群體和個人先進典型，比如，「北斗」科技青年創業群體、抗擊新冠肺炎疫情中的白衣天使群體，甚至近年來形成的快遞外賣小哥群體，他們均遵守著不同形式的職業精神和職業倫理，為國家的強盛、民族的復興、人民的生命健康和日常生活奉獻著自己的智慧、汗水和辛勞。從個人模範典型方面看，有為「遼寧艦」殲 15 艦載機做出突出貢獻的羅陽，有兩次援藏而獻出生命的黨的好幹部孔繁森，有像袁隆平、屠呦呦等為代表的科學家，抗疫也使我們瞭解了鍾南山、張伯禮等醫者的大愛職業精神。這些群體和個人身上無不體現出當代中國職業倫理提升的現狀。它們集中體現為一種勞模精神、勞動精神和工匠精神。

總結我們當代職業倫理得到提升的經驗，主要是：利益和競爭機制的驅動，良好的制度設計與安排，長期有效的思想教化。這些都值得我們認真加以總結並在今後的職業道德建設活動中繼續堅持，發揚光大。

第一，用利益和競爭機製作為激發提升人民群眾職業精神的動力。馬克思

〔註23〕肖群忠，《道德與人性》〔M〕，鄭州：河南人民出版社，2003 年，第 191～192 頁。

說:「人們為了能夠『創造歷史』，必須能夠生活。但是為了生活，首先就需要吃喝住穿以及其他一些東西，因此第一個歷史活動就是生產滿足這些需要的資料，即生產物質生活本身」〔註24〕。這是歷史唯物主義的一個基本原理，在社會主義初級階段，勞動還是謀生的手段，人們要通過各種形式的勞動，即從事職業活動換取生活資料，甚至是某些生產資料。職業倫理作為人的一種職業精神，確實離不開思想教化與培育，但也離不開一定的利益機製作為激勵機制，因為每個人都是要以某種職業開展其謀生活動，以維持其生計的，他如果想獲得該職業的權益與利益，就必須遵守該職業的倫理規範，具有某種敬業精神。因此，這必然成為職業倫理的內在利益驅動力。為什麼有些人願意投入全部的熱情與精力去從事職業勞動，因為那關涉他們的收入、地位、成就感、事業心、榮譽感等各種物質的、精神的利益，這成為他們職業活動的根本動力。國家用合理的利益機制如按勞分配、多勞多得，鼓勵競爭、獎勤罰懶等激勵機制調動人們的積極性，四十多年改革開放取得的巨大成就，就是這樣依靠各行各業的中華兒女通過敬業創新、甘於奉獻的職業倫理支撐取得的。

第二，用良好的制度設計與安排作為人民群眾職業倫理的可靠保證。人民群眾對美好生活的嚮往，需要的滿足、利益的追求成為職業倫理提升的動力機制。但除此之外，還要用良好的制度設計與安排將職業倫理加以落實，並保障其持久健康運行。這些制度是一個體系，包含著很多相互聯繫的制度設計，比如契約制度體現了權利和義務相統一的根本原則，崗位責任制明確規定了從業人員的職業義務和責任及其行為規範甚至技術規範；又比如企業普遍實行的股份制改革，把投資者、經營者、勞動者很好地連接為一個整體，利益共享、風險共擔極大地保證了從業者對企業的忠誠與敬業；再比如，誠信監督制度很好地保證了服務過程中的職業倫理規範的實施。以電商的發展為例，我們在網上下單購物，稍後就會有物流、安裝、回訪、投訴和評價等多個環節跟進和銜接，電商、快遞投送業務之所以能夠順暢運行，皆源於有供貨商、電商中介、送貨幾方的很好的制度安排與制約，這些都很好地保證了職業倫理和操守的健康實踐。制度有激勵性的，有保障性的，也有約束懲戒性的，如中共中央近年來制定的若干黨內懲戒制度就很好地發揮了防止幹部貪腐的效果，推動了政治倫理的發展和完善；教育部門也制定了相應的教師師德一票否決的相關

〔註24〕馬克思‧恩格斯，《馬克思恩格斯選集：第一卷》〔M〕，北京：人民出版社，
1995年，第79頁。

制度，對維護師德起了積極的作用。對於職業倫理建設來說，制度的保障作用不可缺少。

第三，將長期有效的思想教化作為提升人民群眾職業倫理自覺性的手段途徑。職業道德比社會道德更具體，因此，它不同於一般的社會道德主要依靠宣傳教化，它具有深厚的利益基礎，也需要根本制度和行業制度的保障。即便如此，我們在職業倫理建設上的進步仍然離不開長期有效的思想教化，這是因為道德是人的道德，人是有主觀能動性的，如果不具備自覺性、主動性，這種道德有可能僅僅是利益追求的自然行為，制度約束的規約，而不具更高的道德價值。因此，職業道德建設最終還是要按照道德建設的規律進行，堅持對民眾進行長期有效的思想教化，使他們具有職業倫理的自覺意識和主動精神，而真正化約成他們的職業倫理精神、德性和良好作風，甚至形成不計定額、不計報酬、樂於奉獻的共產主義勞動態度和崇高境界。實際上，很多勞模和敬業奉獻的先進典型和模範人物就是這樣做的，值得全社會見賢思齊，向他們學習。

國家、社會、單位長期以來都非常重視職業道德建設和宣傳教育工作，將職業道德作為主流社會道德體系中的重要組成部分。中共中央、國務院 2001年發布的《公民道德建設實施綱要》，把職業道德與家庭道德、社會道德作為社會三大生活領域的道德，並把道德教育的主體在過去的家庭、學校、社會三者的基礎上，把單位也作為道德教育的主體。2019 年又頒布實施了《新時代公民道德建設實施綱要》，強調全面推進社會公德、職業道德、家庭美德、個人道德建設，持續強化教育引導、實踐養成、制度保障在道德養成中的作用。我們長期堅持評選的全國道德模範分為助人為樂、見義勇為、誠實守信、敬業奉獻、孝老愛親五類，其中「敬業奉獻」就是針對職業倫理而言的，「誠實守信」也是職業倫理的重要內容。黨和國家領導人對「三牛」精神、工匠精神、勞模精神的公開提倡和獎勵甚至新發布的「第一批中國共產黨人精神譜系」中的很多精神其實從一定的角度看都是職業倫理，這些都體現了黨和國家對職業倫理宣傳教化工作的重視。通過這些活動的開展，為全社會樹立了職業倫理的價值引領和道德楷模。全社會各個職業團體尤其是企業，普遍進行了企業文化與倫理建設，創造形成自己團體的職業價值觀、職業精神與倫理規範並加以宣傳、推廣、培訓，使之成為員工的職業倫理行為和作風，我們大力宣傳職業倫理中的敬業精神，使民眾普遍形成了較強的職業倫理意識和敬業精神，職業倫理水平得到極大的提升和進步。

　　職業倫理是人類道德結構中的一個永遠不可缺少的重要因素，在現代社會中顯得尤為重要，和平與發展的年代需要人們用良好的職業倫理推動事業的發展，中華民族偉大復興需要各行各業的中華兒女用敬業精神和工匠精神拼命奮鬥才能實現，因此，今後我們應該更加自覺地在社會道德建設中重視並加強職業倫理建設。

原載《道德與文明》，2022 年第 2 期

工匠精神及其當代價值

　　工匠一般是指從事器物製作的人，工匠精神狹義是指凝結在工匠身上、廣義是指凝結在所有人身上所具有的，製作或工作中追求精益求精的態度與品質。它在中西方文明發展過程中均有所體現。那麼，它們有什麼樣的具體含義與體現？在當代中國，我國政府提出了「中國製造 2025」的戰略計劃，希望實現由工業大國向工業強國的轉變，並在社會主義核心價值觀中要求人們具有「敬業」精神，那麼，在這一過程中，工匠精神有何時代價值？這是本文欲探討的問題。

一、中國文化視域下的工匠精神

　　在中華文明的發展過程中，作為文明的始祖黃帝就是一位偉大的工匠，傳說他發明創造了房屋、衣裳、車船，陣法、音樂等；另一位始祖炎帝也據說發明了醫藥，製耒耜，種五穀，作陶器等。《周禮‧考工記》曰：「百工之事，皆聖人之作也。爍金以為刃，凝土以為器，作車以行陸，作舟以行水，此皆聖人之所作也。」這些發明創造極大地便利了人們的日常生活，於是人們將這些創造型的能工巧匠視為「濟世聖人」。中華文明的發展與繁榮也集中體現在能工巧匠創作的各種各樣精緻細膩的物品之中，比如青銅器、絲綢、刺繡、陶瓷等等。可以說，在整個中華文化發展演進的歷史長河中，工匠因其職業的特殊性形成了獨具一格的精神特質。體現在以下幾個方面：

（一）「尚巧」的創造精神

　　追求技藝之巧，對於傳統工匠具有極其特別的意義。首先，巧是工匠一詞

的基本內涵。《說文解字》曰：「『工』，巧飾也。」段玉裁注曰：「引申之凡善其事曰工。」《漢書・食貨志》曰：「作巧成器曰工。」《公羊傳》何休注云：「巧心勞手以成器物曰工。」在某種程度上，「巧」是工匠的代名詞，能稱之為工匠的人就是一個心靈手巧的人。其次，「巧」構成了工匠區別於其他職業群體的鮮明特徵。《荀子・榮辱》篇曰：「農以力盡田，賈以察盡財，百工以巧盡械器，士大夫以上至於公侯莫不以仁厚智慧盡官職。」從事器械製造活動最需要的能力便是「巧」，所以為工必尚巧，它是工匠最基本的職業要求。第三，它是工匠努力追求的重要美德，當人們讚美一個工匠時，經常會用「巧奪天工」、「能工巧匠」、「鬼斧神工」、「巧同造化」之類的詞語來表達對工匠的讚美之情。第四，它也是形成優良器物的必要條件。《考工記》曰：「天有時，材有美，工有巧，合此四者，然後可以為良。」

「巧」並不只是一種簡單模仿的手工操作技巧，它在本質上體現了創造性思維的特質。它要求人們敢於打破常規，別出心裁，不拘泥於傳統。那些在中國歷史上被稱為「能工巧匠」的，不只是因為他們技藝的熟練，更重要的原因就在於他們身上所具有的創造性品質。魯班就是以其發明創造了曲尺、墨斗、鉋子等器物而被後人尊奉為土木建築的祖師爺，奚仲因為造車而聞名於世，此外還有「虞駒作舟」、「儀狄作酒」、「夏鯀作城」等。這些工匠的創造發明，極大程度地改善了人們的生活條件，獲得了民眾的崇敬，被奉為祖師爺予以紀念。

（二）「求精」的工作態度

追求技藝的精湛與產品的精緻細密是傳統工匠精神的第二大特點。《詩經・衛風・淇奧》曰：「如切如磋，如琢如磨」，描述了工匠在切割，打磨，雕刻玉器、象牙、骨器時仔細認真、反覆琢磨的工作態度。儒家借鑒了這一精神，將其作為治學和修身的方法，《大學》曰：「如切如磋者，道學也；如琢如磨者，自修也。」朱熹進一步提煉出它的核心特質，「言治骨角者，既切之而復磨之；治玉石者，既琢之而復磨之，治之已精，而益求其精也」〔註1〕由此，產生了「精益求精」一詞。由於它對為學、修身、做事所發揮的積極作用，使得它也因此獲得道德意義，從而成為工匠所追求的一種重要美德。

這種精神集中體現在中國古人製造的器物上，它們以其精緻細膩的工藝

〔註1〕（宋）朱熹，《四書集注》，長沙：嶽麓書社，1985年，第76頁。

造型聞名於世。據《考工記》記載，戰國編鍾極其精緻，可以做到「圓者中規，方者中矩，立者中懸，衡者中水，直者如生焉，繼者如附焉」。馬王堆出土的漢代素紗禪衣絲縷極細，用料 2.6 平方米，而重僅 49 克，「薄如蟬翼」、「輕若煙霧」，是世界上最輕的素紗蟬衣。著名的蘇州園林以其意境深遠、構築精緻而著稱於世，被稱為「咫尺之內再造乾坤」，中國的絲綢、陶瓷等工藝品以其精湛的技藝遠銷歐亞，號稱「絲綢之國」、「陶器之都」。至宋代，冶煉、建築、織造、陶瓷、茶、酒等工藝技術水平已經達到了相當高的水平，民間的許多傳統手工藝製作，比如剪紙、年畫、雕刻、皮影、泥塑等也以精巧而著稱。這些產品的背後都凝聚著中國工匠精益求精的工作精神。

（三）「道技合一」的人生境界

對技藝和作品精益求精的追求並不是那些高明工匠們的真正目的。嫻熟的技巧對於他們而言，只不過是通往「道」的一種途徑。他們希望通過手中的技藝領悟到「道」的真諦，從而實現人生意義的超越。庖丁解牛就是這一典型例子，《莊子·養生主》曰：「庖丁為文惠君解牛，手之所觸，肩之所倚，足之所履，膝之所踦，砉然響然，奏刀騞然，莫不中音。合於桑林之舞，乃中經首之會。」梁惠王讚歎他精湛的技藝，而庖丁則回答說：「臣之所好者，道也，進乎技矣」。也就是掌握了「以無厚入有間」的規律，即道才會有遊刃有餘的技藝。在莊子筆下並不在少數，例如，「輪扁斫輪」、「佝僂承蜩」、「運斤成風」、「大馬捶鉤」、「津人操舟」等等，這些人的技藝可以說已經到登峰造極、出神入化的地步。通過技藝理解生活世界，最終可以使我們從「游於藝」的狀態，到達「心合於道」的境界。

綜上所述，中國文化視域下的工匠精神將「巧」，即理智與實踐相結合的創造精神，作為工匠所應當具備的職業基本要求與美德；在工作過程中，特別注重嚴謹細緻的態度，力求做到技藝與製作品的精益求精；從而達到一種「道技合一」的人生理想狀態。

二、西方文化視域下的工匠精神

（一）非利唯藝的純粹精神

在柏拉圖看來，工匠製作產品的目的不是為了獲得某種物質性報酬，而是為了追求作品自身的完美。因為「如果有一種利益是所有的匠人大家都享受的，那顯然是因為大家運用了一種同樣的而不是他們各自特有的技術。」報酬

是所有工匠所享有的，那是因為大家都運用了自己特有技術之外的共有的「掙錢之術。」

但是「掙錢之術」並不同於技藝，「醫術產生健康，而掙錢之術產生了報酬，其他各行各業莫不如此，──每種技藝盡其本職，使受照管的對象得到利益。」〔註2〕工匠精湛的技藝也就在於產生優良的作品，使得對象物得到利益，而不是為了讓製作者自身獲益，因為「沒有一種技藝或統治術，是為它本身的利益的……一切營運部署都是為了對象。」〔註3〕因此，工匠的技藝全在於追求作品的完美與極致。

「為了把大家的鞋子做好，我們不讓鞋匠去當農夫，或織工，或瓦工。同樣，我們選拔其他的人，按其天賦安排職業，棄其所短，用其所長，讓他們集中畢生精力專搞一門，精益求精，不失時機。」〔註4〕這樣才可能製造更好的作品。而如果讓鞋匠做木匠的事情，木匠做鞋匠的事情，不僅不能製造出優良產品，還可能對城邦產生很大危害，更是對正義的侵害。「木匠做木匠的事，鞋匠做鞋匠的事，其他的人也都這樣，各起各的天然作用，不起別種人的作用，這種正確的分工乃是正義的影子。」〔註5〕這樣依靠正義的原則與追求圓滿為工匠的存在提供了道德上的正當性。

（二）至善盡美的目的追求

亞里士多德認為工匠對產品精益求精的追求，產生於對目的善的欲求以及對自我創作產品的熱愛。

首先，目的的存在可以為工匠的「精益求精」提供動因。他指出「對製作活動而言，目的（產品）比活動過程更為重要。」〔註6〕因為「無論誰要製作某物，總是預先有某種目的。製作活動本身不是目的，而是屬於其他某個事物。而完成的器物則自身是一個目的，因為做得好的東西是一個目的，是欲求

〔註2〕 （古希臘）柏拉圖，《理想國》，郭斌和、張竹明譯，北京：商務印書館，1986年，第29頁。

〔註3〕 （古希臘）柏拉圖，《理想國》，郭斌和、張竹明譯，北京：商務印書館，1986年，第29頁。

〔註4〕 （古希臘）柏拉圖，《理想國》，郭斌和、張竹明譯，北京：商務印書館，1986年，第66頁。

〔註5〕 （古希臘）柏拉圖，《理想國》，郭斌和、張竹明譯，北京：商務印書館，1986年，第172頁。

〔註6〕 （古希臘）亞里士多德著，廖申白譯注，《尼各馬可倫理學》，北京：商務印書館，2003年，第219頁。

的對象。所以，選擇可以或稱為欲求的努斯，或稱為理智的欲求，人就是這樣一個始因。」〔註7〕

這個目的就是工匠在製作過程中竭力追求的那個稱之為「善」的東西。每一種職業都是以某種善為目的，這個善「就是人們在做其他每件事時所追求的那個東西。它在醫術中是健康，在戰術中是勝利，在建築術中是一所房屋，在其他技藝中是某種其他東西，在每種活動和選擇中就是那個目的，其他的一切都是為著它而做的」。〔註8〕工作之善就在於圓滿地實現了工作所要求的目的。「對於一個吹笛手、一個木匠或任何一個匠師，總而言之，對任何一個有某種活動或實踐的人來說，他們的善或出色就在於那種活動的完善。」〔註9〕對產品的精雕細琢與對技藝的精益求精因為有助於職業目的的實現才具有了「善」的意義。

在亞里士多德看來，除對目的的追求之外，工匠對產品精益求精的追求，還體現為工匠對自己製作的產品的由衷地熱愛。首先是因為「存在對於一切生命物都值得欲求和可愛，而我們是通過實現活動（生活與實踐）而存在，而產品在某種意義上也就是在實現活動中的製作者自身。所以，製作者愛他的產品，因為他愛他的存在。」〔註10〕其次，「製作者所製作的產品是持久的（因為高尚的東西是經久的）。」〔註11〕所以工匠精神體現了對永恆存在與高尚人格的不懈追求。

（三）對神負責的精業作風

宗教改革的領袖馬丁·路德提出：「任何世俗的工作都是為上帝服務的。一個人可以在任何行業中得到拯救；在短暫的人生歷程中，一味計較職業的形式沒有任何用處。人們堅信，上帝安排給他們的工作不一定是最好的，但一定是最適合他們的。如果上帝安排他做一名官員，他不能拒絕，安排他做屠夫，

〔註7〕 （古希臘）亞里士多德著，廖申白譯注，《尼各馬可倫理學》，北京：商務印書館，2003年，第169頁。

〔註8〕 （古希臘）亞里士多德著，廖申白譯注，《尼各馬可倫理學》，北京：商務印書館，2003年，第17頁。

〔註9〕 （古希臘）亞里士多德著，廖申白譯注，《尼各馬可倫理學》，北京：商務印書館，2003年，第19頁。

〔註10〕 （古希臘）亞里士多德著，廖申白譯注，《尼各馬可倫理學》，北京：商務印書館，2003年，第273頁。

〔註11〕 （古希臘）亞里士多德著，廖申白譯注，《尼各馬可倫理學》，北京：商務印書館，2003年，第273頁。

他也得欣然接受。」〔註12〕因此，當你「把世俗的工作視為替基督服務，這樣你就能明白，當你聽到上帝的召喚去工作時，當你在工作中感受到自己是在為耶穌基督勞動時，實際上你是在用最最卑賤的世俗行為敬畏上帝；但是，它卻比你未經上帝召喚，就把所有的時間浪費在冥想、禱告、或者其他精神活動上強得多。」這實際上是告訴信徒，工作的目的不是為了追求個人享樂，而是為了榮耀上帝，因此，不必擔心自己的工作過於卑賤或嫩小，雖然人的社會地位有高有低，但是他們的「聖召」沒有貴賤之分，只要認真努力地做好自己的工作，就有可能得到上帝的寵愛。因此，在馬丁‧路德的努力下，將本來不具有任何神聖意義的世俗性工作提升為一種至高的道德義務，給工作披上了一套神聖的面紗。

這樣為工匠的製作活動予以了極大的精神力量，塑造了典型的工匠精神。首先，使得工匠更富有一種耐心專一的精神品質，因為無論從事何種都是上帝根據每個人的天賦而量身定做的，當下的就是適合的，另外任何工作只是形式的不同而已，在本質上是一樣的，都旨在完成上帝賦予自己在世俗生活的任務。因此，幹什麼工作並不重要，重要的是能否圓滿地完成上帝所賦予自己的任務，能否將這份工作做到盡善盡美。因此，精益求精，追求完美與極致對於作為基督徒的工匠而言是最為重要的。

三、工匠精神的當代價值

隨著現代機器化大生產對傳統手工業的取代，傳統工匠逐漸從歷史舞臺中退出，有觀點便認為，工匠精神已經過時了。事實並非如此，工匠精神是一種對工作精益求精、追求完美與極致的精神理念與工作倫理品質，它包含了嚴謹細緻的工作態度，堅守專注的意志品質，自我否定的創新精神以及精益求精的工作品質。這些優秀的工作精神品質在今天的社會中依舊具有重要的社會價值。

（一）工匠精神是工業製造的靈魂

儘管傳統的小作坊形式基本上被現代化的工業製造所取代，但是在人類歷史中沉澱下來的工匠精神和文化傳統，卻依舊貫穿於現代化的工業製造之中，甚至成為現代工業製造的靈魂所在。歷史經驗表明，當今世界工業製造強

〔註12〕（德）馬克思‧韋伯，《新教倫理與資本主義精神》，彭強、黃曉京譯，西安：陝西師範大學出版社，2002年，第89頁。

國的形成與對他們對工匠精神的重視密切相關。

眾所周知，德國是當今世界上最重要的工業強國之一，其產品以精密優良而著稱於世界，產生了保時捷、奔馳、寶馬、西門子、阿迪達斯、麥德龍等一大批世界知名品牌。其製造業的發達與對工匠精神的重視密切相關。德國人素以嚴謹細緻的工作態度而著稱，有這樣一個報導，「所有德國人農場生產出來的雞蛋都有『身份證』，一串長長的號碼告訴消費者它的產地、蛋雞是圈養還是放養、雞場及雞圈的位置以及雞產下這枚蛋的日期。」〔註13〕因為德國的企業家首先將自己定位為一個以技術改變世界的工程師，其次才是商人。在他們眼中，技術、工作本身的意義高於經濟利益，有時他們甚至願意為了追求精品而不計成本。他們的工人也以稱為一名優秀的「工匠」為極大的榮耀。李工真在《德意志道路》一書中總結說，近兩百年來的德國現代化道路，從外部看，是一條技術興國、製造強國的道路；從內部看，支撐這一道路的是「工匠精神」──對技術工藝宗教般的狂熱追求遠遠超越了對利潤的角逐。〔註14〕當歐盟其他國家經濟處於衰退中時，德國經濟卻能持續增長，德國總理默克爾將之歸功於德國人追求卓越的工匠精神。

日本製造的強大也與工匠精神密切相關。從江戶時代，在日本的匠人間就已經形成了一股追求產品精益求精的精神。首先體現在日本人將產品的好壞與個人的榮辱緊密地聯繫起來。他們身上具有強烈的自尊感，認為製作一件優良的產品，是自己的極大榮耀，如果由於自己的疏漏而導致產品殘缺，即便在市場上銷量不錯，也不以為榮，反以為恥。正是在這種「榮譽法則」的推動下，他們對產品質量嚴格要求，對技藝精緻的追求達到了神經質般的狂熱程度。在許多日本人看來，將一件小事做到極致就是一個人的成功，生命的全部意義所在。因此，日本的很多中小型企業數十年如一日只生產一種產品，專攻一門技藝，其產品也就日趨完美。

在當代社會，最能體現工匠精神的就屬「蘋果」產品。「蘋果」的創始人喬布斯就是工匠精神的堅守者，被譽為「當代最偉大的工匠」。他對工作精益求精的追求接近苛刻的程度，被稱之為「殘酷的完美主義者。」在 iphone4 的整個設計過程中，他不斷反覆雕琢，始終在致力於追求完美與極致，甚至不

〔註13〕汪中求，《中國需要工業精神》，北京：機械工業出版社，2012 年，第 101 頁。
〔註14〕李工真，《德意志道路：現代化進程研究》，武漢：武漢大學出版社，2005 年，第 68 頁。

惜付出高昂的成本。比如，他要求電腦內部的所有螺絲要用昂貴的鍍層。為了清理機箱底盤留下的細紋，而直接飛往加工廠，要求鑄模工人重做。不惜浪費，將本來已經接近完美的 iphone 的設計方案，不斷否定。正是因為對細節的這種「錙銖必較」貫穿於整個蘋果設計團隊之中，而造就了一代精品。正如有人這樣評價「蘋果就像一間藝術家的工作室，而喬布斯則是一名熟練的工匠。」

綜上所述，名牌產品的創立、工業強國的形成在很大程度上來自於這種精益求精、追求完美與極致的工匠精神。沒有最好，只有更好，將每個產品的每個細節盡可能地做到極致，始終不渝地追求一種完美至善的理想狀態，這是優良製造形成的關鍵所在。

（二）工匠精神有助於工作主體的自我價值實現

現代機器化生產模式固然極大地提高了社會生產率，但是它對工作者自由的發展構成了威脅。因為它客觀上阻礙工作者「向內發展」，希望擁有一批缺乏一技之長的雇傭工人，這樣就可以降低成本，增加利潤，使得以前那些具有一技之長兼具藝術氣息的工匠被「肢解」成一個個只會進行簡單操作的會說話的機器，工作者自身的價值因為自動化而被貶低。在這種生產方式中，普通工作者是被動的消極的，其創造性是被壓抑的。而傳統的工匠雖然也從事製作活動，但是那並不是一般人所認為的一項簡單機械的日復一日的重複性體力勞動，而是一種持續性的創造過程，是一個不斷對技藝、產品進行提升完善的過程。他們的製造活動是建立在自由精神基礎之上的，「工匠可以隨意左右自己的行動。因此，工匠可以從工作中學習，在勞動過程中使用並發展自己的能力及技能。」〔註15〕正是這種具有創造性特徵的工匠精神造就了一批傑出人士。

第一，工匠精神有助於工作者自我價值的實現。對於一個具有工匠精神的人而言，產品是工作者自由意志的表達。工作者對工作過程具有完全的控制權利，產品完全可以根據自己的意志自由構造，滲透在作品中的是自我想法的表露，體現了自我對世界的理解與認識，自我通過工作精神獲得了客觀化的表達。以工匠的態度來做事，工作就不再是一件不得不做的痛苦事情，而變成了一種忘我的投入。因為「靠的是他的手藝，他是自由的。」〔註16〕工作過程本

〔註15〕（美）弗洛姆，《健全的社會》，孫愷詳譯，貴陽：貴州人民出版社，1994年，第71頁。

〔註16〕周輔成，《西方倫理學名著選輯》（下），北京：商務印書館，1987年，第118頁。

身就是他生命活動的自主展開，整個生活就是一種「投入的人生狀態。」工作本身就是生命的外在表達。自我的價值存在於自己雙手所能控制的作品中，不依賴於其他外力，因此，在工作過程中能夠獲得真正的滿足感。〔註17〕

第二，工匠精神有助於親密情感的建立。一方面有助於促進同事間的情感交流，使人們在工作中感受到人性的溫暖。在現代化的工業生產模式中，工人被分割在不同的車間，固定在不同的時空範圍之內，同事之間不被允許自由交流，人們之間只有競爭，缺乏溫情。而在傳統的工匠生活中，並不是這樣，夏奈爾首席鞋匠有句名言：「一切手工技藝，皆由口傳心授。」師傅向學徒傳授手藝的過程中，在一起朝夕相處，耳提面命，不僅傳授的是技藝，還傳授了做人的道理和堅韌、耐心、專注、精益求精的工匠精神。匠人的製作過程就是人與人之間的情感交流與行為感染的過程，在這一過程中，建立起了深厚的師生情誼，這是現代化的組織模式所無法替代的。

第三，工匠精神建立了人與物的親密關係。現代化的工業大生產為人們提供了豐富的產品，但是都是以標準化、單一化的形式存在，缺乏商品的獨特性、人情味，就像是一塊冰冷而缺乏個性的石頭，感受不到製造物所帶來的親切感。在傳統社會中，產品與匠人是自然貼近的。對於匠人而言，在從產品的構思到完成的整個過程中，殘留著自己雙手的痕跡，滲透著絞盡腦汁的思慮。產品不僅是商品更是藝術品，它的好壞代表著自己的聲譽、尊嚴與道德品格。對於消費者而言，通過觸摸產品能夠真切地感受到手工的痕跡，通過觀看產品的機巧可以想像到匠人的專注與堅守，每個產品都是獨一無二，展現著匠人的個性，精雕細琢展現的是人性的溫暖。

（三）當代中國製造呼籲工匠精神的回歸

隨著互聯網技術在製造業、服務業等領域的廣泛運用，世界工業格局面臨著重大調整的歷史機遇，於是西方發達國家紛紛加強了在移動互聯網、3D打印、雲計算、大數據等高精尖產業方面的研究。德國首先提出「工業4.0」計劃，希望能夠在未來社會保持工業強國的領先地位。與此同時，中國政府也提出「中國製造2025」的戰略計劃，力爭在未來十年實現由一個工業大國到工業強國的轉型。

這一偉大目標的實現關鍵在於從根本上提升中國製造的質量，然而中國

〔註17〕龐溟，《閱讀的邏輯：這個時代我們如何讀書》，北京：社會科學文獻出版社，2013年，第370頁。

製造的困境問題也在於此。我國號稱「世界工廠」，幾乎可以生產世界上絕大部分產品，但就質量而論，不免令人堪憂。據網上報導，有些新樓尚未交付業主就已出現裂縫，剛建好的大橋不到半年就已坍塌，防盜門是「紙夾芯」，奔赴日本購買馬桶等怪象層出不窮；食品安全方面，毒奶粉、紙饅頭、瘦肉精、地溝油等更是屢禁不止；各種假冒偽劣、粗製濫造的商品充斥著市場，嚴重損壞了消費者的利益，出口國外的商品也多半是以廉價而非優質取勝，雖然產品眾多，但是在世界上能拿得出手的名牌卻寥寥無幾。

　　質量問題產生的根源在於經濟理性的無限度擴展，代表人本主義的工匠精神的存在空間被嚴重壓縮。正如盧卡奇認為，人類文明始終存在兩種張力，一種是以弘揚人的主體性為特徵的人本主義，一種是可計算化可定量的科學精神，科學精神與經濟的結合在現代社會裏，演變成了建立在被精細計算基礎上的經濟理性與技術理性。這兩種力量始終處於激烈的衝突之中。但是現代社會裏經濟理性主義精神取代了人本主義成為了工作社會中的主流價值觀，以追求利益的最大化成為支撐當代中國工商業發展的內在驅動力，人們從事一切製造、生產、服務活動的最終目的是實現經濟利益的最大化。歷史表明，質量低劣的產品雖然暫時獲得利益，但也只是曇花一現，最終難免被淘汰的厄運。世界名牌產品百年不衰的歷史經驗告訴我們，只有在工作中始終貫穿工匠精神，以追求完美與極致為目的，不斷精雕細刻，精益求精，才可能贏得大眾最終的信賴，工業強國的夢想才有可能得以實現。

　　工匠精神不僅涉及到中國製造及其產品質量，更是人們普遍的職業和工作倫理的敬業精神的集中體現，對待工作精益求精不僅是工作者的優良品質，而且是一個民族成員對待工作的優良品質，也是社會主義核心價值觀中的「敬業」的要求，因此，在當前開展的培育社會主義核心價值觀的活動中，應該充分弘揚歷史上傳承至今的「工匠」精神，如果每位民族成員和單位工作者都能以精益求精的態度對待並從事工作，那麼，才會把中華民族偉大復興的中國夢落到實處。

原載《湖南社會科學》，2015 年第 6 期

「愛國主義」意蘊論析

　　中華民族有悠久的愛國傳統。在當代，愛國主義是我們長期以來倡導的「五愛」道德規範之一，也是實現中華民族偉大復興的強大精神動力。但在弘揚愛國主義的過程中，愛國主義概念常常模糊不清。故本文欲從知、情、意、信、行五個方面全面揭示並闡發「愛國主義」的內在意蘊。

一、「愛國主義」含義辨析

　　「祖」的基本含義是「始廟」，段玉裁的《說文解字注》云：「祖」，始廟也。新廟為始，遠廟亦為始」。「國」的繁體字「國」，金文寫作「或」，「戈」為武器，「一」為土地，「或」即用武器保衛土地。加上表示邊界的「口」而成「國」，表示用武器保衛一定邊界內的土地。因此，「祖國」的最初含義，即用武器保衛列祖列宗們流傳下來的共同的地域範圍，用武器保衛父母之邦。愛國，就是熱愛並保衛父母之邦。最早出現「愛國」二字的典籍是《戰國策·西周策》：「周君豈能無愛國哉？」〔註1〕古代典籍中並無「愛國主義」一詞，今天我們使用的「愛國主義」（patriotism）一詞是外來語，最早由蔡鍔引入中國，叫「軍國民主義」，後來由蔡元培在北京大學改成「愛國主義」進行傳播。目前，學術界「愛國主義」一詞尚未形成統一界定，不同國家或時代有不同側重。

　　在西方，《韋伯斯特大辭典》將愛國主義定義為「對國家的熱愛或奉獻」。〔註2〕《牛津高階英語辭典》認為，愛國主義是「對祖國的熱愛，以及保衛它

〔註1〕〔漢〕劉向，《戰國策》〔M〕，河南：中州古籍出版社，2009 年，第 29 頁。
〔註2〕Agnes M, Webster's New World College Dictionary, Hungry Minds, Inc, 2001. p. 1056.

的意志」。〔註3〕這兩個版本都側重強調愛國主義是一種情感。我國曾一度沿用《列寧全集》之《皮梯列姆‧索羅金的寶貴自供》一文的說法：「愛國主義就是千百年來固定起來的對自己祖國的一種最深厚的感情。」〔註4〕1985年，原文譯者「中央編譯局列寧斯大林著作編譯室」對原譯文做出糾正，改譯為「愛國主義是由於千百年來各自的祖國彼此隔離而形成的一種極其深厚的感情。」〔註5〕在當時的歷史條件下，列寧認為，愛國主義是帝國主義用來渙散國際無產階級陣營的有力武器，是小資產階級情懷的東西，他堅持國際主義，反對愛國主義。今天，國內外形勢發生了根本性變化，我國工人階級已經建立政權，愛國主義成為團結全國人民進行社會主義建設的精神紐帶，因此，我們不能再沿用列寧的定義。《辭海》將愛國主義定義為「歷史地形成的熱愛和忠誠自己祖國的思想、感情和行為，是對待祖國的一種政治原則和道德原則。它的具體內容取決於一定的歷史條件。剝削階級的愛國主義，帶有階級的侷限性，但在一定條件下也有積極意義。無產階級的愛國主義同國際主義相結合。在中國現階段，愛國主義同社會主義有機地統一於建設中國特色社會主義的實踐中。要求發揚自尊、自信、自強的民族精神，以貢獻全部力量建設和保衛社會主義祖國為最大光榮，以損害國家利益、國家尊嚴為最大恥辱，維護國家主權，實現祖國統一。」〔註6〕該定義認為，愛國主義是思想、感情、行為等多個方面的統一，兼顧了愛國主義的非情感因素，較為全面，但仍有可完善之處。

毋庸置疑，愛國主義既是國家對公民的政治與道德原則要求，也是公民或民族共同體成員應當具備的一種道德品質。道德品質一般可分為道德認識、道德情感、道德意志、道德信念、道德行為五個要素。因此，對愛國主義不能僅從情感方面，而應從知、情、意、信、行五個方面進行分析，這樣方能最為全面地掌握「愛國主義」作為一種政治原則、道德原則特別是人的道德品質的意蘊。據此，我們認為，愛國主義可包含知國的認識、愛國的情感、望國的意志、信國的信念、報國的行動五個方面。知國即對祖國以及個人與祖國關係的理性認知，它是愛國主義的認知前提；愛國即熾熱的愛國之情，它是愛國主義的情

〔註3〕 Sally Wehmeier, The Oxford Advanced Learner's Dictionary, Oxford University Press, 2000. p. 929.
〔註4〕 列寧，《列寧全集》第28卷〔M〕，北京：人民出版社，1956年，第168頁。
〔註5〕 列寧，《列寧全集》第35卷〔M〕，北京：人民出版社，1985年，第187頁。
〔註6〕 夏徵農、陳至立，《辭海》〔M〕，上海：上海辭書出版社，2010年，第20頁。

感寄託；望國即對祖國的生存、發展、繁榮充滿期待，它是愛國主義的精神動力；信國即對祖國的堅定信念，它是愛國主義的信念支撐；報國即報效祖國的具體行為，它是愛國主義的行動落實。

二、知國的認知前提

知國是愛國主義的認知前提，包括對祖國的認知、對個人與祖國關係的認知。

對祖國的認知，形成了民族共同體意識，是愛國主義的民族心理基礎。嚴格來講，中華民族共同體意識形成於近代，是伴隨著列強侵略而產生的。但這種由多民族文化認同所造就的天下共同體意識，卻是自古以來長期存在的。封建時代的中國，奉行「天下主義」的世界觀。「普天之下，莫非王土；率土之濱，莫非王臣」，〔註7〕天下之土地與人民盡屬天子所有，無須去擴張領土、宣示主權。世界發展進程無疑是孟子所謂「吾聞用夏變夷者，未聞變於夷者也」〔註8〕的「用夏變夷」的漸進路線，萬民雖有華夷之分，但隨著聖人之道的向外推廣，「華」的範圍會逐漸變大，「夷」的範圍會逐漸縮小，最後必然天下一家。在「天下主義」世界觀的影響下，領土、主權這些民族國家要素，在傳統中國的政治意義就不特別重要。如蒙元清朝入主中原之時，前朝遺臣多以「忠君」的名義進行反抗，而非出於「民族獨立」意識；鄭和七下西洋，僅僅是宣喻中華文明，而絲毫沒有殖民打算。直到鴉片戰爭以後，西方列強的侵略才徹底毀滅了中國人「天下一家」的幻想。世界並不屬於中國，而是由許多不相統屬的國家組成，各國習性相異、強弱不同，「華夷」兩分法至此不再成立。領土、主權、國家成為真正有價值的概念。一時間，達爾文、斯賓塞的進化論振聾發聵，「物競天擇，適者生存」儼然表明了弱肉強食的合理性。中華民族共同體意識正誕生於弱勢族群對外來強權的反動。弱者之所以用「民族」或「國家」的形式進行集體反抗，是因為非如此集體行動不足以與強大的外來勢力相抗衡。有了對敵國、異族的認知，也就有了對本國、本族的認同，所謂「黑眼睛」「黃皮膚」「炎黃子孫」「救亡保種」，中華民族共同體意識於此油然而生，傳統社會的「天下一家」思想式微，代之以民族國家共同體意識為核心的「愛國主義」精神。

〔註7〕程俊英，《詩經譯注》〔M〕，上海：上海古籍出版社，2012年，第227頁。
〔註8〕楊伯峻，《孟子譯注》〔M〕，北京：中華書局，2008年，第94頁。

認知祖國，最重要的途徑是知史。用歷史的眼光，才能看到國家的根基、實力、未來。兩千多年前，秦建立起中國歷史上第一個大一統的封建王朝。漢朝存續四百餘年，使中華民族有了另一個稱呼「漢」，我們現在稱漢人、漢族、漢語，都以漢朝為標記。唐朝是當時世界上最強大的國家之一，其恢宏氣度影響至今，華人被稱為「唐人」，西方華人聚居地被稱為「唐人街」。大元帝國氣貫長虹，將控制範圍擴至西亞，開創中國歷史上最為遼闊的版圖。鴉片戰爭以後，帝國日暮，災難重重。知史，可以明興亡、知更替、啟反思、圖發展。當我們看到第一次鴉片戰爭中，討英大軍企圖用巫術擊退敵軍，就會明白，當國家被封建愚昧的統治者領導，是連正義之戰都打不贏的；當我們看到太平天國領袖們勸誡他人凌奪殺鬥，自己卻為爭奪萬歲寶座而內訌，就會明白，農民階級因其自身的侷限性而無法走出封建漩渦；當我們看到資產階級改良派、革命派與外國資產階級千絲萬縷的聯繫，就知道他們不能徹底地反帝反封建。只有中國共產黨，代表中國最廣大人民的根本利益，能夠提出徹底的反帝反封建的革命綱領，挽救祖國於危亡。我們要以史為鑒、居安思危，維護中國共產黨的領導，弘揚愛國主義，保衛祖國生存，促進祖國發展。

知國，還要正確認識個人與祖國的關係。國家與個人之間是相互依存、辯證統一的關係。首先，國家利益代表個人根本的、長遠的利益。當祖國安定和諧、繁榮昌盛，個人的生存發展就生機勃勃；當祖國動亂頻仍、國運衰微，個人的生存發展就舉步維艱。其次，個人利益是國家利益不可分割的組成部分。每個人的發展壯大都將有利於祖國發展，每個人的頹廢墮落都將成為阻礙祖國發展的消極因素。國家和個人之間的辯證統一關係決定了我們應當堅持集體主義和愛國主義原則。個人積極維護國家、集體利益。當個人利益與國家、集體利益發生矛盾時，要把國家、集體利益放在首位，必要時甚至可以為國家、集體利益而犧牲個人利益。若因個人、小集團利益而忽略或損害國家、集體利益，那就不是愛國主義。同時，人民的利益高於一切，國家、集體要高度重視人民的切身利益，在維護國家、集體利益的前提下積極促進個人利益。

三、愛國的情感寄託

愛國情感是愛國主義的情感寄託與表達。人類社會生活早期，隨著農業的發展，人們從遷移不定的游牧生活漸漸穩定下來，對故土產生依戀，這是愛國情感的最初源頭。後來隨著國家形式不斷完善，愛國逐漸擴展為對領土、資源

等自然因素，以及人民、文化、制度等社會因素的熱愛。第一，愛領土。自古以來，我國領土面積雖略有變動，但大的範圍基本穩定，北起黑龍江，南到南海，東臨太平洋，西至帕米爾高原。國家領土主權不容侵犯，歷代中華兒女誓死保衛祖國領土。第二，愛自然資源，就是愛祖國秀麗的山川河流、豐饒的礦藏物產、茂密的森林植被、多樣的動物資源，它是我們賴以生存的物質基礎。近代，我國淪為西方列強的半殖民地和原料產地，絲、茶等大宗貨物的生產完全服從於西方資本主義市場的需要，自然資源被大肆掠奪。我們愛護本國的自然資源，反對以掠奪他國資源作為國家崛起的手段，過去是，今天也是。第三，愛人民。民族和國家的主體是人民，愛祖國必然包括愛人民。中國共產黨救人民於水火的革命精神、一方有難八方支持的抗洪精神、抗震救災精神等，都體現了中華兒女生死與共的濃厚情義。第四，愛文化。文化是民族、國家的靈魂。中華文化綿延不絕，得益於一代代愛國之士對中華文化的保護與傳承。如愛國主義畫家張大千拒絕為日偽作畫、拒絕出任日華藝術畫院院長，後來面壁敦煌，呼籲並促進國家將敦煌石窟收歸國有加以保護，為繼承發揚祖國優秀文化作出了巨大貢獻。第五，愛制度。在一定的民族、文化共同體中，總是存在一定的政權形式即國家，它是民族的管理者、保護者。不同歷史時期，國家政權形式不同，因此，愛國主義的對象即國家與制度總是歷史的。在當代，愛國主義的對象是中國共產黨領導下的中華人民共和國與社會主義制度。有人將愛國與愛社會主義對立起來，愛國卻不愛社會主義，這是愛中華歷史文化共同體而不是愛現實的祖國。我們當代倡導的愛國主義是愛當代中國及其社會主義制度。

愛國情感有三大作用。行為前，愛國情感使人們在情緒的激發下進行個體或集體形式的愛國行為。「豈曰無衣，與子同袍。王于興師，修我戈矛，與子同仇」，〔註9〕愛國情懷激勵人們為祖國奮勇而戰。行為中，愛國情感使人們得到情緒的宣洩與昇華。「陟升皇之赫戲兮，忽臨睨夫舊鄉。僕夫悲余馬懷兮，蜷局顧而不行」，〔註10〕屈原被逐，回首京都，僕人悲傷、馬兒彷徨，它們都表達著屈原對故土的眷戀。行為後，愛國情感使人們對行為作出或賞識、或批判的評價。「人生自古誰無死，留取丹心照汗青」，文天祥的愛國丹心可以照耀史冊，因為對祖國的愛是中華兒女共同體認的價值觀。就當下來說，愛國情感

〔註9〕程俊英，《詩經譯注》〔M〕，上海：上海古籍出版社，2012年，第132頁。
〔註10〕董楚平，《楚辭譯注》〔M〕，上海：上海古籍出版社，2014年，第29頁。

的作用是激勵人們進行保衛、建設祖國的行為，使愛國情感從中得到昇華；對促進祖國發展的行為給予肯定和鼓勵，對破壞祖國發展的行為進行批判與更正，使全社會形成愛國共識，共同致力於祖國建設。

正確地引導培育愛國情感是十分必要的。首先，要以理導情。愛國情感可以成為民族、國家爭取獨立解放的情感動力，如中華民族結成抗日愛國統一戰線，擊敗日本帝國主義。但愛國情感也可以被仇外情緒所利用，成為狹隘的民族主義、沙文主義，如希特勒、日本軍國主義惡意煽動民眾的愛國情緒，大搞「國家崇拜」。當愛國情感有理性認知的指導，則表現為成熟、理性的愛國主義；當愛國情感失去理性認知的指導，則表現為幼稚、魯莽的愛國主義。防止愛國情感變為狹隘民族主義的方法，就是用理性的「知國」去引導愛國情感。具體來說，就是要加強愛國主義、歷史、國防等教育，使人們對祖國、個人與祖國的關係有清醒的認知。其次，要以美育情。王國維在《論教育之宗旨》一文中指出，「美者感情之理想……獨美之為物，使人忘一己之利害而入高尚純潔之域」。〔註11〕我們可以用美育來培養高尚的愛國情感。比如，音樂歷來有教化之功、移情之效，「樂也者，聖人之所樂也，而可以善民心，其感人深，其移風易俗」。〔註12〕當聽到《義勇軍進行曲》《保衛黃河》等革命歌曲，便想起烈士們拋頭顱、灑熱血，為祖國奮勇犧牲；當聽到《春天的故事》《走進新時代》，改革開放給國家帶來繁榮的喜悅便湧上心頭；當聽到《中國的月亮》《愛我中華》，祖國的山川風物便使遊子熱淚盈眶。另外，還可以通過舞蹈、話劇、繪畫等多種美育形式，來塑造人們的愛國情感。再次，要以境冶情。戰爭年代，人們的愛國情感往往凝聚、高亢；和平年代，人們的愛國情感往往渙散、淡薄。可以通過情境再現的方式，重溫並深化愛國情感。如組織遊覽革命老區、抗日戰爭紀念館、南京大屠殺死難同胞紀念館等愛國主義教育示範基地，銘記國恥，砥礪前行。總之，通過以理導情、以美育情、以境冶情，更好地培育人們的愛國情感，使之成為凝聚中華兒女團結力量的精神紐帶。

四、望國的意志動力

望國，即對祖國生存、發展、復興的期望。望國為愛國主義增添力量、指引方向，使人們積極投身於愛國主義的踐行。對祖國的期望，在不同歷史時期

〔註11〕王國維，〈論教育之宗旨〉〔J〕，《教育世界》，1903 年第 8 期。
〔註12〕楊天宇，《禮記譯注》》〔M〕，上海：上海古籍出版社，2004 年，第 481 頁。

有不同內容。戰亂年代，人民期盼祖國生存安定；和平年代，人民期盼祖國發展繁榮；中國特色社會主義新時代，人民期盼祖國復興崛起。

第一，對祖國生存安定的期望。祖國是個人生存發展的基礎，保衛祖國是愛國主義的起碼要求。近代以來，面對深重的民族危機，各階級紛紛投身於救國事業，農民階級發起太平天國運動、義和團運動，用血肉之軀與帝國主義抗衡；封建地主階級掀起「師夷長技以制夷」的洋務運動，學習西方工業技術與商業模式，力圖使祖國在器物上得以強大；資產階級發動戊戌變法、辛亥革命，從制度上學習借鑒西方；知識分子掀起新文化運動、五四運動，力圖從思想上喚醒沉睡的中國；中國共產黨帶領人民採取武裝奪取政權的革命路線，力挽祖國於既倒……一代代中國人倒在血泊中，又有一代代中國人站起來奮勇迎敵，支撐他們的，是對祖國生存安定的期待！這種期待，激勵著人們矢志不渝、浴血奮戰、歷盡艱難、浴火重生！

第二，對祖國發展繁榮的期望。發展繁榮是歷朝歷代中國人的共同期待。封建時代，中國人勤勞耕耘，使以小農經濟為基礎的封建社會穩定發展，並出現許多促進社會巨大進步的變革，如管仲改革、商鞅變法、王安石變法、張居正改革等。封建時代也曾出現文景之治、光武中興、貞觀之治、開元盛世、康乾盛世等一系列盛世。新中國成立後，中國共產黨帶領全國人民進行社會主義現代化建設，實施改革開放，促進祖國經濟、政治、文化、社會、生態全方位發展。我們期待祖國發展繁榮，全面建成小康社會，建成富強民主文明和諧美麗的社會主義現代化強國。

第三，對祖國復興崛起的期望。中國崛起、實現中華民族偉大復興，是中華兒女的共同夢想。經過 40 年改革開放的積累，中國崛起已成為不爭的事實。經濟方面，繼續保持穩步高速增長，市場經濟體制初步建立，經濟增長方式逐步由粗放型向集約型轉變，與近百個國家有貿易往來，經濟實力具有世界範圍的影響力。政治方面，內政上，中國共產黨領導的政治系統具有極強的穩定性、自覺的反思能力、極強的完善能力，政治體制日趨完善。尤其黨的十八大以來開展的反腐倡廉工作，再次保證了中國共產黨的純潔性、先進性，使人民對中國共產黨充滿信任。外交上，作為聯合國常任理事國之一，中國在國際舞臺上扮演重要角色，發揮重要影響，國際形象和政治影響力不斷提高。軍事方面，中國人民解放軍規模適度、組織結構合理，初步建立起具有中國特色的主戰裝備、保障裝備、電子信息裝備協調配套的現代化武器裝備體系和獨立完整的國

防科技工業體系。科技方面，中國成為世界第三大科技研究國。神舟五號、反衛星導彈、嫦娥一號等累累碩果表明我國自主創新能力不斷增強，科技水平不斷提高。文化方面，中國人的文化程度、受教育水平不斷提高，中國文化正在走向世界，多個國家開設孔子學院，興起漢語熱……中國在經濟、政治、軍事、科技、文化等方面正在實現全面繁榮，我們將繼續提高綜合國力，承擔更多國際責任，提高國際影響力，推動中華民族和平崛起。

人民有信仰，國家有力量，民族有希望！人民對祖國的期望，是祖國生存、發展、復興的藍圖，是人們愛國精神與實踐的堅強動力！

五、信國的信念支撐

信念是知、情、意的統一與凝結。一旦形成某種信念，人們就會有堅定恒久的精神力量。信國是人們清晰地認知祖國、真摯地熱愛祖國、堅定地期待祖國三者的統一，具有穩定、持久的特點，是愛國主義的信念支撐。具有愛國信念的人，能恒久地奉行愛國主義。信國，包括對國家道路、理論、制度、文化、國力等的信任。

道路自信。我國歷經原始社會、奴隸社會、封建社會、半殖民地半封建社會、社會主義社會等不同社會形態。相對成熟的封建社會發展到末期，其落後性、腐朽性致使國家積貧積弱，導致近代以來被動挨打。各階級救亡運動均告失敗，只有中國共產黨帶領人民推翻帝國主義、封建主義、官僚資本主義的壓迫，建立人民民主專政的社會主義國家。實踐表明，只有社會主義才能救中國，只有堅持和發展中國特色社會主義才能發展中國，才能實現中華民族的偉大復興。改革開放以來，全國人民共同進行社會主義現代化建設的美好局面，更體現了愛祖國與愛社會主義的高度統一。

理論自信。實踐需要理論的指引，要用發展的理論指導發展著的實踐。毛澤東第一次將馬克思主義與中國具體實際相結合，提出馬克思主義中國化理論，並用以指導中國的無產階級革命。之後，又有了馬克思主義中國化的第二大理論成果，即中國特色社會主義理論體系，包括鄧小平理論、「三個代表」重要思想、科學發展觀，系統回答了社會主義建設和黨的發展中一系列重大問題。以習近平同志為核心的黨中央在回答時代之問的基礎上形成習近平新時代中國特色社會主義思想，從理論和實踐相結合的角度系統回答了新時代堅持和發展中國特色社會主義的一系列問題，是全黨全國人民為實現中華民族偉大復興而奮鬥的行動指南。一代代中國人的集體智慧將馬克思主義中國化

不斷推向深入，並用以指導中國特色社會主義建設，體現了馬克思主義中國化的時代性、科學性、先進性。

制度自信。中國特色社會主義制度是歷史的必然，是「當代中國發展進步的根本制度保障，是具有鮮明中國特色、明顯制度優勢、強大自我完善能力的先進制度」。〔註13〕首先，中國特色社會主義制度是歷史的選擇。中國特色社會主義制度上承五千年傳統文明、中接近代救亡運動、下啟新中國社會主義建設與改革開放的偉大實踐。中國特色社會主義在發展過程中，不斷吸收講仁愛、崇正義、重民本、尚和合等古代治國理政的思想精華；近代以來中國人民可歌可泣的鬥爭實踐表明，只有社會主義制度是符合中國實踐和時代發展的制度；新中國成立後，祖國的全面、穩定發展證明了中國特色社會主義制度的先進性。其次，中國特色社會主義制度具有強大的制度優勢，能保證人民的權利與自由、有效調節國家政治關係、集中力量辦大事、維護國家獨立自主。再次，中國特色社會主義制度具有強大的自我完善能力。既有中國特色，又吸收借鑒各國制度的先進經驗，能夠創造繁榮的經濟、切合實際的民主、先進的文化、和諧的社會。中國特色社會主義制度是歷史的選擇、人民的選擇，是人民幸福的制度保障。

文化自信。文化是一個民族生存發展的最深厚的力量。我們有優秀的傳統文化、鬥志昂揚的革命文化、社會主義先進文化。博大精深的傳統文化是中華文化的根基。「天人合一」的宇宙觀念、「民為邦本，本固邦寧」的治國理念、「以和為貴」的處世理念、「孝悌忠信」的倫常原則、「己欲立而立人，己欲達而達人」的仁愛德性、「重義輕利」的價值觀念、「天行健，君子以自強不息」的進取精神，是中華民族生生不息的文化動力。革命文化是我們的紅色基因，紅船精神、井岡山精神、長征精神、延安精神、西柏坡精神，鼓舞著無數中國人前仆後繼，保衛祖國。繼往開來的社會主義先進文化是在馬克思主義指導下，對中國優秀傳統文化、紅色革命文化的繼承與發展。兩彈一星精神、航天精神、奧運精神等，激勵著中國人奮發有為，建設祖國。我們在社會主義先進文化的指導下，創造了中國道路、中國模式、中國奇蹟，體現了社會主義先進文化的強大生命力。

國力自信。中國國力雄厚，自古就是世界大國。經濟方面，自秦帝國至康

〔註13〕習近平，《在慶祝中國共產黨成立95週年大會上的講話》〔N〕，《人民日報》，2016年7月2日第2版。

乾盛世,中國都曾以最強大、富有國家的姿態獨領風騷。直到清朝中期,中國
的經濟規模仍領先世界。農耕、紡織、冶金、手工製造等曾長期處於世界先進
水平。今天,改革、創新、開放「三駕馬車」引導中國經濟持續發展,穩中向
好。科技方面,中國是一個充滿智慧的民族,古有造紙術、印刷術、火藥、指
南針四大發明惠及世界,今有網購、共享經濟等開啟人類生活新模式。國防方
面,新中國成立以來,我國軍事實力一路高歌猛進,從最初的小米加步槍,發
展到兩彈一星、核潛艇、航母、高超音速飛行器等現代化武器裝備,又有一流
的軍事人才,實現了軍事實力的爆發式成長。改革開放以來,我國經濟、科技、
國防等綜合國力進入世界前列,國家面貌發生巨大變化,國際地位極大提升。
這一切大大提高了人民對國家的信任,對大國崛起與民族復興的信心,以及身
為中國人的自豪感。

知國、愛國、望國、信國,使主體具備了愛國主義的精神品質,只有實現
了報國,才能使愛國主義真正得以落實。

六、報國的實踐落實

報國,就是把「天下興亡,匹夫有責」的擔當意識、「先天下之憂而憂,
後天下之樂而樂」的大公無私精神、「鞠躬盡瘁,死而後已」的奉獻精神落實
為具體的愛國行動。報國行為可能隨著主體身份、年齡、職業的不同而不同,
但都是做促進國家生存、發展、繁榮的事,促進祖國在經濟、政治、文化、社
會、生態等方面全面進步。

第一,實現經濟繁榮與平衡發展。經濟實力是一國綜合實力的重中之重。
過去,小農經濟的穩定發展曾一度鞏固了封建統治,但後來,重農抑商政策嚴
重阻礙了資本主義萌芽與國家經濟發展,使中國錯失了由農耕經濟向工業經
濟轉軌的機會。新中國成立後,重視發展經濟,進行三大改造,為社會主義現
代化奠定了初步基礎。但三年「大躍進」、十年「文化大革命」幾乎導致發展
停滯。後來,改革開放恢復並推動了中國的現代化進程。總之,我們曾因熱切
期待祖國發展而片面追求經濟增長,但粗放型發展方式必無長足動力。從實際
出發、理性從容地發展經濟,才是一個「後發式」國家進入現代化應有的方式。
經過 40 年的持續發展,我國社會主要矛盾已轉化為人民日益增長的美好生活
需要和發展不平衡不充分之間的矛盾。解決好發展不平衡不充分問題,政府要
繼續推進區域協調發展,推動經濟體制與結構轉型;企業要轉變發展模式,實
現可持續發展;個人要繼續勤勞工作,樹立綠色消費理念。經濟長遠可持續發

展，是國家富強、人民幸福的可靠保障，我們要在不同崗位上為推動祖國富強而努力奮鬥。

第二，共創團結統一的政治局面。自古以來，中國就是一個獨立統一的國家。相對封閉的地理環境造就了中華民族天然的向心力，北面浩瀚的大漠戈壁不利於農業生產；東面因海為屏；南面熱帶叢林不利於生存發展；西南青藏高原、喜馬拉雅山脈阻隔了與外地的聯繫。四周生存發展環境差，中原土地肥沃環境優裕，各族都願意向中原發展，形成了以中原為核心的大一統格局。秦滅六國，第一次建立大一統帝國。漢代繼秦，進一步鞏固統一局面，如董仲舒所言，大一統成為「天地之常經，古今之通誼」。〔註14〕李唐王朝開創大唐盛世，迎來大一統中國最光輝燦爛的時代。經過宋、遼、金、西夏的對峙，元再次統一中國，元明清時期最終鞏固了祖國統一。近代以來，中國飽受西方列強的侵略與瓜分，領土主權不斷喪失。直到新中國成立後，香港、澳門回歸，標誌著我國領土徹底結束外國列強佔領。新時代的祖國統一，重點是實現臺灣與祖國大陸的統一。兩岸同胞有義務共擔民族大義，反對臺獨，創造團結統一的政治局面。同時，努力維護國內各民族的團結統一，遵守國家法律，保守國家機密，維護國家安全。

第三，傳承創新發展，促進文化繁榮。我國有悠久燦爛的傳統文化。春秋戰國時代，百家爭鳴，產生了儒、墨、道、法等中華文化的源頭性思想。以唐詩為代表的隋唐文化全面輝煌。宋元時代再創文化高峰，中國古代四大發明中的三項都誕生在這個時期。近代以來，馬克思主義傳入中國，並在指導中國革命、改革、建設中不斷發展。促進當代文化發展與繁榮是所有中國人應有的愛國實踐，發展中國特色社會主義先進文化，要以馬克思主義為指導，深入發掘馬克思主義理論精華，自覺傳承優秀傳統文化，主動吸收外來文化合理因素，增強中華文化發展活力。

第四，建設安定有序的和諧社會。中華民族尚和合、重和諧，「和」文化源遠流長，《禮記·禮運》云：「大道之行也，天下為公，選賢與能，講信修睦……是故謀閉而不興，盜竊亂賊而不作，故戶外而不閉，是謂大同」。〔註15〕為了實現社會大同，儒家提出了「修身、齊家、治國、平天下」的治理理念；道家提倡通過「無欲」、「無為」、「無爭」來達到「甘其食、美其服、安其居、樂其

〔註14〕〔漢〕班固，《漢書人物全傳》〔M〕，北京：時代華文書局，2014 年，第 740 頁。
〔註15〕楊天宇，《禮記譯注》〔M〕，上海：上海古籍出版社，2004 年，第 265 頁。

俗」〔註16〕的社會狀態。今天，和諧社會是社會發展的理想狀態，是黨和政府的重要治國理念，是人民生活幸福的必要條件。我們要推動社會主義現代化建設各方面協調發展，尚和合、崇仁愛、講文明、重禮儀，實現身心和諧、人際和諧、社會和諧，共同創建社會主義和諧社會。

第五，構建天人合一的生態文明。中國古代有豐富的生態文明思想，天人合一，把人視為自然界的一部分；孔子「釣而不網，弋不射宿」；〔註17〕老子主張「人法地，地法天，天法道，道法自然」。〔註18〕人類進入工業文明時代之後，在「征服自然」「控制自然」思維模式指導下，瘋狂掠奪自然資源、破壞生態環境。皮之不存，毛將焉附？當失去了肥沃的土地、健康的水源、純淨的空氣，人類終將無法生存。大自然是人類的家園，人類對自然的開發利用要以其承受力為前提。建設「美麗中國」乃至「美麗世界」，要從建設生態文明做起，像對待生命一樣對待生態，倡導綠色環保理念，開啟低碳健康生活，為保護生態做出我們這代人的努力。

在知國、愛國、望國、信國的基礎上，共同建設經濟繁榮平衡、政治團結統一、文化傳承創新、社會安定和諧、生態健康美麗的祖國，才能說將愛國主義落到了實處。

總之，研究愛國主義的內在意蘊及其當代意義，深化了對愛國主義的學術理論研究，是弘揚培育愛國主義精神品質的理論前提，必將為實現中華民族偉大復興的中國夢發揮積極作用。

原載《教學與研究》，2019 年第 1 期

〔註16〕陳鼓應，《老子今注今譯》〔M〕，上海：商務印書館，2003 年，第 345 頁。
〔註17〕鄒憬，《論語譯注》〔M〕，上海：上海三聯書店，2012 年，第 101 頁。
〔註18〕陳鼓應，《老子今注今譯》〔M〕，上海：商務印書館，2003 年，第 169 頁。

論近現代「中華民族」
「愛國主義」意識的形成與發展

　　中華民族雖然自古以來就有悠久的愛國主義傳統，但嚴格意義上的「中華民族」概念和「愛國主義」意識卻是在近現代才得以形成的，當然，也不可否認它的產生源自於中國優秀的歷史文化傳統。本文欲探討這種概念與意識發生、形成的歷史過程和歷史意義。

一、「中華」「民族」之概念溯源辨析

　　「中華」一詞作為一個古老的名詞和概念，其內涵有著漫長的發展和演化過程。它最初作為天文用語使用，見於魏晉時期天文學家陳卓《天文經星》：「東蕃四星，南第一星曰上相，其北，東太陽門也；第二星曰次相，其北，中華東門也；第三星曰次將，其北，東太陰門也；第四星曰上將」。「中華」是與太陽、太陰配合的居中的天門名稱，古人從「中國」與「華夏」二名中各取一字而為「中華」，以配合太陽、太陰的宮門名稱。

　　公元三世紀西晉時期，「中華」已具備地理、疆域之意，從而作為中國之別稱使用。當然，由於言者出發點不同，「中華」的含義往往也不盡相同，一般而言，中華作為地理、疆域之意，它不僅可以指稱黃河流域一帶的中原地區，可以指稱與邊疆或域外相對的內地，亦可以指稱全國或領土全境。

　　「中華」一詞還具備文化與民族的涵義。就文化而言，中華本指中原傳統文化；就民族而言，中華本指漢族，後隨著民族的融合與文化的交流，中原傳統文化為少數民族所廣泛接受，少數民族成員也成了中華的一部分。合而言

之，中華可指稱中原或漢族的傳統文化和具備這種傳統文化的人或民族。

此外，「中華」二字不僅象徵和標誌著中國古人對歷史文化的繼承和認同，它同時也帶有對傳統王朝國家政治認同的特徵。正如黃興濤所說：「那種僅將『中國』或『中華』純粹視為一種地域或文明指稱概念，而完全漠視其用來指稱傳統王朝國家時即內具有一種獨特政治性也即同時為某種傳統政治實體的觀點，是偏頗和片面的。」〔註1〕晚清時期，清政府在與歐美等國簽署的各種中外條約中，便曾將「中華」二字作為整個國家的名稱而與「大清國」交替使用，此時「中華」二字不僅已成為表徵國家認同的政治符號，還具有了主權國家的意味，且其在作為主權國家國名使用時，還得到了國際社會的廣泛認可。因此，瞭解「中華」這一內涵的演變，包括從其本身所具有的意義、原始用法到轉化為現代國家名稱的這一系列發展歷程，對於我們瞭解現在所普遍使用的「中華民族」這一名稱，無疑具有十分關鍵而重要的意義。

在古代文獻中，能表達「民族」一詞詞意的字非常多，如民、族、群、部、類、種、部族等，而與「民族」一詞最為相近的字是「族」，何謂「族」？《說文解字》載：「族，矢鋒也。束之族也，眾矢之所集。又聚也。」段注本《說文》載：「從㫃从矢，人所以標眾，眾矢之所集。」通過注釋，可以看出，關於「族」字的解釋包含有兩層意思：前者釋字義，即「矢」，以代表武裝力量；後者指意義，即「聚」，「聚」也就是聚居在一起的人群，稱「族」，故《尚書·堯典》載：「克明俊德，以親九族」。

所以「族」之一字，和我們現在所用的「民族」一詞，意思極為相近，關於「民族」二字直接連用的情況，在古代文獻中雖極為少見，卻也曾經出現過，二十世紀初期，民族一詞在我國才開始大量湧現並普遍使用，在此之前，民族一詞只是個別使用而已。

二十世紀初，資產階級改良派梁啟超可以說是對「民族」概念大加闡發的第一人，而在辛亥革命時期，以孫中山為首的資產階級革命派，可以說是對「民族」一詞使用最多、影響最大的團體。而「民族」一詞的大量使用與當時的時代背景密不可分，1840 年鴉片戰爭以後，隨著中日甲午戰爭的爆發，《馬關條約》《辛丑條約》的簽訂，中國的民族矛盾日益激化，民族危機進一步加深，此時「民族」一詞作為團結人民、挽救國家危亡的詞彙被廣泛地使用，它

〔註1〕黃興濤，《重塑中華：近代中國「中華民族」觀念研究》〔M〕，北京：北京師範大學出版社，2017 年，第 12 頁。

不僅因其強大的號召力而將人們團結在反帝、反封建的旗幟下，而且還意味著人們民族意識的覺醒，表達著人們反帝反侵略，反對民族壓迫，渴望民族獨立、平等、自由的思想主張。

二、「中華民族」之概念與意識的形成與發展

伴隨著「中華」一詞涵義的多方面更新和 20 世紀初「民族」一詞在中國的大量湧現，「中華民族」一詞複合而生。梁啟超可能是清末最早使用「中華民族」一詞的學者，1902 年，他在《論中國學術思想變遷之大勢》一文中指出：「上古時代，我中華民族之有海權思想者，厥惟齊，故於其間產出兩種觀念焉：一曰國家觀，二曰世界觀。」雖然，梁啟超提出了中華民族一詞，但是此時中華民族一詞的內涵與我們今天所說的中華民族一詞的內涵是有差異的。在這篇文章中，梁啟超所說的中華民族仍指的是漢族，確切地說，主要指的是從古華夏族發展壯大而來的漢族，他在此文中指出，「中華建國，實始夏后。古代稱皇族為華夏，為諸夏，皆紀念禹之功德，而用其名以代表國民也。」且其後，梁啟超多次用漢種、皇族、華族、中國民族等詞彙指稱漢族，可見其當時並未嚴格分清「種族」「民族」等概念。

同時，需要注意的是，在梁啟超這裡，其關於「中華民族」的概念經歷了一個從排滿到將滿人納入大民族共同體的變化過程。1902 年，他在《致康有為書》中曾指出：「今日民族主義最發達之時代，非有此精神，決不能立國……而所以喚起民族精神者，勢不得攻滿洲。」1903 年，在遊歷美國之後，梁啟超改變了這一狹隘的民族主義的想法，形成了較為明確的中國各民族必須聯合起來，對外共同抵制外族侵略，對內實現族類團結的民族觀念，他深刻地意識到在帝國主義勢力猖獗的時代，「排滿建國」無疑有著分裂中國的危險，西方的那種「合同種異異種，以建一民族的國家」的民族主義主張並不適合中國，中國的生存和安危才是最為首要的問題。1903 年，他在《政治學大家伯倫知理之學說》一文中指出，中國各民族必須團結、統一起來，形成一個統一而有力的秩序，才能於夾縫中求得生存，他指出「合漢、合滿、合蒙、合回、合苗、合藏，組成一大民族，提全球三分有一之人類，以高掌運於五大陸之上。」雖然，此時梁啟超還未完全擺脫以漢人為中心的大漢族主義的觀念，但他已明確意識到不能因憎惡清政府而憎惡滿人，不能因此而混淆建國與復仇的關係，必須拋棄狹隘的民族主義復仇的思想，以聯合小民族建設大民族為目標，以實現中國的生存、獨立與自由為要。

　　可見，出現於 1902 年的「中華民族」這一概念，在最初使用時，主要指代的是漢族，後來其內涵才逐漸發生改變。1905 年，梁啟超在《歷史上中國民族之觀察》一文中，曾多次使用「中華民族」一詞，並明確指出：「今之中華民族，即普通俗稱所謂漢族者」，但同時又用史實加以論證，說明先秦時除華夏族之外的其他 8 個民族，最終大都融入華夏族的事實，指出「中華民族自始本非一族，實由多數民族混合而成」。也就是說，在梁啟超那裡，他實際上已經看到了各民族融合的可能性，這不僅意味著當時人們對中國主體民族有著深深的認同感，也體現了中國人中華民族意識的初步覺醒，為中國人以開放、包容的態度對待民族問題奠定了基礎與前提。

　　1907 年，立憲派代表楊度在《金鐵主義說》一文中，曾多次自覺地使用中華民族一詞，他不僅清楚地說明了「中華」這一詞作為民族名稱的由來，還在梁啟超中華民族觀點的基礎上，對中華民族融合一體化發展的趨勢作了更加透徹的解釋與闡述，「中國之在今日世界，漢、滿、蒙、回、藏之土地，不可失其一部，漢、滿、蒙、回、藏之人民，不可失其一種」。他還主張實行「滿漢平等，同化蒙、回、藏」的「國民統一之策」。可以看出，楊度的民族觀念和民族認同意識較梁啟超而言，視野更為開闊，觀念更為包容，除了不完全具備各民族平等融合的理念外，已基本具備了中國各民族總稱之現代中華民族觀念的雛形。楊度對「中華民族」觀念的進一步闡發，是中國民族共同體意識繼續萌生、發展的重要體現，它意味著中國人在民族觀念上已經有所轉變，即用一種歷史延續、文化包容、寬容開放的心態去對待民族的統一與融合，這極大地有利於團結以漢族為主體的各民族的力量，應對處於生死存亡之際的民族危機。值得注意的是，「中華民族」一詞這時雖然已經出現，但並不為人們所常用，直到辛亥革命爆發和中華民國建立以後，具有現代涵義的中華民族觀念才在中國最終確立和流行起來。

　　孫中山先生對推動以民族平等融合為核心理念的中華民族觀的形成發揮了至關重要的作用。1912 年，孫中山先生在《中華民國臨時大總統宣言書》中莊嚴宣告：「合漢、滿、蒙、回、藏諸地為一國，合漢、滿、蒙、回、藏諸族為一人——是曰民族之統一。」這實際上是在反省了初期中國革命黨人「驅逐韃虜，恢復中華」之排滿口號後，對中華民族一體性意識的明確表達，這實際上也是在宣告：中國是一個統一的國家，中國各民族（漢族及各少數民族）是一個統一的民族——中華民族。1919 年五四運動以後，他在《三民主義》

一文中指出，「漢族當犧牲其血統、歷史與夫自尊自大之名稱，而與滿、蒙、回、藏之人民相見於誠，合為一爐而冶之，以成一中華民族之新定義」。這表明孫中山先生的民族觀已日漸擯棄大漢族主義的思想殘留，而致力於確立現代意義上的各民族真正平等的中華民族觀。1923 年，在孫中山先生的指導下，具有各民族團結統一之整體意義的中華民族觀念還被寫進了《中國國民黨宣言之中》，「吾黨所持民族主義，消極的為除去民族間之不平等，積極的為團結國內各民族，完成一大中華民族」。

抗日戰爭時期，隨著日本帝國主義的瘋狂侵略和中國民族意識的日益覺醒，團結、統一、平等的中華民族觀念更廣泛地被中國人民所認同和接受。1937 年 8 月，中國共產黨在洛川會議通過的《抗日救國十大綱領》一文中，把「抗日的民族團結」立為十大綱領之一，要求「動員蒙民、回民及其他少數民族，在民族自決和自治的原則下，共同抗日」。1938 年 11 月，《中共擴大的六中全會政治決議案》指出：「團結中華各民族（漢、滿、蒙、回、藏、苗、瑤、夷、番等）為統一的力量，共同抗日圖存。」可以看出，包含漢族和各少數民族，表示各民族一體化的中華民族概念在中國共產黨的政治決議和文獻中已經形成，其概念內涵的界定與使用也基本上穩定下來。1939 年 12 月毛澤東所作的《中國革命與中國共產黨》一文，基本上被認為是毛澤東對「中華民族」一詞的最全面和權威的論述，其中《中華民族》一節便從領土、人口、歷史三個方面來闡釋中華民族，這標誌著中國共產黨「一體之下多元平等」，反對大漢族主義和狹隘的民族主義的中華民族觀念的最終確立。

可以說，中國共產黨在抗日戰爭的革命實踐中，在將中國實際與馬克思列寧主義相結合的過程中，一直在致力於探索解決民族問題的出路，中國共產黨清楚地認識到帝國主義與中華民族的矛盾是中國近代社會的主要矛盾，要想取得反抗帝國主義侵略戰爭的勝利，必須最廣泛地團結各族人民，即「對外求中華民族的徹底解放，對內求中國各民族之間的平等」〔註2〕。這樣就把中華民族大聯合的必要性上升到了理論、革命綱領和實踐必要性的高度。

中華人民共和國成立以後，歷史上遺留下來的民族壓迫制度被徹底廢除，中國共產黨不僅始終堅持民族平等團結的政策，實行民族區域自治制度，還致力於發展少數民族地區的經濟文化、科教文衛等事業，培養少數民族幹部，保

〔註 2〕毛澤東，《目前抗日統一戰線中的策略問題》〔A〕，《毛澤東選集：第 2 卷》〔C〕，北京：人民出版社，1991 年，第 752 頁。

證少數民族發展和使用自己語言文字的自由和權利，尊重少數民族的風俗習慣和宗教信仰自由等，這些都表明中華人民共和國是一個 56 個民族平等團結、互助友愛、共同發展的大家庭，中華民族多元一體的格局亦就此形成。

在改革開放和現代化建設的新時期，中華民族概念在反映歷史上特別是近代以來形成的各民族關係的基礎上，又不斷地反映著當今時代新的民族關係，不斷地豐富著自身的內涵。正如費孝通先生在《中華民族多元一體格局》一書中所指出的那樣：「中華民族這個詞用來指現在中國疆域裏具有民族認同的十一億人民。它所包括的五十多個民族單位是多元，中華民族是一體。」〔註3〕

綜上可以看出，「中華民族」一詞大約是清朝末期才出現的概念，距今也不過是 100 多年的時間，它最初由梁啟超提出，所主要指稱的是中華民族的主體──漢族，其後，尤其是在辛亥革命以後，少數民族也被納入到中華民族概念之中，並且在抗日戰爭時期，中華民族中各民族一體之下多元平等的理念也越來越得到了人們的廣泛認同，截至目前為止，中華民族成為了中國各民族的總稱，它不僅體現了中國人民的民族整體認同意識，也代表著中國各民族最根本和長遠的利益。同時，「中華民族」概念及其思想觀念的出現，同「民族」概念一樣，是鴉片戰爭以來，民族危機不斷加劇的產物，各國列強侵略擴張變本加厲的同時，也逐步喚醒了人們的民族意識，這種民族意識，最先在中國先進的知識分子之間得到認可和弘揚，又最終指導了人們的一系列救亡圖存的愛國運動。

儘管「中華民族」的概念明確形成於近代，其意識也是在現代才得以強化，但是，這種多元一體的民族團結發展的歷史實踐在中國歷史上卻是一直存在的。從很早的古代開始，佔據諸方國部落主導地位的黃帝部落和炎帝部落之間聯盟的形成便為華夏部主幹的形成打下了良好的基礎。到了周代，華夏族便已經既包含了夏商周三族的華夏人，又包含有華夏化了的戎人、夷人和狄人，戰國時期，很多被稱為蠻夷的部落都被融合進了華夏民族之中，此時，華夏族雖然還不是一個統一的民族，但已經成為一個比較穩定的民族共同體，經過秦漢四個多世紀大一統的陶鑄和錘鍊，華夏族終於演變為一個統一的民族，並成為統一多民族國家的主體民族──漢族，自此，便始終在中華民族的形成發展過程中，起著團結和凝聚的重要作用。清朝末年，隨著帝國主義的入侵，中華

〔註3〕 費孝通，《中華民族多元一體格局》〔M〕，北京：中央民族大學出版社，2018年，第 17 頁。

民族的整體利益被極大地威脅，中華各民族開始日益地意識到各民族間的一體性和內在聯繫，這種意識又隨著近代民族民主革命的展開而逐漸明確和昇華，可以說各民族的平等、團結、融合，中華民族之多元一體格局的形成既是歷史的產物，也是時代的要求。

「中華民族」概念與意識的形成與發展過程表明，「中華民族」本身是一種多元一體的民族格局，民族團結融合統一始終是歷史大勢，它體現出近現代中國有識之士反抗帝國主義侵略，挽救民族於危亡的愛國愛族情懷，體現出各族人民在帝國主義列強的壓迫與侵略下，同呼吸、共命運，救亡圖存、保族衛國的堅強意志。正如陳連開所說：「像愛護自己的生命那樣愛護祖國的統一與中華民族的大團結，已成為中國各族人民愛國主義的集中表現。這種偉大的愛國主義精神，過去曾鼓舞中華民族打敗帝國主義侵略，在最困難的歷史條件下，捍衛了祖國的統一與領土完整；今後同樣會鼓舞中華民族，在為實現社會主義現代化的奮鬥中，重振中華民族雄風並實現各民族的共同發展！」〔註4〕

三、「愛國」「主義」之概念溯源辨析

「愛」字金文寫作悉，由「旡」和「心」兩部分構成，《康熙字典・正韻》載：「仁之發也。從心旡聲。又親也，恩也，惠也，憐也，寵也，好樂也，吝惜也，慕也，隱也。」「愛」字由心組成，意在凸顯恩惠憐愛、牽掛於心的感情。《說文解字》載：「愛，行兒。」即「愛」有「行走」意，合而言之，愛是一種慈愛、愛憐的情感，且這種情感需要通過行為、行動展現出來，衍生義為「疼惜愛憐對方，為之奔波勞苦」之義。可見，就其本質而言，愛不僅是人類的一種最基本的、內在的自然情感，更是一種最基本的行為活動。事實上，愛國之「愛」，其意義也符合「愛」的這種一般意義，只是將愛的對象轉換為「國」這個相對抽象的存在而已，愛國之「愛」不僅體現著個人對人、國關係的理性認知，體現著個人對國家存在的情感寄託，體現著個人對祖國的生存、發展、繁榮的殷切期望憧憬，亦體現著個人對國家的堅定信念、無私信仰，蘊含著個人報效祖國的行動落實。

「國」的繁體字「國」，周代金文中寫作「或」，「戈」為武器，「一」為土地，「或」即用武器保衛土地，西周時期，加上表示邊界的「囗」而成「國」，

〔註4〕費孝通，《中華民族多元一體格局》〔M〕，北京：中央民族大學出版社，2018年，第221頁。

「國」即用武器保衛一定邊界內的土地。同時,「國」之一字在中國古代有種種別稱,如中國、九州、四海、華夏、支那等,這些稱謂分別體現了中國古人對「國」之一字所蘊含的地理位置與文化文明涵義的認知與理解,「國」之一字表明一個國家的建構必須具備四個因素,即土地、人民、國家機器(軍隊)、一定的疆域範圍,其中以「戈」為武器,保衛列祖列宗們流傳下來的一定的疆域範圍內的人口、土地更是集中地體現了中國古人對國家構建、維繫的功能要求。

這裡需要說明的是,在不同的歷史時期,「國」之一字所表徵的客觀對象及範圍是有所不同的。中國早期國家帶有氏族或酋邦集團的某些特性,因此,愛國的對象主要是其氏族部落團體。

夏商周時期的國家形態是血緣宗法共同體,這一時期,整個社會是由親族宗法關係、宗族族姓的宗法原理所連結、凝聚的。這也使得在夏商周時期,祖先崇拜與宗法規範體系成為了維繫社會、調節社會秩序的紐帶,社會的根本核心價值主要體現為尊祖敬宗。因而,從氏族社會到早期國家,整個社會主要呈現出一種家國同構的性質,這時「邦」與「家」往往連用而統稱「家邦」,如《詩經‧瞻彼洛矣》中便有:

「君子萬年,保其家邦」之說。所以,「保族宜家」「同姓從宗合族屬」是這一時期主要流行的社會倫理觀念,也可以說,「保族」「合族」「保其家邦」可以視為中華民族愛國主義精神起源時期的觀念表達。

春秋中後期至戰國時代,隨著奴隸制社會逐步向封建制社會過渡,社會局勢日趨混亂,此時戰爭頻發,諸侯國內部和外部衝突加劇,這一時期,國家意識、觀念已經確立,如《孟子‧盡心下》中:「孔子之去魯,曰:『遲遲吾行也。』去父母國之道也。去齊,接淅而行,去他國之道也。」孔子離開魯國時說,『慢慢地走吧』,這是離開父母之國的態度。離開齊國的時候,把淘完的米撈出來,來不及把它做熟就出發了,這是離開他國的態度。「孔子會諸弟子而告之曰:『魯,父母之國,不可不救,不忍視其受敵。』」(《孔子家語‧屈節解》)魯國,是父母之國,是祖宗墳墓所在的地方,不可以視祖國之危而置之不理。這些均體現出,當時人們對各自的國家已經有了一定的認同、歸屬意識,並開始自覺地承擔、履行一些國家成員所應盡的責任、義務,但是這一時期的國家主要是指諸侯國,而非秦漢時期的中央集權的大一統國家。

隨著「國家」意識的確立,一些與愛國精神相關的觀念也隨之出現,如保

國、利國、強國、衛國、忠、貞等觀念，《春秋左傳‧昭公元年》中便有：「臨患不忘國，忠也」之說；《禮記‧儒行》中便有：「君得其志，苟利國家，不求富貴」之說。保衛國家、對國家忠誠、改革強國、為國家謀利等觀念可以視為愛國意識的一種早期表達形式。

而最早出現「愛國」二字的典籍則是在《戰國策‧西周策》之中，「周君豈能無愛國哉？恐一日之亡國，而憂大王。」周君怎能不愛自己的國家呢？周君也擔心國家滅亡。秦漢之後，「愛國」一詞在經典文獻中開始頻繁出現，如漢代荀悅在《漢紀‧孝惠皇帝紀》中指出：「封建諸侯各世其位，欲使親民如子、愛國如家。」古代聖王意在借由諸侯之制使封建諸侯能像愛自己的家室一樣愛國愛民。晉代葛洪也說：「烈士之愛國也如家，奉君也如親，則不忠之事，不為其罪矣。」（《抱朴子‧廣譬》）可見，「愛國如家」這一命題，開始頻繁地出現在文獻古籍之中，這表明「愛國」的觀念已日漸深入人心，這也標誌著中華民族愛國精神的確定形成。

唐宋明清時期，「愛國忠君」「愛國愛民」「捨身為國」的觀念已經相當盛行，並逐漸成為一種普遍的道德要求，這一時期「愛國」與「忠君」密切關聯，成為中華民族愛國主義精神在這一時期的一種特殊的表達方式。如宋代徐自明所說「顧所以忠君愛國之心，則亮之為也。」（《宋宰輔編年錄校補‧續編卷之二十二》），清代章學誠所說「夫屈子之志以謂忠君愛國，傷讒疾時，宗臣義不忍去，人皆知之」（《文史通義校注‧卷四》）這些足以看出「忠君愛國」觀念的流行和在當時所產生的廣泛影響。在古代，君主是國家的代表和象徵，故忠君的思想和觀念在特定時代也是愛國行為的一種表現。此外，愛國志士也越來越強調把愛國置於身、家之上，如清代徐兆瑋所說「大夫尚氣節，豈為家室累。愛國而忘身，憂心日惴惴。」《清詩紀事‧光緒宣統朝卷》

鴉片戰爭以後，救亡圖存成為近現代愛國主義的主題，中國人民在同西方帝國主義列強的鬥爭中，也逐漸形成了現代國家意識，開始把「國家」理解為領土、人民、主權的複合體，把反抗列強、救亡圖強、經世濟民、維護國家主權、領土完整視為愛國思想的具體內容，並較少用「忠君」表達愛國觀念，與此同時，人民的主體地位也開始日益彰顯。

隨著時代的發展，愛國主體發生了相應地變化，就歷史發展趨勢而言，愛國主體的範圍在不斷擴大，即不再僅僅侷限於統治階級之中，在明代以後，主張愛國主體社會基層壯大的思想觀念便表現得較為明顯，如明末朱之瑜認為

「申孝悌之義，忠君愛國，而移風易俗」，即愛國意識不應僅僅是統治階級、在朝官員的義務，也應是廣大社會成員的義務。至近現代，愛國成為一種全體人民的明確的義務和美德，培養全體公民的愛國意識和情感認同，是近現代國家建設的一項根本要務。簡而言之，愛國主體大致經歷了以統治階級為主——社會基層不斷擴大——全體人民這樣一個演變過程。

　　「主義」一詞的出現，是 19 世紀末 20 世紀初人們向西方學習的結果，「主義」一詞雖然也有多種用法，但其主要含義是指對客觀世界、社會生活以及學術問題等所持有的系統的理論和主張，「愛國」作為一種系統全面的重大思想主張，也就被逐步冠之以「愛國主義」的稱謂了。

四、「愛國主義」之概念與意識的形成與發展

　　中國古代典籍中並無「愛國主義」一詞，關於「愛國主義」一詞的出現，學者們主要分為兩種看法，一種看法認為，中文「愛國主義」一詞的出現正是在二十世紀初，隨著一大批「主義」而引進的，並認為「愛國主義」是由中國留學生從日本引進的，正如陳獨秀 1914 年在《愛國心與自覺心》一文中所言，「愛國心為立國之要素，此歐人之常談，由日本傳之中國者也。」〔註5〕1905年，由宋教仁、黃興於 1905 年在東京創辦的清末中國留日學生革命刊物《二十世紀之支那》的中心口號就是「愛國主義」，他們創辦刊物的目的就是為了在國勢日危的情況下，啟發和引導民眾的愛國之心，湖南留日學生衛種在該刊發刊詞中提出：「吾人之主義。可大書特書曰：愛國主義」〔註6〕；另一種看法認為，「愛國主義」一詞由「軍國民主義」一詞演化而來，「軍國民主義」最早由蔡鍔引入中國，蔡鍔也曾赴日留學，1902 年，他在梁啟超創辦的《新民叢報》上，發表了題為《軍國民篇》的文章，以闡述其救國救民的主張，他認為，中國之所以「國力孱弱，生氣消沉」，主要是由於教育落後、思想陳舊、體魄孱弱、樂聲靡靡、武器劣質、國民貪圖安逸等，若要改變上述弊端，必須推行「軍國民主義」，他指出，「中國之病，昔在精神昏迷，罔知痛癢；今日之病，在國力孱弱，生氣消沉，扶之不能止其顛，肩之不能止其墜。奮翮生曰：居今日而不以軍國民主義普及四萬萬，則中國其真亡矣。」後「軍國民主義」一詞由蔡元培在北大改成「愛國主義」一詞進行傳播。

〔註5〕陳獨秀，《愛國心與自覺心》〔A〕，《陳獨秀文章選編：上卷》〔C〕，北京：三聯書店，1984 年，第 67 頁。

〔註6〕衛種，《《二十世紀支那》初言》〔M〕，《二十世紀支那》，1905 年第 1 期。

從上述論述中可以看出，中文「愛國主義」一詞是從日本轉引而來的，並帶有一定的西方愛國主義思想的痕跡。如1914年，陳獨秀在《愛國心與自覺心》一文中所載：「惟中國人之視國家也，與社稷齊觀，斯其釋愛國也，與忠君同義……若夫人，惟為締造者供其犧牲，無絲毫自由權利與幸福焉，此歐洲各國憲政未興以前之政體，而吾華自古迄今，未之或改者也。」陳獨秀的愛國主義思想便深受西方的影響，具有反對封建專制的意味，在此文中，他通過將中國愛國主義與西方愛國主義進行對比，指出國家應是為人民謀幸福、謀自由權利之團體，國家應為了民眾謀利益而存在。同時，由於當時中國所處的形勢與西方不同，再加上國內愛國傳統和各種思想的影響，「愛國主義」一詞更多地表達的是一種救亡圖存的民族情感，且在某種程度上保有一定的中國文化傳統的色彩，如1916年，陳獨秀在《我之愛國主義》一文中，提出了「勤」「儉」「廉」「潔」「誠」「信」六大道德要求，認為「此數德者，固老生之常談，實救國之要道」。

五四運動以後，馬克思主義作為一種先進的思潮在中國迅速傳播開來，許多知識分子如李大釗等都開始放棄了自由主義的信念而轉向馬克思主義的信仰。馬克思主義唯物史觀、階級鬥爭學說的廣泛傳播，不僅團結、凝聚了一批真誠而堅定的馬克思主義信仰者，為中國共產黨的形成奠定了思想基礎和組織基礎，也使人們對愛國主義的內涵產生了新的理解。1938年，毛澤東在《中國共產黨在民族戰爭中的地位》一文中指出，愛國主義的具體內容，看在什麼樣的歷史條件之下來決定。有日本侵略者和希特勒的「愛國主義，有我們的愛國主義」，並指出：「中國共產黨人必須將愛國主義和國際主義結合起來，我們是國際主義者，我們又是愛國主義者，我們的口號是為保衛祖同胞反對侵略者而戰。」可以看出，當時，毛澤東對愛國主義的理解是以馬克思主義為指導的，是從中國具體實際出發結合馬克思主義基本原理系統分析中國社會現狀的體現，是將愛國主義與共產主義遠大理想相結合的理論闡釋。

新中國成立以後，中國共產黨始終堅持把愛國主義與社會主義緊密結合起來，堅持把愛國主義與唯物史觀緊密結合起來，使得愛國主義精神成為了全體人民的共同精神追求，使得愛國主義精神成為了建設社會主義的重要精神動力之一。建國之初，在中國共產黨的領導下，不僅大量翻譯了蘇聯有關愛國主義思想的著作和文章，展開了與愛國主義相關的理論研究，也開展了大量的愛國主義教育、競賽等實踐活動。改革開放以後，黨依舊致力於深入探索愛國

主義問題，力求結合中國具體的社會現實和實際情況，不斷地賦予愛國主義以新的時代內涵，以適應中國社會的發展。

而關於「愛國主義」一詞的涵義，目前，學術界尚未形成統一的界定，不同國家或時代也有不同的側重。《辭海》將愛國主義定義為「歷史地形成的熱愛和忠誠自己祖國的思想、感情和行為。是對待祖國的一種政治原則和道德原則。它的具體內容取決於一定的歷史條件。剝削階級的愛國主義，帶有階級的侷限性，但在一定條件下也有積極意義。無產階級的愛國主義同國際主義相結合。在中國現階段，愛國主義同社會主義有機地統一於建設中國特色社會主義的實踐中。要求發揚自尊、自信、自強的民族精神，以貢獻全部力量建設和保衛社會主義祖國為最大光榮，以損害國家利益、國家尊嚴為最大恥辱，維護國家主權，實現祖國統一。」〔註7〕該定義認為愛國主義是思想、感情、行為的統一。較為全面，但仍有可完善之處。愛國主義的定義不能僅僅停留於情感層面，還應從知、情、意、信、行五個方面對其進行分析，這樣方能較為全面地掌握「愛國主義」作為一種政治原則、道德原則特別是人的道德品質的意蘊。正如肖群忠等所認為的那樣：「愛國主義意蘊可包含知國的認識、愛國的情感、望國的意志、信國的信念、報國的行動五個方面。知國即對祖國以及個人與祖國關係的理性認知，它是愛國主義的認知前提；愛國即熾熱的愛國之情，它是愛國主義的情感寄託；望國即對祖國的生存、發展、繁榮充滿期望憧憬，它是愛國主義的精神動力；信國即對祖國的堅定信念，它是愛國主義的信念支撐；報國即報效祖國的具體行為，它是愛國主義的行動落實。」〔註8〕

通過對近現代「中華民族」「愛國主義」意識的形成與發展的分析，可以發現，愛國主義精神的產生與形成既是時代的精華，也是民族歷史文化的結晶，是一個民族賴以生存和發展的精神支柱。愛國主義精神以民族成員在實踐基礎上產生的愛國意識為素材，並隨著歷史的發展而不斷地充實和完善，它不僅體現了一個民族的思維方式、心理態度和價值追求，也推動著愛國實踐和愛國行為的發展，它不僅指導民族成員能夠正確處理個人與自我、個人與他人、個人與民族、個人與國家的關係，還影響著中華民族絕大多數成員的生產、生活方式和世界觀、人生觀、價值觀。總而言之，中華民族所處的自然生存環境、

〔註7〕 夏徵農、陳至立，《辭海（第六版縮印本）》〔M〕，上海：上海辭書出版社，2010年，第20頁。

〔註8〕 肖群忠、李營營，《「愛國主義」意蘊論析》〔M〕，《教學與研究》，2019年第1期。

社會歷史背景不僅影響了中華民族愛國主義精神的最初形態，也決定了中華民族愛國主義精神的發展軌跡，客觀地展現著中華民族愛國主義精神所獨有的特色。

原載《倫理學研究》，2020 年第 2 期

中華民族愛國主義精神基本特徵論

習近平指出：「在中華民族幾千年綿延發展的歷史長河中，愛國主義始終是激昂的主旋律，始終是激勵我國各族人民自強不息的強大力量。」〔註1〕他在中央政治局第二十九次集體學習上亦指出：「愛國主義精神深深植根於中華民族心中，是中華民族的精神基因，維繫著華夏大地上各個民族的團結統一，激勵著一代又一代中華兒女為祖國發展繁榮而不懈奮鬥。5000多年來，中華民族之所以能夠經受住無數難以想像的風險和考驗，始終保持旺盛生命力，生生不息，薪火相傳，同中華民族有深厚持久的愛國主義傳統是密不可分的。」〔註2〕愛國主義精神的培育與弘揚是維繫中華民族團結統一、頑強奮鬥、接受風險與考驗的精神動力，是實現中華民族偉大復興中國夢的力量源泉。

中華民族具有悠久綿長的愛國主義傳統，弘揚愛國主義精神也是當代社會的主旋律，世界各個民族都有弘揚愛國主義的傳統，中華民族愛國主義亦自有其特點，深入理解和把握中華民族愛國主義精神的基本特徵，有助於我們正確認識中華民族愛國主義精神的內在結構、存在方式、發展規律和核心價值，從而幫助我們從歷史發展的長河中汲取經驗、教訓，以便我們更好地堅持弘揚和培育中華民族愛國主義精神。

〔註1〕 習近平，《在歐美同學會成立100週年慶祝大會上的講話》〔EB／OL〕，中國共產黨新聞網，http://cpc.people.com.cn/n/2013/1021/c64094-23277634.html.

〔註2〕 《習近平在中共中央政治局第二十九次集體學習時強調　大力弘揚偉大愛國主義精神　為實現中國夢提供精神支柱》〔N〕，《人民日報》，2015年12月31日。

　　中華民族愛國主義精神有其鮮明特徵，既是國家對公民成員的一種政治與道德原則要求，也是公民或民族共同體成員的一種道德品質；既是全民族在文化認同基礎上的核心價值觀及文化心理，又往往以大一統的政治疆界、統治、政策等作為實體依託；既有強烈的民族自豪感、凝聚力，又有博大的世界情懷、協和萬邦的大同理想。中華民族愛國主義精神的基本特徵集中體現為政治要求與道德義務的統一、文化認同與政治依託的統一、民族主義與協和萬邦的統一。

一、政治要求與道德義務的統一

　　中華民族愛國主義精神體現了政治要求與道德義務的統一。所謂「政治要求」主要反映了統治階級的利益和意志，它通常由專門的國家權力機關制定或認可，並以法律條文、制度規則的形式制定與表達出來。這種「政治要求」包含有「命令性」的成分，它主要表現為一種外在的約束力，其至高無上地位的獲得，主要源於人們對懲罰後果的恐懼。主體的良心在此時還未成熟，也未達到自由反思的深度。儘管如此，一定的階級或社會對本階級或全社會的成員所提出的有關愛國方面的要求仍然是必要且必須的。比如，洩露國家機密就可能導致叛國罪。因此，維護國家機密就成為國民的政治與守法要求。

　　以「謀叛」罪為例，所謂「謀叛」主要是指圖謀叛逃，投向敵對政權的行為。「謀叛」罪是自春秋時代就有的罪名，但從南北朝時期開始，才真正把「謀叛」罪納入「十惡」大罪之中。為了嚴懲和鞭撻賣國賊，自南北朝以後的歷代王朝都在「十惡」大罪中明確將「謀叛」規定為叛國罪，這也是後來所謂「十惡不赦」這一說法的由來。唐律直接把「謀叛」明確界定為「有人謀背本朝，將投蕃國，或欲翻城從偽，或欲以地外奔」，並且規定要將「謀叛」者處以死刑，其家屬則要施行「連坐」的重刑。而明律則細化、加重了共謀者、知情者的刑罰：「謀叛罪凡共謀者，妻妾子女給付功臣人家為奴婢；財產沒入官府，父母祖孫兄弟不問同籍或異籍，皆流二千里安置。」至此可以看出，在中國古代，當權者為了培育統治階層內部及被統治者有一定的愛國精神而提出的政治要求，雖然帶有一定的維護封建統治政權的意味，但其對愛國精神培育所作出的努力卻是不容忽視的。

　　作為臨時憲法的《中國人民政治協商會議共同綱領》提出了「五愛」的要求，其中「愛祖國」赫然在列。現今，我國憲法第 54 條規定：中華人民共和

國公民有維護國家安全、榮譽和利益的義務，不得有危害祖國安全、榮譽和利益的行為。憲法第 55 條規定：保衛祖國、抵禦侵略是中華人民共和國每一個公民的神聖的職責。

中華民族的愛國主義精神在其培育、貫徹、落實的過程中，不僅體現了政治要求的特徵，也體現了主體將其內化為自覺遵守的道德義務的特徵。所謂「道德義務」，就是人們所自覺承擔的對社會或他人的道德責任，在這裡法律制度的他律性變成了一種自律性的道德義務，即出於道德主體自覺自願的某種道德行為，出於道德主體自我的意識自覺，出於對道德規範的真誠信念，出於自我良心的深刻體認。自古以來，出於自律性道德義務意識而做出相應愛國行為，體現中華民族愛國主義精神的例子比比皆是。殷代恥食周粟而餓死於首陽山下的伯夷、叔齊；西漢留胡仗漢節牧羊，使節旄盡落的蘇武；明代「一以國家為己任，勿為身家之私謀」的于謙；「我自橫刀向天笑，去留肝膽兩崑崙」的戊戌君子譚嗣同；彈盡糧絕，絕不投降，被敵人用刺刀剖開肚子的民族抗日英雄楊靖宇；衝破重重阻力歸國，為我國導彈工程、航天工程作出巨大貢獻的錢學森……他們都用自己實實在在的愛國行為證明著自己的一腔愛國熱血，這些人都是自覺踐行愛國精神的典型範例。

其實，最能體現中國人將愛國這一要求內化為自己自律性道德義務的，就是中國人自古以來就具有的對國家的憂患意識。所謂「憂患意識」，就是一種對國家、民族、人民的前途和命運自覺關心的意識，這種意識不是對國家存亡悲天憫人的感情宣洩，也不是對個人利益患得患失的無力呻吟，而是一種始終以國家存亡、社會發展、人民安危為己任的高度的責任感、使命感，是道德主體將愛國意識深深融入自己骨髓的生動體現。

「憂患」一詞大概出現在戰國中期，《易傳·繫辭下傳》中說：「《易》之興也，其於中古乎？作《易》者，其有憂患乎？」《孟子·告子下》中所記載的：「入則無法家拂士，出則無敵國外患者，國恆亡，然後知生於憂患而死於安樂也」，其對國家危亡的憂患意識則更為明顯、突出。魏晉南北朝時期，憂慮不能由魏統一天下而愁思的曹植發出了「閒居非吾志，甘心赴國憂」的感歎。面對西夏、遼的威脅，農民起義不斷興起，北宋范仲淹發出了「居廟堂之高則憂其民，處江湖之遠則憂其君」的感歎。這些事例都將中國自古以來就有的對國家民族危亡充分思考而自覺發出的憂患意識發揮得淋漓盡致。

牟宗三曾指出：「中國人的憂患意識不是生於人生之苦罪，它的引發是一

個正面的道德意識，是一種責任感。」〔註3〕政治要求作為普遍的、強力的當然之則，總具有外在於主體的一面，總帶有一些勉力所為的強迫色彩，它固然神聖而不可侵犯，可以用來規範和約束個體，但卻難以避免一定的他律性，難以為主體自覺接受；而出於主體主動培養起來的道德義務意識，在其深深內化為主體的自覺意識之時，便會凝聚成一股強大的精神力量，時刻監督、規範自我。這二者是相輔相成，缺一不可的。

這種合政治義務與道德自覺為一體的愛國主義精神的形成，一方面要依靠愛國主體的自覺修養，另一方面也離不開社會的教育培養。因此，黨和政府長期以來堅持對國民進行愛國精神培育的宣傳教育。例如，20 世紀 80 年代提出的「三熱愛」口號，便提出要「熱愛祖國，熱愛社會主義，熱愛中國共產黨」；2001 年的《公民道德建設實施綱要》將「愛國守法」列為公民應當遵守的基本道德規範；2006 年胡錦濤提出的「八榮八恥」，亦指出要「以熱愛祖國為榮，以危害祖國為恥」。由此可見，自古以來中國就十分重視中華民族愛國主義精神的培育與維護，不僅通過一定的法律手段來訴諸自己的政治要求，也十分注重官方的宣傳教育，始終把愛國作為人們所應當遵守的最基本的價值準則。

二、文化認同與政治依託的統一

縱觀中華民族的發展歷史，不難發現，愛國主義的內涵之所以如此豐富，愛國主義的傳統之所以如此源遠流長，愛國主義之所以能夠作為團結的紐帶拉近中國人彼此間的距離，就在於中華民族的愛國主義精神有著獨特的文化土壤和深厚的文化根基。中國自古就有「華夏」之稱，而這一稱謂也是最能表現中國人對自己文化認同、文化自信的稱謂。「華夏」一詞最早見於周代《尚書·武成》「：華夏蠻貊，罔不率俾，恭天承命。」梅頤《偽孔傳》解釋說：「冕服采章曰華，大國曰夏。」孔疏：「中國有禮儀之大，故稱夏，有章服之美，故謂之華。」都是以大釋「夏」，以文采釋「華」。楊度《金鐵主義說》解釋中華一詞：「中華云者，以華夏別文化之高下也。即以此言，則中華之名詞，不僅非一地域之國名，亦且非一血統之種名，乃為一文化之族名。」可以看出，以「華夏」稱謂中國，其最想表達的含義在於文化，文化高的地區稱為夏，文化高的人或族稱為華，含有美好壯大的意味。正是這種燦爛的中國文化造就了中華民族共同的心理素質，孕育了中華民族深沉的愛國氣質，奠定了民族融合

〔註 3〕 牟宗三，《中國哲學的特質》〔M〕，上海：上海古籍出版社，1997 年，第 12 頁。

的堅實基礎，而這一切也深深源於中國人對自己文化的認同感，這種認同感正是中華民族愛國主義精神的重要特徵之一。

炎黃子孫都認同自己是「龍」的傳人。在國家尚未形成之前，中華民族的遠古祖先以圖騰作為自己的崇拜物，以寄託自己對山川大地的依戀之情，表達自己對神靈、祖先的敬畏之情，寬慰自己對神秘自然現象的恐懼，彰示自己保衛氏族部落不受侵犯的決心。《左傳·昭公十七年》便記載，黃帝氏以雲紀，炎帝氏以火紀，共工氏以水紀，大白皋氏以龍紀，少白皋氏以鳥紀，這些都是圖騰崇拜的表現。在氏族部落逐漸向部落聯盟和部族發展的過程中，各氏族部落的圖騰開始逐漸融合併形成共同的圖騰——龍，龍圖騰的最終形成不僅標誌著各氏族部落間融合的完成，也彰顯了中華文化自古以來就有的潛在同一性及認同的可能性。由此，中國也有了極濃的尊龍意識，不僅華夏民族如此，其他少數民族也是如此，均把自己視作龍的傳人。「龍」成了中國文化的象徵，「龍」文化的出現不僅較早地體現了中國人對自己文化認同意識的產生，而且也日漸演變、進化成了一種民族凝聚力的象徵。

除了「龍」文化及神話傳說以外，春秋戰國時期萌發的以儒家為代表的倫理道德文化也承載了人們對中國文化的深深認同感。在這一時期，仁義禮智信的文化、忠孝文化、崇尚氣節的文化、和合文化、大公無私的文化等等，都曾成為民族凝聚的核心價值與精神紐帶。孝作為中國文化的原發性、綜合性觀念，對增強民族文化認同曾經發揮重要作用。從一定意義上講中華民族的愛國主義精神正是孝意識的延伸結果。正如《禮記·大傳》中載：「親親故尊祖，尊祖故敬宗，敬宗故收族，收族故宗廟嚴，宗廟嚴故重社稷……」可以看出，孝意識的延伸以及人們對孝文化的認同，在一定程度上會引發出人們濟國憂世的情懷，還會轉化為人們慷慨赴難、愛國興邦的實際行動。

中國文化博大精深，不僅僅囊括了思想、學術、哲學、教育、宗教、書法、文學、藝術、語言、文字、天文地理等精神文化，也囊括了物質文化和制度文化，並且以教育、政策、口耳相傳等方式逐漸地融入到了人們的衣食住行、價值觀念、社會風尚、民間習俗等方面。中國文化不僅僅只為漢族主體所創造，它也在其發展過程中吸收了來自其他民族文化的成分，不斷豐富自己的內涵，同時，以漢族為主體的儒家文化也在一定程度上影響少數民族的文化。例如，清代道光年間就曾記載，貴州冊亨縣者沖《鄉規碑》（布依族）中明文規定：「第一件：有君臣、父子、夫婦、朋友、兄弟，各守五倫，各盡人道。第二件：

君盡道、臣盡忠、子盡孝、婦敬夫、弟敬兄，各盡其誠。」（黔西南布依族苗族自治州史志辦公室編：《黔西南布依族清代鄉規民約碑文選》）這些鄉規民約便是漢族文化中的五倫關係在布依族民間的具體體現，亦是少數民族在倫理觀念和習俗方面，對以漢族為主體的中國文化認同的具體體現。由此可以看出，特定的文化是一個國家、民族無可取代的象徵，對中國文化的認同會化為一種精神力量、民族情感積澱在中國人的內心深處，使中華兒女無論何時何地都能產生血濃於水的親情凝聚力，擁有團結合作、共同奮鬥的文化基石。另一方面，中華民族愛國主義精神的形成、培育是以一定的政治依託為其條件的。政治依託主要通過政治疆界的穩定、政策舉措的適時、政治理念的合宜等體現出來。國的繁體字「國」，周代金文中寫作「或」，「從口從戈以守一」，「口」為國界，「戈」為武器，「一」為土地或」表示「執干戈以衛社稷」，即用武器保衛土地，西周時期，加上表示邊界的「囗」而成「國」，「國」即用武器保衛一定邊界內的土地。由此便可以看出，自古以來，國家便有維護社會秩序、主權和安全的政治職能，因此一個國家的建立、發展與強大是以一定的政治依託為條件的，而這種政治依託也為中華民族愛國主義精神的產生與發展提供了肥沃的土壤。中國古代時有分裂，但是中國特有的文化與習俗傳統卻從未發生斷裂，從文化與習俗傳統中所孕育出的中華民族愛國主義精神也從未斷裂。這一方面固然與中國人對自己文化的高度認同有關，但另一方面政治依託也在某種程度上創造了一定的有利條件，這也使得中華民族愛國主義精神在某種意義上體現出了政治依託的特徵。

公元前 221 年，秦朝結束了春秋戰國時期以來諸侯混戰的局面，建立了中國歷史上第一個統一的中央集權的封建國家。當時秦朝在極盛時，其版圖面積大約有 350 萬平方公里，其中不但包含了今天中國 34 個省級行政轄區中 27 個的全部或一部分（黑龍江、吉林、臺灣、海南、新疆、青海和西藏不包括在內），還包括今天朝鮮、越南的一小部分。西漢是中國歷史上大力擴展版圖的第一個王朝，經過漢武帝、漢昭帝、漢宣帝等的不斷努力，到漢元帝時，西漢王朝的版圖面積達到最大，大約有 680 萬平方公里，西漢王朝的版圖面積是在秦朝原有的基礎上發展、擴大的，除了今天中國版圖中的黑龍江、臺灣不包括在內外，當今中國版圖的樣貌在西漢時便已初見雛形與規模。到了元朝，中國的疆域面積達到了最大，至 1280 年，其版圖面積大約有 2300 萬平方公里，不但包括了現今中國版圖的全部或大部分，還包含有俄羅斯、蒙古等的大部分。1820

年，清朝的版圖面積大約有 1300 萬平方公里，其版圖便是今天中國最終確定的版圖面積的前身。可以看出，自秦朝以來，中國雖然在三國、南北朝、五代十國等時期陷入過分裂狀態，但總體上看，中國的版圖是一脈相承的。〔註4〕換言之，自秦朝以來，我國歷史上的政治疆界雖然時有變遷，但大體上是穩定的，且就整體趨勢而言，國家分裂時期越來越短，統一時期越來越長。而構成政治依託重要元素之一的相對穩定的政治疆界亦為中國傳統文化的傳播，中華民族愛國主義精神的培育、流傳提供了客觀的有利環境。

相對穩定的政治疆界、政治環境對於中華民族愛國主義精神的傳播十分重要。歷來古代先賢就一直把「一」則穩、「多」則亂看作是不爭的事實，自商周時期開始，歷代王朝和忠君愛國的仁人志士都把統一中國，統一天下作為自己的畢生追求。《禮記》中提到：「天無二日，土無二王，國無二君，家無二尊，以一治之也。」《孟子·梁惠王上》中提到：「孟子見梁襄王。……卒然問曰：『天下惡乎定？』吾對曰：『定於一。』」《墨子·尚同》中提到：「查天下之所以治者，何也？天子唯能一同天下之義，是以天下治也。」而這裡的「一」便是大一統國家觀的早期體現，這裡的「一」不僅代表思想的統一、政治的統一，也代表疆界的完整。在古人看來，多元的權力中心、政治中心不僅是難以想像的，而且是難以接受的，多元的權力中心不僅代表權力的分散，也代表疆界的分裂，而權力的分散、疆界的分裂往往亦代表戰爭的頻發，人類生存環境、文化傳播環境、思想教育環境的惡劣。其實，嚴格意義上講，古代中國由於受到「天下觀念」與「朝貢體制」思想的影響，再加上漢族與少數民族在居住空間上的重疊，宋以前的中國人對「國家」邊界的意識總是處於很模糊的狀態，其希求領土完整的思想總是以「普天之下，莫非王土；率土之濱，莫非王臣」的形式體現出來。但是宋代以後，由於受到遼夏金元的壓迫，使得這時的宋代中國有了明確而清晰的邊界勘測和國家主權的意識。正是這種政治管轄空間意識的明確，使得中國人的文化認同、歷史傳統的基礎更加堅實，倫理道德的同一性更加深入、普遍，從而為中華民族愛國主義精神的流傳、弘揚提供了充分的條件。所以當領土受到侵犯時，當中國人的生存環境、文化環境受到破壞時，便會極大地激發出中國人的不滿情緒、反抗情緒，因簽訂喪權辱國的《馬關條約》而引發的公車上書、戊戌變法等運動便是最好的說明。

〔註4〕陸運高，《中國與世界帝國歷史版圖大 PK》〔M〕，北京：中國地圖出版社，2014 年，第 28～132 頁。

　　不同時代，適時的政策舉措對於中華民族愛國主義精神的豐富與弘揚也十分重要，它使得中華民族愛國主義精神的政治依託特徵更加明顯。在政治方面，表現為維護國家統一，領土完整的政策舉措；在經濟方面，表現為富民以強國的政策舉措；在文化方面，表現為以儒家倫理道德為主的，以維護思想統一的政策舉措。就政治層面來講，為了維護國家的統一，領土的完整，歷代王朝都通過政策舉措做了很多的努力。例如，周朝為了穩定被征服的地區，實行大規模的分封制，即「封邦建國」或「封建親戚」，其中周王室的同姓諸侯佔據多數，異性諸侯只佔據了少數，其目的就是為了「封建親戚，以藩屏周」。可以看出，周朝推行的分封制既消解了殷遺民的勢力，降低了再次發生叛亂的潛在危險，又有效地鞏固了周人的統治政權，實現了周人統治天下的目的。至秦，則廢除了分封制，實行郡縣制，即把全國分為三十六郡（以後又增至四十餘郡），郡下轄若干縣，縣下有鄉，鄉下有亭、裏，而皇帝的政令，則通過三公九卿，直達於郡、縣、鄉、亭、裏，這樣一種中央集權化的體制便可以有效地避免分封制所帶來的分裂割據的局面，以利於大一統國家的發展。可以看出，雖然在政治方面的政策舉措會隨著時代的發展有所變化，但適時的政策舉措更有利於維護國家的統一、領土的完整，而國家的統一、領土的完整為中華民族愛國主義精神的發展提供了一個相對穩定的環境。

　　就經濟層面來講，富民以強國的政策舉措亦為中華民族愛國主義精神的發展提供了有利的條件。《孟子‧離婁下》中曾提到：「君之視臣如手足，則臣視君如腹心；君之視臣如犬馬，則臣視君如國人；君之視臣如土芥，則臣視君如寇讎。」在治理百姓方面也是如此，君主只有注重到百姓最基本的生存利益，才會得到百姓的支持與信任，只有把百姓的基本利益深刻地納入到國家政策舉措的考量之中，才會得到百姓真誠的擁護與愛戴，才會深刻地激發出百姓心中強烈的愛國意識、愛國情感。例如，漢武帝晚年面對國內飢饉動亂的景象，懺悔征伐之事，下詔以力農為當今之務便是最好的證明。就文化層面講，秦始皇統一文字，便為鞏固國家的統一、促進經濟文化的發展、思想的傳播打下了良好的基礎。

　　政治依託除了體現為穩定的政治疆界、適時的政策舉措外，還體現在以民為本、以德治國的政治理念等方面。這些都構成了政治依託內容的重要因素，亦為中華民族愛國主義精神的豐富、弘揚提供了極為有利的條件和保障。

　　綜上所述，可以看出，高度的文化認同感為中華民族愛國主義精神的傳

播、弘揚提供了主觀的心理、情感條件，而一定的政治依託則為中華民族愛國主義精神的傳播、弘揚提供了客觀的發展環境，二者是相輔相成，缺一不可的，只有把這兩者結合起來，才能使中華民族的愛國主義精神不斷煥發出新的生機與活力，才能使中華民族的愛國主義精神在民族團結、國家復興方面發揮出其應有的作用。

三、民族主義與協和萬邦的統一

愛國主義雖然不等於民族主義，但卻與民族主義密切相關。斯大林認為：「民族是人們在歷史上形成的一個有共同語言、共同地域、共同經濟生活以及表現在共同文化上的共同心理素質的穩定的共同體。」〔註5〕斯大林的這一民族定義，基本上為多數學者所認同與接受。從習慣用法來講，翟勝德認為漢語中的「民族」與國家沒有必然的聯繫，它基本上是一個歷史——文化概念。〔註6〕其實「民族」一詞，有廣義、狹義之分。廣義的「民族」概念指的是一個由多民族組成的統一體，即同在一個國家政權下享有共同價值理念的政治共同體，如中華民族。狹義的民族指的是生活於一定地域之上的有共同的習俗、生活方式、歷史、文化、語言、心理的穩定共同體，如漢族、苗族、維吾爾族等中華人民共和國法律承認的民族。而這裡所講的「民族」主要是從狹義的層次上來講的，即更注重強調從民族與民族之間的區別而非相似性上來談論民族。

同民族概念一樣，民族主義概念大體上也兼有文化心理和政治這兩個基本層面。共有的特徵、風俗習慣、語言、宗教信仰、文化經常是民族認同、民族感情意識形成的基礎。一般來說，民族主義和愛國主義雖然不同，但在中國而言，兩者基本上是一致的，愛國主義與民族主義的共同點在於，他們對自己的國家有著積極的認同感與強烈的忠誠感，理性的、健康的民族主義就是愛國主義，但是由於民族主義相較於愛國主義而言，更是一種受激情支配的心理狀態，更易強調民族與民族之間的區別甚至是優劣，因而往往具有盲目、非理性的特點，如果民族主義走向極端，就會走向愛國主義的反面，從而損害國家的整體和長遠利益。因此，可以看出，民族主義存在一個「度」的問題，當其走向極端時，就會變成狹隘的民族主義，就會變成一種離心的力量，從而導致民

〔註 5〕《斯大林選集：上卷》〔C〕，北京：人民出版社，1979 年，第 64 頁。

〔註 6〕翟勝德，〈「民族」譯談〉〔J〕，《世界民族》，1999 年第 2 期。

族的糾紛、矛盾，不利於國家的統一和民族的團結。

中國古代就有的「嚴守夷夏之防」觀便是這種狹隘的民族主義觀念的具體體現。《漢書‧匈奴傳下》記載：「是以《春秋》內諸夏而外夷狄，夷狄之人貪而好利，被髮左衽，人而獸心，其與中國殊章服，異習俗，飲食不同，言語不通，辟居北垂寒露之野，逐草隨畜，射獵為生，隔以山谷，雍以沙幕，天地所以絕外內地。是故聖王禽獸畜之，不與約誓，不就攻伐；約之則費賂而見欺，攻之則勞師而招寇。其地不可耕而食也，其民不可臣而畜也，是以外而不內，疏而不戚，政教不及其人，正朔不加其國；來則懲而御之，去則備而守之。」這段話便著力突出了華夷之間關於服飾、飲食、禮儀、言語、生活方式等方面的差異，並將漢族與少數民族區分開來，將少數民族稱為「殊類」「異俗」，堅持諸夏、夷狄內外有別的觀點，這在一定程度上展現了漢族對少數民族歧視的態度，將漢王朝時期所具有的狹隘的民族主義觀暴露無遺。西晉時期江統的《徙戎論》亦可以看作是嚴守夷夏之防典型的代表，「非我族類，其心必異，戎狄志態，不與華同」，書裏指出，戎狄性氣貪婪，兇悍不仁，乖張橫暴，其本性難以更改，最好的辦法是「各附本種，反其舊土」「戎晉不雜，並得其所」「絕遠中國，隔閡山河」，這樣戎狄「雖為寇暴，所害不廣」。事實上，在中國古代，每當少數民族入主中原時，便會爆發新一輪的「華夷」之爭，有些統治者甚至會利用「華夷」之辯的理論為自己政權的奪取尋求道義方面的支持。明太祖朱元璋頒布討元檄文就是這樣一個例子。「自古帝王臨御天下，皆中國居內以制夷狄，夷狄居外以奉中國，未聞以夷狄居中國而制天下也」。這種對待「異民族」「異文化」而展現出來的區別對待甚至是歧視的態度，使得民族與民族之間的關係處於一種不平等的狀態之中，亦使民族與民族之間的關係極易陷入對立、衝突的矛盾之中，從長遠來看，不利於民族之間的和平相處，亦不利於國家的長治久安、百姓的安居樂業。

雖然中國古代確實存在狹隘的民族主義觀念，但是理性的、正確的、符合時代潮流的民族主義觀念亦比比皆是。唐太宗李世民便是處理民族問題比較成功的一位帝王，他認為：「自古貴中華，賤夷狄，朕獨愛之如一，故其種落皆依朕如父母。」（《資治通鑒》卷一九八）同時，還對狹隘的民族主義觀念進行了抨擊，認為「人主患德澤不加，不必猜忌異類。蓋德澤洽，則四夷可使如一家，猜忌多，則骨肉不免為仇敵」。（《資治通鑒》卷一九七）當時，唐太宗處理民族問題所持的「華夷共一體」的觀念受到了各族的推崇，有利於國家

的統一和民族友好關係的發展，亦為後世處理民族問題提供了寶貴的經驗與影響。

　　早在中國革命和建設時期，毛澤東便把民族平等視為解決和處理民族問題的基本原則和指導思想。中華人民共和國成立不久，毛澤東就明確提出了民族工作的綱領性指導原則：在一切工作中要堅持民族平等和民族團結政策。〔註7〕他主張，中國各個民族的語言、文字、風俗、習慣和宗教信仰，都應被尊重，且不論大小，不論社會發展程度如何，都一律平等，禁止任何形式的民族歧視和壓迫。根據我國多民族的國情，在實行民族區域自治、實行新型民族關係、制定民族政策、開展民族工作、引導民族發展等方面都進行了理論與實踐創新。實現民族之間的平等，有利於民族的團結和國家的統一。

　　協和萬邦的政治理念，在《尚書‧堯典》一書中便有記載：「克明俊德，以親九族。九族既睦，平章百姓。百姓昭明，協和萬邦。黎民於變時雍」。這裡所提到的協和萬邦，其重點在於「和」之一字，「和諧的意識產生以後，在社會生活中其內涵主要強調的是人的身心和諧、家國天下的社會和諧以及人與自然的天人和諧這三方面的內容」〔註8〕。而「協和萬邦」中的「和」所關注的便是家國天下的社會和諧，它解決的核心問題是華夏之中國與周邊民族及國家之間的和諧關係，即不同的利益主體之間應遵循怎樣的政治理念與外交規範而展開合作並加以維繫。進一步來說，中國傳統文化中所體現的處理族群與邦國關係的協和萬邦的價值觀體現了一種和平友好的態度，其主張和平，反對戰爭的價值理念為當代中國處理民族關係、國家關係提供了歷史的淵源與理論的支持。

　　協和萬邦的價值理念體現了古代先賢在處理族群、邦國關係時所達到的理想狀態，但是協和萬邦並不只是一種理想化的存在，中國傳統文化中所持有的夷夏可變論便為協和萬邦的實現提供了理論上的根據。《春秋》上載：「中國而進於夷狄則夷狄之，夷狄而進於中國則中國之。」先賢認為夷狄是可以改變的，當然，這裡所說的改變並不是指地域上的遷移，而主要是指在文化、禮義等方面所發生的變化。也就是說，夷狄接受華夏文化，行為合乎禮儀道德，便承認它是華夏，視之為中國，如《春秋繁露‧竹林》載：「今晉變而為夷狄，楚變而為君子」這裡便是講在晉楚必之戰時，褒揚楚雖處於夷狄之邦，卻恪守

〔註7〕毛澤東，《毛澤東書信選集》〔C〕，北京：人民出版社，1983 年，第 349 頁。
〔註8〕肖群忠，《倫理與傳統》〔M〕，北京：人民出版社，2006 年，第 156 頁。

－309－

禮義「變而為君子」，而貶斥晉國雖屬諸夏部族卻不合乎禮義的行為。《論語·子罕》上載：「子欲居九夷。或曰：『陋，如之何？』子曰：『君子居之，何陋之有！』」《論語·衛靈公》上載：「子張問行，子曰：『言忠信，行篤敬，雖蠻貊之邦行矣；言不忠信，行不篤敬，雖州里行乎哉？』」這些都明確指出了中國與夷狄的差別不在於種族或地區的差異，而在於文化道德的有無，在於華夏先進的禮治是否得到了推行。這些言論也表明，夷夏之間並無不可逾越的鴻溝，並無難以跨越的障礙，從而在一定程度上破除了民族界限、種族差異的桎梏，使中國的民族觀體現了極大的包容性、寬容性，這不僅深刻地影響了中華民族的發展趨勢，也為協和萬邦、民族融合的趨勢提供了理論上的支持與根據。

中國傳統文化的「仁者愛人」「以和為貴」的價值觀亦為協和萬邦的實現提供了思想基礎。《論語·顏淵》載：「樊遲問仁，子曰：『愛人』」。《孟子·盡心下》載：「仁者以其所愛及其所不愛，不仁者以其所不愛及其所愛」，仁者「無不愛也」。張載《西銘》篇中所提到的：「乾稱父，坤稱母；予茲藐焉，乃渾然中處。故天地之塞，吾其體；天地之帥，吾其性。民，吾同胞；物，吾與也。大君者，吾父母宗子；其大臣，宗子之家相也。尊高年，所以長其長；慈孤弱，所以幼其幼；聖，其合德；賢，其秀也。凡天下疲癃、殘疾、惸獨、鰥寡，皆吾兄弟之顛連而無告者也。」如果說孔子、孟子還僅僅將「仁」的思想定義為「愛人」，那麼張載的「民胞物與」思想則將「仁愛」的內容做了進一步的擴充，即主張由「愛人」擴展到「愛天地萬物」，同理，「愛人」思想反映在民族關係上便體現為一種既愛漢族又愛少數民族的「四海之內皆兄弟」的民族觀。「以和為貴」也是基於「仁」「四海之內皆兄弟」之民族觀上，而衍生出來的處理民族關係的準則與方針。

除了「夷狄可變論」「仁者愛人」「以和為貴」等理念為協和萬邦提供了理論上的支持外，「德治天下」的理念亦為協和萬邦提供了操作上的可能性。如《尚書·大禹謨》便認為，「帝德廣運，乃聖乃神，乃武乃文。皇天眷命，奄有四海，為天下君。」而「帝德廣運」便是「奄有四海，為天下君」的最佳政策。《論語·顏淵》認為：「故遠人不服則修文德以束之，既來之，則安之。」《孟子·公孫丑上》也認為：「以力服人者，非心服也，力不從也；以德服人者，中心悅而誠服也。」可以看出，他們主張以道德教化、德治思想去影響、感化文化落後的民族，以兼容並包的胸襟實現民族之間的交流。

綜上所述，不難看出，我國歷史上各民族雖有紛爭、衝突，但民族融合始終是歷史發展的主流，56 個民族能在中國融合為一，以孔子為代表的儒家所提出的「夷狄可變論」「仁者愛人」「以和為貴」「德治天下」等理念，不能不說起著至關重要的融合劑的作用，而這一思想亦為我國當今開展國際交往、交流，處理國家關係發揮著積極的作用。

當然，除了上述理念方面的支持外，歷代統治者在政治實踐、對外交流的方面，亦生動地詮釋了協和萬邦的邦國理念。如在處理少數民族關係時所採取的和親政策，為了便於民族管理時所設立的都護府、節度使，為了促進民族發展時而開展的絲綢之路都是協和萬邦理念在處理民族關係、邦國關係時的生動體現。

最後，協和萬邦的理念則以族群融合、族群認同、族群同化、族群交流或族群開放的方式加以落實。如王桐齡所著的《中國民族史》便以幾近完美的詳細材料描述了中國眾多族群的互相同化過程。按照他的考證，自秦朝成為中國以來，歷代王朝分別為眾多民族所建立：金和清為滿族所創，前趙、後趙、夏、北涼、元為蒙古族所創，前燕、後燕、西燕、南燕、西秦、南涼、北魏、北周、北齊、遼為滿蒙混血民族（鮮卑、契丹等）所創，在號稱漢人的國家中，齊國實為漢人與東夷混合，秦國為漢人與西戎混合，晉國和燕國為漢人與北狄混合。同樣，在號稱漢人的大一統王朝中，秦、漢、晉、隋、唐、宋等都是各族混合。〔註9〕

「豈無齟齬，終歸和諧，豈無干戈，終化玉帛。根之深矣，枝葉紛披，雖則紛披，根終為一，源之遠矣，溝澮縱橫，雖則縱橫，源終不竭。偉哉中華，凝聚有力。是民族之大節，亙千古而愈烈。」〔註10〕王澤應的這段話，可以看作是民族主義與協和萬邦相統一的準確描述。的確，「夷夏之防」「尊王攘夷」之說可以看作是狹隘民族主義觀念的體現，但民族主義既可能是狹隘的、偏頗的，亦可以成為理性的、符合時代潮流的。同時，也應該看到，邦國、民族之間不僅有差異性，更有統一性、和合性、交融性、相似性，這些特徵正是協和萬邦理念的主旨所在。只有將理性的民族主義觀與協和萬邦的理念統一起來，才能更好地促進民族之間的融合、發展，推動中華民族、中華文化統一、多元

〔註 9〕 王桐齡，《中國民族史》〔M〕，長春：吉林出版集團，2010 年，序言。

〔註10〕 王澤應，《中華民族愛國主義發展史：第 1 卷》〔M〕，武漢：湖北教育出版社，2001 年，第 101 頁。

格局的形成。

「為什麼中華民族能夠在幾千年的歷史長河中頑強生存和不斷發展呢？很重要的一個原因，是我們民族有一脈相承的精神追求、精神特質、精神脈絡。」〔註11〕因而，只有明晰中華民族愛國主義精神的特徵、特質，即集中體現為政治要求與道德義務相統一、文化認同與政治依託相統一、民族主義與協和安邦相統一的中華民族愛國主義精神的基本特徵、特質，才能更好地理解、弘揚和培育中華民族的愛國主義精神。愛國主義既然是政治要求和道德義務的統一，這要求我們既要在法律上進一步明確愛國與叛國等相關立法，使公民的愛國政治義務更加明確；另一方面，還是要堅持進行愛國主義的教育，從道德情感上培育人們履行愛國主義的自覺性、能動性，也就是說在培育弘揚愛國主義上也要堅持德治與法治相結合。愛國主義既然是文化認同與政治依託的統一，因此，我們就要在培育當代愛國主義的過程中，培育民族成員的文化自信，從認同熱愛本民族偉大燦爛文化的過程中增強愛國主義情感，同時，愛國主義在當代的政治依託必然是社會主義的現代中國，因此，愛國主義在當代必然就是愛社會主義的中國，把我們深厚的優秀傳統文化和文明自信與當代的社會主義文化自信、制度自信、道路自信、理論自信結合起來，實現愛民族文化與愛當代中國的統一。愛國主義既然是民族主義與協和萬邦的統一，那麼，我們在當代社會，既要用愛國主義增強民族自豪感、自信心和凝聚力，又要將中華民族的偉大復興與全人類的共同幸福聯繫在一起，共享共榮，構建人類命運共同體，把民族自信心與天下一家、世界一人的大同理想結合起來，使中華文明影響普惠世界與人類，促進全人類的和平發展。將中華民族愛國主義精神的培育和弘揚通過結合中華民族愛國主義精神的特徵，以學校教育、傳統節慶、重大歷史事件及英雄人物的紀念活動、文學藝術、媒體宣傳等形式加以培育與呈現，對豐富中華民族愛國主義的內涵、增進對愛國主義精神的理解，從而促進中華民族現代化進程的發展，實現中華民族偉大復興中國夢都具有十分重要的意義。

原載《中國特色社會主義研究》，2018 年第 6 期

〔註11〕習近平，《在北京市海淀區民族小學主持召開座談會時的講話》〔N〕，《人民日報》，2014 年 5 月 31 日。

文明自信與中國智慧——構建人類命運共同體思想的實質、意義與途徑

　　2013 年 3 月，習近平在莫斯科國際關係學院發表演講時首次在國際場合提出「人類命運共同體」思想。5 年來，習近平在多處重要場合（據統計有 60 多次）提出了構建人類命運共同體的思想，比較系統全面的闡發有 3 次，即 2017 年 1 月 18 日的「共同構建人類命運共同體——在聯合國日內瓦總部的演講」；2017 年 10 月 18 日在黨的第十九次全國代表大會上的報告；2017 年 12 月 1 日「在中國共產黨與世界政黨高層對話會上的主旨講話」。這一思想是對當今世界國際應有關係、和平與發展的歷史趨勢、世界秩序和人類理想的高度自覺和深刻把握，為人類未來描繪了美好的前景，為完善全球治理進程、推動建立更加公正合理的國際秩序貢獻了中國智慧與中國方案，極大提升了中國在國際上的影響力、感召力和塑造力。如何深入理解和領會「人類命運共同體」思想？它的思想基因與實質是什麼？這一思想提出的意義與價值何在？這一思想如何實現？這些都是本文欲以探討的。

一、基因和創新：從文明共同體到命運共同體

　　「問渠那得清如許，為有源頭活水來。」如果從主體的內在思想基因和提出一定思想的內在根源來看的話，可以說中華優秀傳統文化中的天下觀念、世界大同思想、和合精神是習近平提出構建人類命運共同體的思想文化根源與基礎。「不忘本來，才能開闢未來，善於繼承才能更好創新。」

　　梁漱溟在其《中國文化要義》一書中曾經指出：「從前中國人是以天下觀念代替國家觀念的。他念念只祝望『天下太平』，從來不曾想『國家富強』。這

與歐洲人全然兩副頭腦，雖不無古人偉大思想作用於其間，但它卻是反映著二千年來的事實的。」在現代社會，不追求國家富強也是不行的，但認為中國人自古以來就有天下一家、天下太平的觀念則是事實，「中國倫理本位的社會之形成，無疑的是旨向於，『天下為一家，中國為一人』」〔註1〕。梁漱溟接著轉引別的學者的觀點，強調中國為「天下國」。他認為「一民族自治其族者，為族國（民族國家）；一民族統治他民族者，為帝國；一民族領袖他族以求共治者，為天下國。天下國超族國而反帝國，是國家之進步的形式，亦或許是最進步的形式」〔註2〕。梁漱溟的這種分析，說明中國人自古以來就有天下一家、天下太平的思想。

「天下」這一觀念大體上是指一政治和文化的共同體及其所構建的文明與道德秩序。從一開始，「天下」就是作為一個超越特定部族與地域的概念被提出和想像的。中國歷史上大一統的觀念根深蒂固，這種天下一統，不但統一於政治（王），更統一於文明、文化和道德（聖）。它塑造了中國人的世界觀、國家觀、文明觀，支配了中國人對於世界與道德文明秩序的想像。有德者膺天命，得民心者得天下。「天下」觀可以說是古代中國建立在文明共同體基礎上的一種世界主義，它是不同於西方的民族國家觀的。美籍華人學者譚中認為「民族國」概念是 1648 年歐洲《威斯特伐利亞和約》的產物，走這種道路的「基本特點是鼓勵個人英雄主義，文化從屬於市場規律、自由競爭優勝劣汰，國民經濟蛋糕越貧富懸殊就越嚴重；對外耀武揚威，橫向發展，爭奪領土，視別國（特別是鄰國）為競爭對手與潛在敵人。『民族國』大國發展的突出特點是演奏『崛起─鼎盛─衰退』三部曲」，而中國則是在一個地理共同體基礎上形成的文明共同體，中國文明從一開始就不走「民族國」道路而走「文明道路」。而西方，因為是「民族國」的天下，大家都有「民族國」的思維，因此，「國家」（country）與「民族」（nation）的詞彙彼此通用。〔註3〕

中華民族本身是一個包括多民族在內的文化共同體，在東亞這塊廣袤的土地上，長期融合共存、和平相處、休戚與共、共同發展，也就是說，中華民

〔註1〕 梁漱溟，《中國文化要義》〔M〕，上海：上海世紀出版集團、上海人民出版社，2003 年，第 159 頁。

〔註2〕 梁漱溟，《中國文化要義》〔M〕，上海：上海世紀出版集團、上海人民出版社，2003 年，第 28、30 頁。

〔註3〕 〔美〕譚中，《簡明中國文明史》〔M〕，北京：新世界出版社，2017 年，第 6～8 頁。

族本身就是一個多民族融合構成的命運共同體。因此，容易形成這種「天下一家」的命運共同體意識。孫向晨在其文章中對中國文化的這種天下意識做了很好的分析，他認為，在現代社會，西方國家多是單一民族建立的國家，而中國長期以來是一種多民族融合的文明國家或者文明類型，作為文明國家，它有其自身的價值體系，它對別的國家與文明有更大的包容性和普世性，有著人類共享的普遍價值。它區別於「帝國」之處就在於，它對別國的影響是一種示範性和教化性的，而不是武力征服或是強力灌輸，立足天下，普世關懷。天下情懷是以人類的利益為利益，天下為公，四海一家。這種觀念具有道義的至上性和感召力，「大道之行也，天下為公」。它不是西方式的普世主義，用西方的價值觀與模式統一世界，而中國的天下情懷，只是一種交流、範導、融合。〔註4〕

　　上述幾位學者都從天下觀與文明觀的角度分析了構建人類命運共同體思想的基因與根源，雖然習近平提出構建人類命運共同體是一種現代思想，但其與中華優秀文化傳統在下述幾方面，其實質是相同的。

（一）中華文明堅持和而不同，彼此尊重，堅持文明融合而非文明衝突

　　「和」字本身就是指不同性質但具有互相滲透融合的性質與趨勢之要素聚合在一起，你中有我，我中有你；「合」是講異質因素的融會貫通。既要講不同事物之間的和平相處，又要講不同事物的合作共贏。和而不同、彼此尊重，合作共贏，共同發展是中華民族的根本文化精神。2014 年 3 月 27 日，習近平在「在聯合國教科文組織總部的演講」中深刻闡明了中國文化的和而不同的思想，他說：「中國人早就懂得了『和而不同』的道理。生活在 2500 年前的中國史學家左丘明在《左傳》中記錄了齊國上大夫晏子關於『和』的一段話：『和如羹焉，水、火、醯、醢、鹽、梅，以烹魚肉。』『聲亦如味，一氣，二體，三類，四物，五聲，六律，七音，八風，九歌，以相成也。』『若以水濟水，誰能食之？若琴瑟之專壹，誰能聽之？』世界上有 200 多個國家和地區，2500 多個民族和多種宗教。如果只有一種生活方式，只有一種語言，只有一種音樂，只有一種服飾，那是不可想像的」。在現代社會多極化的發展趨勢下，我們必須要樹立這種和而不同的思想觀念，拋棄單邊主義的霸權思維，堅持彼

〔註 4〕 孫向晨，〈民族國家、文明國家與天下意識〉〔J〕，《探索與爭鳴》，2014 年第
　　　9 期。

此尊重，合作共贏。

思想的力量不在於造成「文明衝突」，而在於多元共存，彼此尊重，和而不同，美人之美，美美與共，實現不同文明的和諧共存與和平發展。西方學者亨廷頓在《文明的衝突與世界秩序的重建》一書中提出了「文明衝突論」，他認為後冷戰時代世界局勢的基本態勢，是世界範圍的衝突將主要是不同文明的衝突，文化或文明將成為國際上合作或分裂的基礎。為什麼會有這種文明衝突論？因為在長期的歷史發展過程中，西方大多秉持一種「西方中心主義」，認為自己的文化是最優越的，並要向全世界推廣自己的文化和價值觀，這樣必然受到別的文化的反對，這必然在一定意義上導致文明衝突。而儒家文化堅持和而不同思想，這為文化的多元並存和彼此尊重，平等相待奠定了思想基礎。儒家的和而不同的思想，對於維護人類文化、文明的多元性提供了思想價值資源。《中庸》曰：萬物並育而不相害，道並行而不相悖。「文明因交流而多彩，文明因互鑒而豐富。文明交流互鑒，是推動人類文明進步和世界和平發展的重要動力。」「歷史告訴我們，只有交流互鑒，一種文明才能充滿生命力。只要秉持包容精神，就不存在什麼『文明衝突』，就可以實現文明和諧。」〔註5〕

人類文明發展到今天，經濟全球化、世界多極化、文化多元化，這些客觀情勢使我們深刻認識到，世界秩序與文化不再可能形成那種單邊主義的強權政治，也不再可能形成那種西方或者歐洲中心論的文化霸權，包括儒家思想在內的中國優秀傳統文化為解決人類在 21 世紀面臨的問題提供了智慧。

（二）中華文明堅持協和萬邦，萬國咸寧

中華民族同處於一個文明共同體中，當我們面臨衝突時，主張用和平的手段解決矛盾衝突，而不是用武力與戰爭的手段解決衝突。中國人具有和平主義的氣質，不僅是中國人自己這樣宣示，而且也為眾多的外國人所承認。英國著名哲學家、思想家羅素在其名著《中國問題》一書中這樣描述到：「中國人不像白人那樣喜歡虐待其他人種……如果在這個世界上有『驕傲到不屑打仗』的民族，那就是中國。中國人天生寬容而友愛、以禮待人，希望別人也投桃報李。只要中國人願意，他們可以成為天下最強大的國家。但是，他們所追求的只是自由，而不是支配。」〔註6〕中國是睡醒的東方雄獅，但卻是和平的

〔註5〕習近平，《在聯合國教科文組織總部的演講》〔N〕，《人民日報》，2014 年 3 月 28 日。

〔註6〕（英）羅素，《中國問題》〔M〕，上海：學術出版社，1996 年，第 154 頁。

獅子。和平主義認為國家的根本乃在於通過厚德載物、崇文尚德的合群之道，將更多的不同人群、種族以人文化成的方式凝聚，使「近者悅，遠者來」，最終融凝成為更大的文化共同體和人類命運共同體。

維持世界和平、推動共同安全、期盼永久和平是人類的根本利益。反對戰爭，過上和平安寧的生活是世界各國人民的期盼和希望。因此，中國文化的這種和平主義就自然受到世界各國人民的尊重與愛戴，而單邊主義、霸權主義則是衝突和戰爭的根源。和平是人民幸福生活的重要期待，也是社會發展和人類幸福的必備條件，中國文化始終堅持以和平、協商的態度處理國與國之間的爭端，而不是動不動就訴諸武力，也不以霸權主義的心態侵略他國並干涉他國內政，在處理國際事務時使用或威脅使用武力。

在大國關係層面，這種模式倡導構建「新型大國關係」，即跳出傳統的所謂「國強必霸」的歷史邏輯，擺脫崛起國與守成國必然衝突的「修昔底德陷阱」，「開創大國關係發展新模式」。在國與國的交往中，無論大小強弱，都本著和平共處的五項原則，尊重對方的主權、領土完整和核心利益關切。和則兩利，鬥則兩敗，在和平的環境下友好相處，共謀發展。「我們要推進國際關係民主化，不能搞『一國獨霸』或『幾方共治』。世界命運應該由各國共同掌握，國際規則應該由各國共同書寫，全球事務應該由各國共同治理，發展成果應該由各國共同分享。」〔註7〕

中國近幾十年來為推動世界和平作出了積極貢獻，累計派出 3.6 萬人次維和人員，成為聯合維和行動的主要出兵國和出資國。中國無論發展到什麼程度都永不稱霸，永遠不搞擴張，並以自己和平主義的文化思想資源提出和平共處五項原則，為推動形成國際良善治理體系作出了貢獻。

（三）中華文明堅持天下為公，共同幸福

天下一家的實質和核心是實現世界大同、從而協和萬邦，而大同理想的實質則是天下為公，普遍幸福。「大同之道，至平也，至公也，至仁也，治之至也。」〔註8〕它是一個公平正義的社會，是一個仁被天下的社會，也是一個善治的理想社會。

大同觀念成熟於戰國末年和秦漢之際的《禮記·禮運》篇，它對以往的大

〔註7〕習近平，《共同構建人類命運共同體——在聯合國日內瓦總部的演講》〔N〕，
　　　　《人民日報》，2017 年 1 月 20 日。
〔註8〕《康有為全集：第七集》〔M〕，北京：中國人民大學出版社，第 6～7 頁。

同思想進行了高度概括，首次系統地提出並論述了中國古人的大同理想：「大道之行也，天下為公，選賢與能，講信修睦。故人不獨親其親，不獨子其子。使老有所終，壯有所用，幼有所養，矜（鰥）寡孤獨廢疾者皆有所養，男有分，女有歸。貨惡其棄於地也，不必藏於己；力惡其不出於身也，不必為己。是故謀閉而不興，盜竊亂賊而不作，故外戶而不閉，是謂大同」。大同世界理想的實質就是天下為公，就是實現普惠的人人幸福，人不獨親其親，不獨子其子。使老有所終，壯有所用，幼有所養，矜（鰥）寡孤獨廢疾者皆有所養，普遍的公平正義，男有分，女有歸。民吾同胞，物吾與也。人與人，國與國之間都是平等的，都是天地之子，四海之內皆兄弟。聖人以天下為一家，以中國為一人，這樣才能達到天下和合。因此，講信修睦成為人際、社會、國家、國際間相處相交的基本原則，這正是人類永恆的追求嗎，也正是構建人類命運共同體的旨歸。

中國共產黨人繼承弘揚了這種大同理想，把它發展成為當代社會的中國夢。中國夢所追求的人民幸福、民族復興、國家強大和世界人民的夢想和期望是一樣的，消滅戰爭，實現和平，消滅貧困，實現富裕，消滅壓迫、實現平等，不分男女老幼都過上美好幸福的生活，這是全人類的普遍和終極理想。因此，構建人類命運共同體，與中國傳統中的大同世界理想是完全一致的，是會得到全世界人民的認同與歡迎的。如果說儒家大同思想是古代思想家對於人類美好社會的理想追求，那麼人類命運共同體意識則是現代中國對於當今世界進步發展的理想追求。

儒家大同思想追求的是人類的和平相處，倡導的是人類的共同進步，人類命運共同體理論是以相互依賴、利益交融、休戚相關為依據，以和平發展與合作共贏為支柱，二者在價值觀上是相互貫通的。追求大同理想，不僅要追求並實現中國夢，實現中國人民的幸福與安康，而且要協和萬邦，萬國咸寧，天下一家，使同處於一個人類命運體的全世界各國人民都能過上幸福美好的生活。追求人類的整體幸福是人類共同體思想的最終歸宿，要實現這樣的目標，就必須堅持中國大同理想中的「天下為公」的思想，不僅僅是各為其家，各為其國，而且是要追求人類共同體的共生共榮，維護人類共同的生存、安全和追求幸福的權力，發展經濟，保障民生，消除貧困，照顧弱勢，實行人道主義並履行自己國家的人道主義義務。總之，追求全人類的普遍幸福，和平發展，普惠共享，攜手創造美好未來，這將是天下一家、世界大同和構建人類命運共同體

思想所追求的終極理想和美好圖景。

　　什麼是人類命運共同體？習近平給出了明確定義和分析，他說：「人類命運共同體，顧名思義，就是每個民族、每個國家的前途命運都緊緊聯繫在一起，應該風雨同舟，榮辱與共，努力把我們生於斯、長於斯的這個星球建成一個和睦的大家庭，把世界各國人民對美好生活的嚮往變成現實」〔註9〕。接著他認為人類命運共同體可能包括安全（政治），經濟、文化、生態等方面的含義與理想世界圖景：遠離恐懼、普遍安全的世界；遠離貧困、共同繁榮的世界；遠離封閉、開放包容的世界；山清水秀、清潔美麗的世界。這一思想很全面，在筆者看來，其思想基因充分吸收傳承了中華文明的思想觀念上的和而不同思想，國家關係上的和平主義思想以及人類理想上的天下為公和共同幸福的思想，雖然在中華文明傳統中，也有「和實生物」「義以為上」的共同發展、合作共贏經濟思想，也有天人合一、民胞物與等生態環境思想，但是傳統自然經濟上的族群相互依賴和相互交流還不是那麼充分，生態文明在傳統中國處於一種自發狀態。因此，習近平構建建人類命運共同體思想，既有對中華優秀文化的傳承，也有與時俱進的創新，其中經濟上的合作共贏和建設山清水秀、清潔美麗的生態環境思想，創新的成分更多。

二、意義和價值：文明自信與中國智慧

　　提出這一思想的背景、意義與價值何在呢？

　　如前所述，在漫長的中國歷史發展過程中，長期以來是沒有民族與國家的觀念的。譚中認為：「秦朝是秦國建立起來的，所以稱『秦』。秦國只是消除了民族標誌與差異的『中國文明圈』中的一個國家，起初弱小落後，後來強大起來而統一了中國。『秦』根本不是民族的標誌。同樣的，秦朝以後的漢朝、晉朝、隋朝、唐朝、宋朝與明朝都沒有民族的標誌。蒙古族統治中國使中國文明發展有了『民族國』因素的干擾，但蒙古族在中國的統治也沒有蒙古族的民族標誌，而是從中國古典中找出一個文明符號『元』來命名自己的朝代，說明它也有意揚棄『民族國』因素。」〔註10〕明朝取代元朝統治時期雖然也有夷夏之論的輿論鼓動，明末清初雖然也有反清復明的思想意識，甚至中華民國最初的

〔註9〕　習近平，《在中國共產黨與世界政黨高層對話會上的主旨講話》〔N〕，《人民日報》，2017年12月2日。

〔註10〕〔美〕譚中，《簡明中國文明史》〔M〕，北京：新世界出版社，2017年，第9頁。

革命理念中也有「驅逐韃虜，恢復中華」的思想，但都是這種地域共同體基礎上形成的文明共同體內部的多民族內部為取得中央政治統治的爭鬥。促使中華民族在近一百多年來不得不放棄「天下一家」觀念而樹立「民族國家」意識，都是在西方列強的侵略壓迫下所不得不做出的應激反應。特別是 1895 年甲午一戰，中國大敗於日本，這一重大變故不但令之前殘存於東亞的天下秩序徹底瓦解，也令希望通過經世致用途徑來挽救危亡的洋務運動夢想破滅，更重要的是，它從根本上動搖了傳統政治正當性賴以建立的儒家義理。

在此背景之下，民族主義、民族國家一類源於西方的近代觀念迅速傳播開來，致力於救亡的啟蒙知識分子忽然發現，中國之所以積弱，根本的原因之一，就在於中國人缺乏國家的觀念。清末民初之際，國家思想、國家主義風靡一時，「國家」取代「天下」，成為新的政治論說的核心。昔日，顧炎武曾言亡國與亡天下之別，謂「易姓改號，謂之亡國；仁義充塞，而至於率獸食人，人將相食，謂之亡天下。……保國者，其君其臣，肉食者謀之。保天下者，匹夫之賤，與有責焉耳矣」。在中國內憂外患達到極點的 20 世紀前 40 年，這段論述被改造、簡化、濃縮為一句婦孺皆知的口號：「國家興亡，匹夫有責」。這時，那種視天下為一種文明秩序的政治觀念，完全被一種民族國家林立和彼此競勝的新的世界觀念取而代之。

1924 年，孫中山將其三民主義演講錄之第一講「民族主義」單獨付梓。該篇高揚民族主義，又以民族主義與世界主義對舉，認為中國之民族主義思想的喪失，部分是因為世界主義。據他看來，歷史上，舉凡文明強盛之國，都鼓吹世界主義，世界主義固然是極好極高的理想，但是並不適合現代的中國人。中國今天所需要的，是民族主義，因為民族主義能將一盤散沙的中國人團結起來，令中國民族發達，國家強盛，有助於保種強國，而且他還認為中國的民族主義裏面包含了世界主義的真精神。孫中山區分了兩種世界主義，一種是歐洲人現在所講的世界主義，即有強權無公理的世界主義；一種是中國人愛好和平的世界主義，即真正的世界主義。因此，要達致世界主義，尤其需要恢復和發揚中國的民族主義。「我們要將來治國平天下，便先要恢復民族主義和民族地位，用固有的和平道德作基礎，去統一世界，成一個大同之治，這便是我們四萬萬人的大責任。……這便是我們民族主義的真精神。」[註11] 在孫中山的論述中，實現了民族主義和世界主義的統一，如果以今天的視角看，就是實現了

[註11] 孫中山，《三民主義》[M]，北京：中國長安出版社，2011 年，第 67 頁。

中華文明和而不同、和平主義的民族主義與建立人類命運共同體的世界主義的統一。

近代以來，中國落後了，落後就要挨打，中國不僅沒有國際話語權，而且備受欺凌壓迫。中華人民共和國成立以來，尤其是經過幾十年來的改革開放，經濟高速發展，中國人民不僅站起來了、富起來了，而且強起來了，我們對全球經濟發展、安全維和的貢獻，文化的影響力都大大增強，引起了全世界的關注和尊重，目前是我們離中華民族偉大復興這個目標最為接近的歷史時期，中國也有了相應的國際話語權，世界也期待中國發出自己的聲音，提供中國方案與智慧，以應對和解決世界和人類面臨的危機和挑戰。

2014 年 9 月 24 日，習近平「在紀念孔子誕辰 2565 週年國際學術研討會暨國際儒學聯合會第五屆會員大會開幕式上的講話」明確指出：「當今世界，人類文明無論在物質還是精神方面都取得了巨大進步，特別是物質的極大豐富是古代世界完全不能想像的。同時，當代人類也面臨著許多突出的難題，……不僅需要運用人類今天發現和發展的智慧和力量，而且需要運用人類歷史上積累和儲存的智慧和力量。世界上一些有識之士認為，包括儒家思想在內的中國優秀傳統文化中蘊藏著解決當代人類面臨的難題的重要啟示，比如，……關於中和、泰和、求同存異、和而不同、和諧相處的思想……，等等」。正如張立文教授所說：「中國依據天時、地利、人和，化解全球形形色色的衝突和危機，人類命運共同體理念是最佳的天下應對之道，是人類新時代的新創造。」〔註12〕

人類在近幾百年走向工業化與現代化的過程中，西方列強多走的是一條「民族國」的「崛起─鼎盛─衰退」國強必霸的道路。實踐證明，這不是一條人類發展進步的健康道路。中國是在努力爭取實現中華民族的偉大復興，但這種復興或者崛起，絕不是想重複這種國強必霸的「民族國」道路，而是要以自己的文明自信，走一條文明復興之路，要以和而不同的思想觀念對待別的民族的文化和文明，要以和平的方式處理國與國的關係，尊重並維護彼此的安全與利益，不僅追求中華民族偉大復興的中國夢，也追求與全世界人民的普惠共享，共同幸福的世界夢、人類夢，要實現這個目標，就必須確立構建人類命運共同體思想。

〔註12〕張立文，《中華傳統文化與人類命運共同體》〔N〕，《光明日報》，2017 年 11 月 6 日。

構建人類命運共同體思想的提出正是在一個合適的歷史節點，提出的解決世界經濟政治新秩序，確定人類發展方向的中國方案，體現出中華文明的高度智慧。人類命運共同體思想，是關於人類美好前景和發展方向的一種構想與期待，其目的是為了「攜手建設更加美好的世界」，是一種應然的價值理想，它像燈塔一樣指引著人類前進的方向。這是一種獨特的文明類型的高度自信，也是它對世界和人類的可能貢獻，「文明」和「文化」這兩個近義詞如果要對其含義加以細微區分的話，那麼，「文化」一詞多強調人類創造的文明成果的地域、時代、民族的特點，而「文明」一詞多強調這種文明類型的發展程度或者文明水平。中華文化就其特殊性來說它的確是東亞這塊地域上，具有五千多年發展而一直延續並由中華民族創造的，但由於它強調和平而不侵略，是承認多元互相尊重而不是只強調一元與壓迫，又因為它以追求人類共同的福祉、世界大同為目標，因此，它必然是代表著人類發展進步方向的文明觀念、文明方式、文明道路。由此，習近平提出構建人類命運共同體，攜手創造人類美好未來幸福生活必然是一條文明之路，這種文明自信和中國智慧，正因為它是文明的而非野蠻的，和平的而非戰爭的，合作共贏而非侵略掠奪的，和而不同、彼此尊重的而非單邊主義、霸權主義的，所以必將受到全世界人民的青睞和肯定。

構建人類命運共同體思想是代表人類文明發展方向的，是中華文明的自信和它對世界與人類的智慧貢獻，承載著中國對建設美好世界的崇高理想和不懈追求。習近平在黨的十九大報告中向全世界作出莊嚴承諾：「中國將繼續發揮負責任大國作用，積極參與全球治理體系改革和建設，不斷貢獻中國智慧和力量。」時隔一個多月後，在中國共產黨與世界政黨高層對話會上，習近平再次呼籲世界各國人民應該秉持「天下一家」理念，張開懷抱，彼此理解，求同存異，共同為構建人類命運共同體而努力。

三、實現的途徑：文明的交流融合與中國實踐

這種建立在中華文明共同體基礎上的中國方案和中國智慧能否被國際社會廣泛認同和實踐呢？

構建人類命運共同體思想的提出雖然得到了國際社會的肯定，但要被廣泛認同與實踐還有很長的路要走。西方國家長期堅信「西方中心論」，信奉叢林法則，弱肉強食，一直迷戀軍事武力，堅信國強必霸。某些大國總是堅信

「修昔底德陷阱」之說，即一個崛起的大國和一個守成的大國之間必然爆發戰爭，對中國文明的多元共存、和平主義和天下為公還缺乏深入的瞭解與信任，因此才會有「文明衝突論」

「中國威脅論」的產生。也正是他們有這種偏見，他們在經濟、政治與安全上會圍堵中國、阻礙中華民族復興的進程。當然也有不乏對中國文明和構建人類命運共同體思想有高度理解和讚賞的西方友人。知名的美國作家、國際社會活動家、時政評論家、電影製作人和戰地記者，安德烈‧弗爾切克（AndreVltchek）先生在一次接受訪談就「當今國際政治結構下的大國博弈」展開的對話中，對構建人類共同體思想表達了如下看法：「無與倫比！這是中國面向未來，向全世界回答了『中國的立場和目標是什麼』這一首要問題。很好地解答了世界對中國未來道路的疑問，讓世界明白了未來中國的立場和目標，展示了中國的偉大主張。這很好，無與倫比！『人類命運共同體』首先應該是一個反對霸權，各國各族人民相互尊重，友好相處的『命運共同體』。不過，任何偉大理念的提出，只是第一步。還要中國和世界各族人民的共同努力，還要有中國等國家強大的軍事、經濟實力和智慧，以及始終如一的堅定態度來保證才可能一步一步實現。要始終有決心、有能力，堅定維護中國人民、世界各族人民的利益，才能贏得世界各族人民心靈上的共鳴和熱愛。『人類命運共同體』偉大理念的提出，集中展現了中國是一個如此偉大的國家，中國在國際上所做的一切，除了給中國在世界上爭取一個更好的地位之外，還是為了讓全人類能更好地工作和生活，不僅包括中國人民，而且還包括關心世界各族人民的疾苦，友愛世界各族人民，和平共處，共同發展，共同繁榮」〔註13〕。

其實，早在20世紀70年代，歷史學家阿諾德‧湯因比堅信未來的人類只有走向一個「世界國家」，才能避免民族國家的狹隘，才能避免民族國家因為對於狹隘國家利益的追求而帶來的人類社會的滅亡。而人類社會要過渡到一個「世界國家」，西方社會是無法完成這樣的任務的。西方在羅馬帝國分裂之後就再也沒有形成一個天下主義的國家來統一西方世界，在和池田的對話裏，湯因比給出了完整的答案：世界的未來在中國，人類的出路在於中國文明。為什麼湯因比會有這樣的看法？湯因比總結了八點原因，其中前三點是：第一，中國在漫長的21個世紀裏，儘管也多次經歷過混亂和解體，但是從大歷史的

〔註13〕 西方到底害怕中國什麼？這位外國朋友說〔EB／OL〕，http://mp.weixin.qq.com/s?_bin=MjM5MiyzOD.

角度來看，中國人完整地守護了一個超級文明，長時間生活在一個文明帝國的
穩定秩序中，中國模式作為一種區域的世界主義模式可以為今天的人類提供
寶貴的經驗。第二，中國人在其漫長的歷史中都保持著人類社會中可貴的天下
主義的精神，恰恰中國文化是距離狹隘的民族主義最遠的。第三，儒家的人文
主義價值觀使得中國文明符合了新時代人類社會整合的需求。中國人在漫長
的歷史中已經證明了依靠文化和文明的力量可以將億萬人民根據文化情感紐
帶的聯繫而組織在一個以天下主義和世界主義為文明基準的國家。

　　湯因比的觀點的確再次證明了中國從本質上是文化的概念，是一個文明
的概念，而不是一個民族主義的概念。只有中華文明，才能真正給予世界永久
的和平。湯因比對未來人類社會開出的藥方不是武力和軍事，不是民主和選
舉，不是西方的霸權，而是文化引領世界，這個文化就是博大精深的中華文
明。湯因比最終的論點是，一個歷史上一直是和平主義和世界主義為取向的天
下文明也將在 21 世紀成為全人類的共同精神財富。

　　如何讓其他國家更好地理解和接受中國所主張的「人類命運共同體思
想」？最重要的就是要講好中國故事，向外國人講明我們不是一種「中國中心
論」而是一種「文明交融論」，要消除「中國威脅論」的影響，樹立「天下一
家」觀。中國只要堅定地從思維上、感情上、具體國際關係上，在經濟與文化
交往中，堅持不斷宣傳自己的理念，假以時日，必將讓更多的國家理解中國理
念，認同中國方案，凝聚廣泛力量，實現「人類命運共同體」的夢想。因此，
我們要不斷地宣傳自己的理念，這也正是習近平五年來已有六十多次在各種
國際場合宣講人類命運共同體思想，深入思考事關人類命運的宏大課題，展示
大國領袖的寬廣胸襟、深邃目光和歷史擔當。

　　在說的同時，中國也在做。中國大力推進「一帶一路」建設，這已得到了
百餘個國家的響應支持；以和平的方式處理與鄰國在南海等問題上的分歧，以
合作的態度建立新型大國關係。習近平在 2018 新年賀詞中堅定地說道：「中國
堅定維護聯合國權威和地位，積極履行應盡的國際義務和責任，信守應對全球
氣候變化的承諾，積極推動共建『一帶一路』，始終做世界和平面圖建設者、
全球發展的貢獻者、國際秩序的維護者。」

　　只要是代表人類前進方向的文明倡議和思想理念，最終會被全世界人民
理解和接受。「構建人類命運共同體」理念提出五年來，越來越多地得到國際
社會的認同和理解。2017 年 2 月 10 日，聯合國社會發展委員會第 55 屆會議

協商一致通過「非洲發展新夥伴關係的社會層面」決議,「構建人類命運共同體」理念首次被寫入聯合國決議。同年 11 月 1 日,第 72 屆聯大負責裁軍和國際安全事務第一委員會通過了「防止外空軍備競賽進一步切實措施」和「不首先在外空放置武器」兩份安全決議,「構建人類命運共同體」理念再次載入這兩份聯合國決議。聯合國秘書長古特雷斯高度贊同中國所倡導的理念,他說:「中國已成為多邊主義的重要支柱,而我們踐行多邊主義的目的,就是要建立人類命運共同體」。第 71 屆聯合國大會主席彼得・湯姆森在接受記者採訪時談及中國所倡導的構建人類命運共同體理念,「對我而言,這是人類在這個星球上的唯一未來」〔註 14〕。

由此看來,這一思想理念提出後,已經逐漸得到國際社會的認可。當然,要使「構建人類命運共同體」由一種理念或者理想變成現實,還需要我們不斷努力,用扎扎實實的行動來踐行自己的承諾,並同世界各國攜手並肩,共同創造人類美好未來。

原載《中國特色社會主義研究》,2018 年第 2 期

〔註14〕習近平日內瓦演講一週年:世界為何青睞「人類命運共同體」〔EB∕OL〕,
http://world.people.com.cn/n1/2018/0118/c1002-29772189.html.

修身・立德・做人的不朽經典
——評蔡元培的《中學修身教科書》
《華工學校講義》

　　蔡元培（1868～1940）先生是 20 世紀的文化巨人，他在北京大學的教育實踐奠定了現代中國大學的基礎與學風。他不僅是一位著名的教育家，也是一位偉大的思想家和著名學者，其思想與學術貢獻是多方面的，比如，對哲學、美學、民族學等方面都有重要論著，其美育思想更是影響深遠。

　　近期，筆者再讀蔡元培在 20 世紀初年寫的兩本有關國民修養的書——《中學修身教科書》《華工學校講義》。深深感到，這兩本書是論述國民修養，指導國人修身、立德、做人的不朽經典。

一、兩書的寫作背景

　　《中學修身教科書》是蔡元培在德國留學期間撰寫的，由商務印書館於 1912 年 5 月出版。至 1921 年 9 月，不到 10 年，出版印行了 16 版，足見其影響很大，廣受歡迎。1913 年即民國二年，46 歲的蔡元培因不願與袁世凱政府合作，再次赴法國從事學術研究。期間，他與李石曾、吳玉章等發起、組織華法教育會，並於 1916 年 3 月，為籌備在法華工學校而先開設師資班，《華工學校講義》是蔡元培為該班編寫的德育、智育講義，1916 年 8 月起，此講義分篇在《旅歐雜誌》上連續發表。1919 年 8 月，在巴黎印成專書。1920 年 9 月，北京大學新潮社將此講義輯入《蔡孑民先生言行錄》下冊，作為「附錄」。此後，全國通行的中學語文教科書，均選取其中若干篇為課文，如《捨己為群》

《理信與迷信》《責己重而責人輕》《文明與奢侈》等。這兩本書，可以看作是當時時代背景下的德育教材或讀本。

二、兩書的若干優點

第一，平實、準確、科學。

從大的體系看，《中學修身教科書》分實踐與理論上下兩篇，以前者為重，約占全書篇幅五分之四，正如蔡先生在「本書之宗旨」中所說，「本書分上、下二篇：上篇注重實踐；下篇注重理論。修身以實踐為要，故上篇較詳。」因為這是一本修身教科書，重在實踐，講倫理理論之樞要，是為了配合修身實踐，不僅要明白所當為，還要明白為何要如此為？其理論篇還緊緊圍繞修身的內在心理機制講了要以良心為內在根據，以理想為價值目標和標準，以本務為實質內容，而所謂德不過是一個人能出於本性和自覺並成習慣地去履行義務。全書邏輯自洽嚴謹，選目準確，論證平實。基於儒家的內聖外王之道，以修己為首，推及家庭、社會、國家、職業。《華工學校講義》強調在別國打工時所應遵現代世界公民之公德規範與現代文明觀念，是一個非常完善的修身體系。

前書各章各節之內部邏輯，也是環環相扣，順理成章。如「修己」章包含十節，除總論外，還包含體育、習慣、勤勉、自制、勇敢、修學、修德、交友、從師。內容上包含德、智、體，以體育與習慣為開端，強調體育，保持身體康健實為修己之基礎；倫理不僅要學，而且要習，習慣成自然，習慣是第二天性，「倫理」一詞最初就是習慣與習俗的意思。形成良好習慣，是個人修德的重要內容。關於道德的本質，從自我修養的角度看，其實就是形成一種自我控制的能力，也就是自制。蔡先生在寫作此書時曾經翻譯了德國思想家泡爾生的《倫理學原理》，重視體育與自制，這顯然受到了泡氏思想的影響。泡爾生是醫生出身，非常重視健康的倫理價值，在其著作中把身體健康也看作是倫理問題。認為道德修養的實質就是形成一種自我控制能力，這完全是泡氏的思想。修己自然離不開意志力的勇敢，離不開修學、修德，也不能獨學無友，因此需要交友、從師，這些方面平實而全面地論述了修己所涉及的問題。

第二，修己與行世的統一。

修身不僅要修個體之德，還要遵行社會之道。個體品德的高低在於是否很好地履行了社會義務。因此，蔡先生在論述了修己後，就分別展開論述人在

家族關係中如何做人,作為子女、父母,應該履行什麼樣的責任,如何處理夫
婦、兄弟姐妹、親戚及主僕關係,包含了他所處時代家庭家族的所有人倫關
係。在第三章中,論及人在社會中應該尊重哪幾種基本價值與權利,人應該履
行哪些基本的社會義務。他認為,生命、財產、名譽是應該尊重和保護的幾種
基本價值和人權,只有維護了這些基本權利與價值,才能稱得上是一個文明
社會。社會對人有責任,作為社會成員的個人對社會同樣有責任。那麼,這個
責任最基本的是什麼?蔡先生認為是博愛和公益,禮讓和威儀,前者相當於傳
統美德中的仁愛慈善,後者相當於傳統美德中的義和禮、有所守的禮儀和文
明。即使在今天來看,蔡先生的概括似不失平實而準確,具有較強的主體性與
可操作性。

第三,學貫中西,道通古今。

學貫中西,道通古今——不僅表達了筆者對蔡先生的敬仰,也是這兩本書
的特點。蔡先生是一個舊文人和新思想集於一身的人,他曾於1892年獲得二
甲進士身份,可以說是飽讀詩書,對中國傳統文化有豐富之知識和溫情之尊
重。他在回憶自己1901年前後的思想時說:

是時,子民雖治新學,然崇拜孔子之舊習,守之甚篤。……其時子民好
以公羊春秋三世義說進化論,又嘗為三綱五倫辯護……故君仁,臣忠,非謂
臣當忠而君可以不仁也。父慈、子孝,非謂子當孝而父可以不慈也。夫義、
婦順,非謂婦當順而夫可以不義也。晏子曰:『君為社稷死則死之。』孔子
曰:『小杖則受,大杖則走。』若如俗所謂君要臣死,臣不得不死,父要子
死,子不得不死者,不特不合於五倫,亦不合於三綱也。其時子民之見解蓋如
此。〔註1〕

從這段話可以看出,蔡先生不僅傳統學問深厚,而且對傳統倫理的三綱五
倫並不像後世某些人貼標籤式的簡單批判,而是給予了科學準確的理解。應該
說蔡先生所論,其基礎仍然是儒家思想的內聖外王之道,比如,以修己為首
章,接著論及家庭、社會、國家,這基本符合儒家的修身、齊家、治國、平天
下的總體思想架構。他說:「家族者,社會、國家之基本也。無家族,則無社
會,無國家。故家族者,道德之門徑也。」這是他在「家族」章開篇所說,這
種家庭為社會、國家之基的思想與傳統思想是一脈相承的,與中國傳統社會的
家國同構的社會基礎也是吻合的。他把「修己」看作是「修身」「內聖」,而把

〔註1〕 蔡元培,《蔡元培自述》,北京:中國言實出版社,2015年,第40～41頁。

家庭和睦、社會和諧、國家安定都看作是由內聖開出的外王，或者說修身是齊家、治國、平天下的基礎，因此，他把人在處理家族、社會、國家、職業等領域關係所應遵循的道德規範或者說所應盡的義務都用一個概念「本務」來概括。他說：「凡修德者，不可以不實行本務。本務者，人與人相接之道也。是故子弟之本務曰孝悌，夫婦之本務曰和睦。為社會之一人，則以信義為本務；為國家之一民，則以愛國為本務。能恪守種種之本務，而無或畔焉，是為全德。修己之道，不能舍人與人相接之道而求之也。道德之效，在本諸社會國家之興隆，以增進各人之幸福。」在他看來，人只要修養好自己，並履行好自己的本務也就是人與人相接之道，那麼，就會國家興隆，人人幸福，這顯然是儒家內聖可以開出外王的思路。

另一方面，蔡先生又是長期留學西方、接受了西學和現代思想的人，他曾留學德國五年，法國三年，另外還在意大利、瑞士、日本等國遊學。在歐期間，蔡先生重點學的是哲學、實驗心理學、美學、倫理學，他抽出時間應約編寫《中學修身教科書》，保證了該書的高質量，經過一百多年的歲月洗禮，使其成為經典之作。

學貫中西，其著蘊含義理則是貫通古今中西。正如《中學修身教科書》例言中所說：「本書悉本我國古聖賢道德之原理，旁及東西倫理學大家之說，斟酌取捨，以求適合於今日之社會。立說務期可行，行文務期明亮，區區苦心，尚期鑒之。」可以說，蔡先生這段話準確概括了其著的特點。其基本思路和基調是儒家的內聖外王之道，強調修身為本，強調反求諸己，這都是基於儒家正統思想的路徑，不僅如此，在具體論述上，也是悉本我國古聖賢道德之原理。以良心為據，以理想為鵠，以義務為本，形成德性。比如在《中學修身教科書》開篇第一章第一節中，蔡先生將道德定義為「為其所當為者」，這種義務論立場也是與我國傳統道德的「義以為上」「義以正己」的思想是完全一致的。要達至道德，必須修身，修身必有其方法，也有其先後，急先務，這個先務在蔡先生看來就是修己。這體現了儒學看待和處理人與他人、世界的根本態度，就是不假外求，返身而誠，只有改變自己才能改變世界即所謂的內聖外王之道，只有修身，才能齊家、治國、平天下，只有內聖才能外王。而且這種修身行仁之始仍然是「以孝為百行之本」，由個人之私德而進於國民之公義。修己還當尊奉知行合一、行之在己原則，道德修養的根本在於修己。這一切都表明蔡先生完全是一個浸潤在儒家傳統中的儒者，儒家聖賢的思想，已經變成了他的內

在信仰和生命體驗，成為他思想最深厚的來源和基礎。

又比如在「社會」章之「總論」中，談到社會道德時，所說的人的基本權利——生命、財產、名譽權，既有中華傳統文化的要素，又有西方文化的要素：儒家文化講究「天地之性人為貴」，《論語・鄉黨》記載：「廄焚，子退朝，曰：『傷人乎？』不問馬。」西方文化視人的生命為最高價值。在論及維護人的生命權時，蔡先生分析了「決鬥」這一例子的不合理處，雖然在中國文化中也曾有復仇之舉，但「決鬥」這一習俗則是來自西方的傳統，19 世紀與 20 世紀之交，正是西方社會對此習俗進行批判反思之時，蔡先生分析此習俗，顯然是受到西方傳統文化的影響。另外，在分析人對社會生活中的基本義務即公義與公德時，蔡先生顯然吸取了中國傳統道德中仁義的思想精華，如基於惻隱之心的慈善，濟困扶危，忠恕之道，君子之博施濟眾，天下為公，造福社會與人民的仁愛精神，不僅繼承了原始儒家經典孔子的忠恕之道、孟子的惻隱同情思想，而且，釋仁為博愛，既是繼承了後儒的思想，更是融會了西方追求普遍的博愛精神。蔡先生既承認人類基於普遍人性而有的博愛是一切人的精神，又很好地將仁愛的「愛有差等」精神包含其中，認為這種親疏之道，正是博愛之道，「親親而仁民，仁民而愛物」，總是有個實行的先後順序。這可以說是創造性地將西方的博愛精神與中國的仁愛精神完美地結合在一起了。這是傳統文化實現現代性超越轉化的一個典範。另外，其對忠恕之道之有所守之消極道德和有所為之積極道德的分析，顯然又受到西方哲人伯林之消極自由與積極自由思想的影響。在論述博愛公益在於平時修養同情仁愛之心，關鍵時候才能挺身而出，為社會進步作出更大貢獻時，他還以華盛頓為例：「華盛頓嘗投身奔湍，以救瀕死之孺子，其異日能犧牲其身，以為十三州之同胞，脫英國之軛，而建獨立之國者，要亦由有此心耳。」在談到社會交往時的公共文明素質時，他稱讚西方美俗：「歐美諸國士夫，於宴會中，不談政治，不說宗教，以其易啟爭端，妨人歡笑，此亦美風也。」如此結合生動事例講修養，通俗易懂，自然深受讀者認同。

三、兩書的當代價值

第一，為青少年及國人提供了修身的經典指南。在過去一段時期，我國的道德教育常常等同於政治教育，道德建設在無形中被弱化了。改革開放以後，市場經濟的利益最大化，加上西方實用主義、利己主義的滲透，使當代中國的

道德狀況堪憂。要使國人尤其是青少年學生具有哪些道德品質？履行哪些道德義務？遵守哪些道德規範？有無指導性、針對性很強的讀物可供參考？蔡先生的這兩本書的價值，並不以時間的流逝而失去，反而凸顯了其經典的意義。不僅有益於青少年學生的健全人格之形成，實為國民的修身處世之寶典、人生幸福之教科書。

第二，為維護社會基本倫理價值，奠定社會價值基礎提供了科學準確之精神標準。價值觀是一個社會的目標與燈塔，是社會的凝聚力，有了正確的價值觀，就會使國家有方向，民族有希望，人民有力量。正如習近平主席所講：「人類社會發展的歷史表明，對一個民族、一個國家來說，最持久、最深層的力量是全社會共同認可的核心價值觀。核心價值觀，承載著一個民族、一個國家的精神追求，體現著一個社會評判是非曲直的價值標準。」「如果一個民族、一個國家沒有共同的核心價值觀，莫衷一是，行無依歸，那這個民族、這個國家就無法前進。這樣的情形，在我國歷史上，在當今世界上，都屢見不鮮。」〔註2〕近年來，我國社會正在著力培育和踐行「富強、民主、文明、和諧，自由、平等、公正、法治，愛國、敬業、誠信、友善」的社會主義核心價值觀，蔡先生的相關論述，對於我們更好地弘揚當代社會的核心價值觀也是具有深遠意義的。

第三，為研究探討傳統美德的創新性發展、創造性超越提供了有益的啟示和借鑒。一個社會不僅需要價值觀培育，更需要加強社會道德建設。價值觀解決我們向何處去的是非善惡問題，道德則要解決我們應該如何正確行動、我們應該做什麼樣的人的問題，兩者是相互支持的社會動力機制的兩個層次的問題，是完全統一的。正如習近平主席所說：「核心價值觀，其實就是一種德，既是個人的德，也是一種大德，就是國家的德、社會的德。國無德不興，人無德不立。」〔註3〕在當下我國社會道德建設中，國家和民眾都將傳統美德作為一種寶貴的精神資源來指導日常生活，正如習近平主席所說：「培育和弘揚社會主義核心價值觀必須立足中華優秀傳統文化。」「對歷史文化特別是先人傳承下來的價值理念和道德規範，要堅持古為今用、推陳出新，有鑒別地加以對待，有揚棄地予以繼承，努力用中華民族創造的一切精神財富來以文化人、以

〔註2〕 習近平，《青年要自覺踐行社會主義核心價值觀——在北京大學師生座談會上的講話》，《光明日報》，2014 年 5 月 5 日第 2 版。
〔註3〕 習近平，《青年要自覺踐行社會主義核心價值觀——在北京大學師生座談會上的講話》，《光明日報》，2014 年 5 月 5 日第 2 版。

文育人。」〔註4〕

　　顯而易見，重新彰顯蔡元培先生兩部經典著作的價值，可以為中國社會的道德進步，為國人道德素質的提高提供借鑒。

原載《中國編輯》，2015 年第 6 期

〔註 4〕《習近平談治國理政》，北京：外文出版社，2014 年，第 164 頁。

蔡元培社會核心價值與主體責任觀述論

　　蔡元培先生在 20 世紀初曾應商務印書館之約撰有一本《中學修身教科書》並於 1912 年由該社出版發行。至 1921 年 9 月不到十年，出版印行了 16 版，足見其影響很大，廣受歡迎，這可以說是我國倫理學發展史上一本現代經典。尤其是其「社會」一章，論述了社會核心價值觀或者換句話說社會所應極力維護的人的基本權利即生命、財產、名譽，以及人對社會應該所盡的基本義務即「博愛與公益」「禮讓與威儀」，其概括精準、分析透徹、科學合理，具有很高的思想、學術價值，且對於我們當下培育社會核心價值觀富有啟發。

一、總論

　　人之修身，不僅要自修，而且還要在家庭、社會生活中通過踐行相應道德義務去修養自身。人在社會生活中，應該秉持怎樣的核心價值觀，或者說社會應該維護人的哪些基本權利？人又應該對社會盡怎樣的基本義務？

　　對於前者，蔡先生認為，生命、財產和名譽是由每個人組成的社會所應該極力維護的人的基本權利，也即是社會最應重視和秉持的核心價值，社會是由人組成的，人的生命都不能維護，必然導致社會的滅亡或解體。財產是維護人的生命存在和生活的物質保障，因此，財產權是僅次於生命權的基本人權。人不僅是一種肉體存在，而且是一種精神存在，如果說，財產權是人的物質權利的基本體現的話，那麼，名譽則是人的精神權利的集中體現，因此，「名譽」同樣是彌足珍貴的人的基本權利。

　　人享受了社會賦予並保護的權利，也應該盡自己對社會的義務。那麼，最基本的義務是什麼？蔡先生提出兩項：「博愛與公益」「禮讓與威儀」。實際上

講的就是我國傳統道德中兩項最核心的道德：仁與禮，它們也確實是人在社會生活中應該秉持的兩種基本態度與應盡義務。名之以「博愛」又承認「等差之序」，實現了傳統仁愛思想和西方博愛思想的融合。「公益」無非是「仁愛」或「博愛」之實踐。禮之本質在於內有愛敬之心，外有謙讓之行，既然立足於實踐，因此，以「禮讓」命題。禮讓是人際交往之禮，「威儀者，對於社會之禮讓也。」蔡先生這裡所謂「威儀」這個概念，是其在特定歷史條件與語境下的特殊表達，實際上指的是人在社會公共生活中所應具有的公共文明行為和素質，是禮的社會公共實踐。

上述這些內容以我之見可概括為：社會核心價值觀與主體責任觀。蔡先生概括精準，論證慎密，深有啟發，足資借鑒。

什麼是社會？在蔡先生看來，「凡趨向相同利害與共的人，集而為群，苟其於國家無直接之關係，於法律無一定之限制者，皆謂之社會。」〔註1〕這是蔡先生給社會下的一個較為寬泛的定義，社會即眾人組成為群，只是這群人是有共同的價值趨向和共同利益的人，因此，社會的外延範圍可大可小，不過，由於各國社會特性不同，雖然有時也會言及人類社會普遍價值，但社會卻大多指一國內之社會。社會就是界於家庭與國家之間的公共領域，現在有時把它叫作市民社會、公民社會、民間社會等，總之，相較於家庭私人生活領域，社會屬於公共生活領域，另外，它也不同於國家政治關係主要是用政策、法規、法律來處理公民和國家的關係，在社會中，主要是通過道德、文化、習俗來調節人的生活的。

生活於社會之中的人對社會如何報效呢？這就是要「廣公益，開世務，建立功業，不顧一己之利害，而圖社會之幸福。」〔註2〕因此，公而忘私是美德，自私自利是惡德，社會進步取決於這兩種人的多寡。

人在社會上有兩種基本義務：一是公義；二是公德。「公義者，不侵他人權利之謂也。」〔註3〕義務有積極義務和消極義務，積極義務是有所為，消極義務是有所守。那麼，要守什麼呢？這就是人的基本權利：生命、財產、名譽。生命是人的最高權利，也是其他一切權利的基礎，財產是維護人的生命的物質基礎，只要是正當所得，必須保守，神聖不可侵犯。名譽是人的精神生

〔註1〕 高平叔編，《蔡元培全集》（第二卷），中華書局，1984年，第206頁。
〔註2〕 高平叔編，《蔡元培全集》（第二卷），中華書局，1984年，第207頁。
〔註3〕 高平叔編，《蔡元培全集》（第二卷），中華書局，1984年，第208頁。

命,是積德累行而來的,是人的無形資產,別人不得讒誣污蔑。這三項基本人權不僅是法律,道德都要極力維護,這是文明社會的基本秩序。

維護基本人權是消極義務,人對社會的積極道德最基本的是博愛。博愛之德的起點是能夠心懷惻隱之心,對於處於人生困厄苦境的人伸之以援手,賑濟扶助。賑窮濟困,還只是彌補缺陷,博愛之更高要求,就是為社會長遠發展而做貢獻、求進步、圖公益,開世務,建功立業,造福社會。

上述所述消極義務與積極義務,類似於孔子所言之忠恕之道。「孔子曰:『己所不欲,勿施於人。』又曰:『己欲立而立人,己欲達而達人。』是二者,一則限制人,使不可為;一則勸導人,使為之。一為消極之道德;一為積極之道德。一為公義,一為公德,二者不可偏廢。」〔註4〕

二、分論

(一)生命

生命對於人的重要性不言而喻,因此,維護人的生命存在與安全是最基本的權利與義務。對人的生命構成威脅,已經不僅是個道德問題,而是嚴重的違法犯罪行為。重要的是人們在自己的生命受到威脅時,該怎樣維護自己的生命存在與安全。

殺人償命,天經地義。當我的生命即將受到危害時,我不能坐受其害,而是要全力抵制。合理尺度的正當防衛不僅為法律所允許,而且為道德所支持。其合理尺度就在於維護自己的生命不受傷害而不能因怒過度傷害對方,在正當防衛之外的治罪制裁之責應有國家法律來承擔。如果超過正當防衛的範圍,國家也要治罪,以防徇私情而忘公義。這種自保其命的生命安全教育非常平實可靠,確實是修身之要。

法律亦有殺人之事,這在中國古代就是「大辟」之刑,也就是「殺頭」,大辟之刑或者死刑,要不要廢棄?在學界和各國的執法實踐中都存有爭議。從狹義的「大辟」即「殺頭」的行刑方式來看,經過一百多年的發展,現在世界各國的執法實踐中已經基本沒有了,當然,西方很多國家還有「絞刑」的習俗,這顯然從保留全屍的角度看,較之「砍頭」文明多了。當代世界,也有一些國家廢除了死刑,我國則還沒有廢除。應該如何辦?蔡先生認為:「故昔日所行之刑罰,有涉於殘酷者,誠不可以不改,而悉廢死刑之說,尚不能不有待

〔註 4〕 高平叔編,《蔡元培全集》(第二卷),中華書局,1984 年,第 209 頁。

也。」〔註5〕雖然現代社會，很多國家已經廢除死刑，但從我國歷史文化傳統和法律實踐的角度看，蔡先生此說非常符合中國實際情況，雖然是近百年前之論，至今仍是平實之論。

一人之正當防衛為法律與道德所允許，那麼，一國之正當防衛自然也理應受到國際公法和道德的支持。所謂一國之正當防衛，顯然這是指國與國因利益紛爭而起的戰爭中的殺人行為，這是出於國家命令所為，只要是在交戰場合，這都是有道義合法性的。但是如果是對方不戰或者戰敗而降服者，即使在雙方開戰之際，也不能加以危害即所謂「繳槍不殺」原則，這是國際公法和道義所堅持的原則。

在「生命」這一節裏，蔡先生著力論述了如何維護生命存在的倫理原則，從個人層面講到了正當防衛的道德尺度，死刑存廢問題在 20 世紀一直是生命倫理學或者社會學的熱點問題，蔡元培先生的觀點，符合中國國情和實際，仍然有現實借鑒意義。關於戰爭中的殺人行為的道德尺度的相關論述，是完全符合戰爭過程中對待人的生命的倫理一般準則和人道主義原則。

（二）財產

財產是維持人的生命存在的基本條件和生活的基本保障，是人經過一生勤勞努力得來的，因此，財產權是僅次於人的生命的基本權利，因此，盜竊之罪也是僅次於殺傷的罪惡，這是古今中外相同的看法。

那麼，財產權最初是如何產生的？一是先占，二是勞力。有的東西，本無所屬，我先取而有之，這也沒妨礙別人的權力，這就是所謂先占。先占實際上是勞力的一種，無論是耕地打魚，發現無人之地，無論難易都需要勞力。勞力是一切財產權產生的根據。凡是不勞而獲者，不得謂之財產。如人享受空氣，空氣不是財產，而要獲得山禽野獸，則需要勞力，耕而得粟，造而得器，這都需要勞力，因此，其成果都成為其人之財產。

擁有財產並以此為資本而贏利、自由處置自己所屬財產，這都是財產權。一個社會是否尊重並維護財產權，是其社會文明程度的體現。如果不尊重財產權而橫斂暴奪，不僅不能保證社會秩序，而且會阻礙人民的勤勉之心，使社會走向墮落。財產權之維護既要依靠法律，也要依靠道德。人民擁有財產蓄積權、遺贈權，這不僅可以惠及子孫，養成人民勤儉之德，也可培養慈善

〔註 5〕高平叔編，《蔡元培全集》（第二卷），中華書局，1984 年，第 211 頁。

捐助社會之義舉。

　　財產權的取得，無論是先占、勞力還是遺贈，其要旨是一樣的，就是不可侵犯，這既包括自己之財產不容侵犯，別人的財產也不容侵犯。因此，人圍繞財產問題上的根本義務有四，一是關於他人財產的直接義務。二是關於借貸的基本義務。三是關於寄託的基本義務。四是關於交易的基本義務。對於別人財產之直接義務方面，盜竊之不義，是小孩都懂的，也是法律嚴禁的。從道德上看，以虛偽之術，誘騙財物，其罪同於盜竊，還有貌似廉潔而實則陰占厚利者，如官員之以權謀私、貪污腐敗，其罪比迫於飢寒而行竊者，其罪大矣。關於借貸，借財之人，不僅有償還之責任，而且當感謝其恩意。貸人財產者，不但有要求償還之權，而且還可以要求適當之酬報，當然不能過分，乘人之危，要求過當之息，是道德的罪人。至於朋友親戚，則要更加重義輕利，則有利於雙方關係的增進。借貸雙方都應遵守借貸期限，這也是應該遵守的道德義務。關於寄託與受託方面，保守他人財物尤其應該慎重。不經允許，不得擅自使用，除非是天災時變，不能損害，完璧歸趙，這是受託者的應守之德。而委託者應該盡其對保守者之酬勞報答之責。財物的交易，是由人類進化和社會分工形成的有利於社會的活動。以劣充優，以粗充精，作偽欺騙，應以商賈道德加以規範約束。雖眼下佔了一點小利，但信用一失，損失更大，西方諺語說：正直是最高的策略，真是至理名言！人與財產，有直接的關係，如不恪守道德，在不知不覺間就容易犯錯。盜竊已經屬犯罪，犯者較少，而借貸交易，往往違背道義者比較多。對待財物，當得則得，當給則給。一定要見利思義，堅守道義，如果人人能如此，則是人生與社會之福。

　　蔡先生這些論述在當下的市場經濟社會中有特別重要的現實應用價值。財產的先占原則不僅對於處理人與人的關係甚至對於處理國與國的領土糾紛都有借鑒意義。勞力是財產權產生的根本，這對於樹立不勞動者不得食的觀念，培養人們的勤勞品德都是非常重要的價值理念。正如俗諺所說：「勞動是財富之父」。對他人財產的直接關係中，盜竊是僅次於殺傷的第二大罪，這是一種基本價值認識，與世界各大宗教的道德誡律「勿偷盜」等是完全一致的。特別是對於欺騙詐財和貪官陰取的批評，真是切中我們當下社會的時弊。在當代的市場經濟社會和網絡環境下，各種誘騙錢財的事層出不窮，防不勝防，貪官污吏盜取人民和國家財產，真是大罪。因此，在社會治理和加強吏治中，既要糾正社會的詐騙錢財的歪風邪氣，也要繼續堅持反腐倡廉，端正政風。在民

間社會的人與人的財產交往中，在借貸、信託和交易中，都要恪守相關道德，培養誠信品質，各盡自己義務，促進社會經濟生活良性發展，促進社會風氣逐步好轉。近些年來，由於社會道德風氣不太好，這些基本的價值觀似乎已經為人們所淡忘，為此，重申和堅持人們面臨財產問題時的這些道德義務與規範，就顯得非常重要。

（三）名譽

人區別於動物之處，在於人有精神需要，重視名譽是人區別於動物之處，正如孔夫子所說：「君子疾沒世而名不稱也。」（《論語・衛靈公》）人之名譽不僅涉及到生前還影響到後世，所以古今忠孝節義之士，都非常重視名譽的價值。名譽來自於天才或者長期的努力奮鬥，獲得實屬不易。因此，人對其愛護甚於財產生命，也受到法律保護，但由於名譽是一種無形的精神價值，法律制裁時有不濟，以道德保護人的名譽顯得更為重要。

毀壞人的名譽的惡行惡德主要是：讒誣和誹謗。蔡先生認為二者的主要區別在於，前者為無中生有，虛造事實以污蔑他人，而後者是將他人的不檢放大，加以惡評。這兩種惡德惡行，雖然就惡的程度上略有區別，但其危害都是很大的。好事不出門，惡事傳千里。誹謗體現出誹謗者的惡意和嫉妒之心，讒誣更是無中生有，污蔑他人，嚴重的可導致人身敗名裂。讒誣和誹謗，這兩種惡行其根源所自何由？蔡先生認為有三：一是嫉妒，二是猜疑，三是輕率。嫉妒，在社會心理上是一種挫折心理，只有不如別人的才會嫉妒別人，一般嫉妒不會發生在長上對下或者處於優越狀態的人。嫉妒是在別人的成就中尋找痛苦，而不是在自己已經取得的成績中尋找快樂，因此，這是一種不健康而且悲哀的挫折心理，在這種挫折心理驅使下，就容易導致攻擊行為，這就是讒誣和誹謗。過去常常說「東方式嫉妒」就是我不行也要把你拉下來，而不是知恥近乎勇，努力奮鬥超越別人。猜疑也可導致讒誣和誹謗。猜疑就是所謂的「以小人之心度君子之腹」，這暴露出這類人自身修養不高和心靈的齷齪，因此，人應常抱持一種「來說是非者，必是是非人」的警惕態度，防止這類小人對別人名譽的讒誣和誹謗。輕率之人可能本無惡意，不瞭解情況，輕率判斷，或者由於平日和被讒誣和誹謗的人有過節，所以常常以惡意主觀臆斷來做判斷，這實際上等同於讒謗，因此，不可不謹慎。按中國人的道德傳統，往往鼓勵道人善，隱人惡。當然揭露有害於社會的惡行，與攻擊損人名譽之事，完全是兩碼事。

　　蔡先生對讒誣和誹謗兩種惡行惡德的人性根源的分析，入木三分，對我們防止別人讒誣和誹謗具有警示作用，對加強我們自身修養也具有重要的借鑒意義。道德是在善與惡的鬥爭中進步的，懲惡在某種意義上也就是在維護善，弘揚善。因此，對讒誣和誹謗兩種惡行惡德進行批判，必然會有利於維護人的名譽權。

（四）博愛與公益

　　生命、財產、榮譽都是社會所應極力維護的基本人權和人的根本利益所在，生活於社會中的人們只有這些方面都受到尊重和保護，才可以說是生活在一個正義的社會，而自覺維護這些權利是生活於社會中的人們的正義品質。

　　蔡先生還從其積極道德與消極道德的角度將博愛與正義對舉，來定義分析博愛。既重視前者的有所為，又重視後者的有所守。認為博愛是「人生至高之道德」，它導人以善，正義就是遵守國法，不悖公義，自覺維護生命、財產、名譽這些基本的人權，它能使人免於為惡。

　　「博愛者，施而不望報，利物而不暇己謀者。」〔註6〕這種同類相恤，愛利他人的精神與行為是人區別於動物之處。蔡先生既承認人類基於普遍人性而有的博愛一切人的精神，同時，又很好地將仁愛的「愛有差等」精神包含其中，認為這種親疏之道，正是博愛之道，「親親而仁民，仁民而愛物」，總是有個實行的先後順序。這可以說是創造性地將西方的博愛精神與中國的仁愛精神完美地結合在一起了，這是傳統文化實現現代性超越的一個典範。

　　在蔡先生看來，人人有博愛之心，於其家，則會父子親，兄弟睦，夫婦和。於其社會，則會無攘奪，無忿爭，貧富不相蔑，貴賤不相凌，老幼廢疾，皆有所養，藹然有恩，秩然有序，正如時下一首歌所唱「只要人人都獻出一點愛，世界將變成美好的人間。」愛，確實是一切道德行為的高尚情感根源，因此，也為各大宗教所倡導，如儒家倡導仁愛，基督教倡導博愛，佛教強調慈悲為懷等等，只有具有博愛精神，才會實現家庭與社會和諧，從而促進人類幸福。

　　那麼，如何實踐博愛呢？首先應該見人疾病救之，危難救之，困窮補助之，這就像孟子所言的「赤子臨井」的案例，人類具有相愛之天性，惻隱之心，仁之端也。人如果出於利己心的計算就會逐漸養成冷漠習性，人對人都不能相

〔註6〕高平叔編，《蔡元培全集》（第二卷），中華書局，1984年，第217頁。

愛相助，又如何為社會、國家去出力犧牲呢？人在關鍵時候能挺身而出，就在於平時培養這種愛心。救人疾病時，如遇看護傳染病，如本人尚有侍奉父母之責或對國家社會有重大責任者，不能輕以身試，即使行善，也要考慮價值大小，這種思想可謂平實親切，令人信服。濟人以財，重在心意，而不在多少，受者應感恩，施者應真心，而不是沽名釣譽，反害其德。博愛之慈善捐助，也應立足長遠，使受助者自立自強，以圖永久福利，如果因扶助而使其浪費、依賴，反為害也。行博愛慈善公益之事，除了救困濟窮外，最重要的還是要開世務，興公益，這是我們每個人對社會的根本義務。人的才力不同，職務不同，但都可以根據自己的職業，努力為社會做出貢獻，其事雖有差異，但效果是一樣的。只有為社會做出貢獻，才不會虛度人生。對社會的貢獻，不僅包括在物質功利上建功立業，而且在文學藝術等精神文化領域所做的貢獻，也是可以影響當代，傳之後世的不朽功業，這樣可以推動社會進步，才是人生最大博愛也。量力捐財，以行公益，可以做哪些事呢？蔡先生舉例：「修河渠，繕堤防，築港埠，開道路，拓荒蕪，設醫院，建學校皆是。」〔註7〕但他認為最有益社會的是建學校，還有設育嬰堂、養老院，這一切都是一個社會文明程度的體現。愛護社會公共事物與設施，可以說是行公益的另一體現。這與我們所講的「愛護公共財物」的公民道德基本規範是完全一致的。人知損害別人東西要賠償，然對公共財物，則公然毀損，諸如攀折公共花卉樹木，應學習西方愛護公物之美習。「國民公德之程度，視其對於公共事物如何，一木一石之微，於社會利害，雖若無大關係，而足以表見國民公德之淺深，則其關係，亦不可謂小矣。」〔註8〕

蔡先生論述博愛之價值，博愛之落實於實踐即為行公益，慈善捐助，救人困厄是博愛，量力捐財，以助公益是博愛，為社會發展做出物質或精神上的貢獻是更大的博愛與公益。這些都是博愛公益方面的有所為，而愛護公共財物則是博愛與公益有所守的社會責任、義務與美德，對當今中國尤其具有重要的借鑒作用。

（五）禮讓與威儀

如果說仁愛與公益是一種積極性的道德義務的話，那麼，禮讓與威儀就是有所守的消極性道德義務。我國素有「禮義之邦」之稱，儒家文化不僅重視仁，

〔註7〕高平叔編，《蔡元培全集》（第二卷），中華書局，1984年，第219頁。
〔註8〕高平叔編，《蔡元培全集》（第二卷），中華書局，1984年，第220頁。

也重視禮義，正是人民循禮行義，才會有「禮儀之邦」即文明之邦的美譽。

孟子曰「辭讓之心，禮之端也。」(《孟子・公孫丑上》) 禮的本質之一是辭讓，因此，稱禮讓。只有禮讓，才能使人與人之間的交往避免衝突而增加和諧、促進幸福。

義為禮本，禮以行義。義表現於儀容舉止即為禮。「禮者，貴賤有等，長幼有差，貧富輕重皆有稱者也。」(《荀子・富國》)「夫禮者，所以別尊卑、異貴賤。」(《淮南子・齊俗訓》)「少長貴賤不相逾越，亂不生而患不作。」(《管子・五輔》) 因此，蔡先生說：「禮者，因人之親疏等差，而以保其秩序者也。其要在不傷彼我之感情，而互表其相愛相敬之誠。」「禮之本始，由人人有互相愛敬之誠，而自發於容貌。」[註9] 這些觀點都是深諳中國傳統道德要旨之論。

禮的本質除了讓，另外就是對別人和社會表示禮敬或恭敬，因此說「恭敬之心，禮也」(《孟子・告子上》)；「有禮者敬人」(《孟子・離婁下》)；「恭者，禮之本也。」(王符：《潛夫論・交際》)；「君子貴人而賤己，先人而後己，則民作讓。」「善則稱人，過則稱己，則民不爭。」(《禮記・坊記》) 禮不僅是恭敬之心，還包括對他人發自內心的誠愛之心，即仁心，因此，「禮，既本乎感情而發為儀節」[註10]，是質與文的統一，「質勝文則野，文勝質則史。文質彬彬，然後君子。」(《論語・雍也》) 如果沒有內心的愛敬之心，那麼外在的儀節就變成了虛偽的做作，因此，「禮以愛敬為本。」[註11]

禮不僅要明其理，更要踐其行，當代社會的國際交往較之古代為多，所以，公民應注意國際交往禮儀禮節。在日常交往中，總是要以謙讓為用，虛心平氣揚人之善、寬諒其過，不炫己長，成人之美。在深層的思想交往中，應該秉持思想自由、信仰自由的原則，平心以求學理事理，不要意氣相爭，而要溫良謙恭，薄責於人，這樣才會維護交際秩序，不致影響人際關係。

人之相交，不限於人際，還要與社會公共秩序打交道，因此，除了禮讓，還需要威儀。「威儀者，對於社會之禮讓也。」[註12] 蔡先生這裡所謂「威儀」這個概念，是其在特定歷史條件與語境下的特殊表達，實際上指的是人在社會公共生活中所應具有的公共文明行為和素質，以此表達對社會秩序與文明的

[註9] 高平叔編，《蔡元培全集》(第二卷)，中華書局，1984年，第221頁。
[註10] 高平叔編，《蔡元培全集》(第二卷)，中華書局，1984年，第221頁。
[註11] 高平叔編，《蔡元培全集》(第二卷)，中華書局，1984年，第221頁。
[註12] 高平叔編，《蔡元培全集》(第二卷)，中華書局，1984年，第222頁。

恭敬和禮讓。比如不能在公共場合垢衣被發，大喊大叫，又比如，在赴喪禮時，不能談笑風生等等，都是對別人和社會的無禮之舉。

三、析論

蔡先生的社會價值觀與責任觀，與時下所倡導的社會主義核心價值觀之社會價值共識即「自由、平等、公正、法制」相比，它有什麼特點？通過二者的比較，對我們形成社會價值共識，加強核心價值觀與道德觀建設有何啟示？

第一，文明社會必須堅持維護生命、財產、名譽等人的基本權利。這是社會和每個人都應該極力去維護的核心價值。能否尊重和維護這些基本人權，是一個社會文明狀態的基本表徵。一切社會核心價值觀和道德觀建設和良好的社會治理都應以此為目的和目標。

反思當下社會，法律層面的正當防衛和死刑犯罪執行等，可以說我國社會似乎都已經有長足進步。但從社會價值觀與道德觀的層面看，人對生命的敬畏意識和維護意識令人堪憂。殺人越貨的事和惡性案件似乎是越來越多了，為了區區幾百元錢，就可以因謀財害命而殺出租車司機。殺師案、殺親案甚至滅門案這樣的惡性案件，在古代社會很難聽到，在當代社會似乎也是有相當的發生概率，當然還有諸如「小悅悅事件」所體現出來的對人的生命價值的漠視。總之，在形成社會價值共識時，必須重申或十分重視生命價值的至高性和基礎性，忘記了這一點，一個社會的人道主義基礎就沒有了。

隨著商品經濟的發展和自由主義權利思想的影響，人們在財產權方面的意識似乎是有所增強的，隨著社會經濟的發展、個人財力的增強以及個人意識的增強，個人之間的借貸、信託之類的事，實際發生率變少了，人與人在財產交往方面的基本倫理準則在私人交往領域還是被恪守的。商品經濟帶來了交易活動的增多，市場經濟社會的商業道德狀況並不是太好，蔡先生所批評的以劣充優，以假充真，坑蒙拐騙等等，在現代社會中是越來越糟糕了，這種誠信缺失的不良道德環境和市場秩序曾經引起國人憂慮，現實與虛擬環境中的各種騙術令人防不勝防，這些都是以直接奪取別人的財產為目的的，這不能不說是我們當下社會道德失落的一個重要表現。蔡先生批評的官員以陰暗的形式貪污腐敗，掠取人民和國家財產的事，在當代也是愈演愈烈，這些人的行為正如蔡先生所說，其惡劣程度遠比那些迫於生活貧窮而偷盜的人還要惡劣。要實現社會風氣根本好轉，必須加強社會經濟—道德環境治理，更加有力地打擊那

些直接掠奪人民財產的各種詐騙犯罪和官員貪腐，切實維護人民和國家的財產安全。

當代社會，隨著網絡技術和傳媒技術的發展，人們的聯繫和虛擬交往更加方便快捷，這是社會的進步，同時，也帶來了一些利用傳媒和網絡毀人名譽的不良事件。現代社會，維護人的名譽與尊嚴，應成為每個人的價值信念，這需要公民首先要加強己的個人修養，多道人善，隱人之惡，而不是相反去讒誣和誹謗別人。同時也要加強相關社會環境建設與法制建設，以制度的力量切實維護人的名譽權，從而促進社會尊重並維護人的名譽與尊嚴的良好社會風氣的形成。

第二，社會成員必須積極履行博愛與禮讓的基本社會道德義務。

愛的情感是一切道德的積極性源頭，我國社會經過長期以來的政治鬥爭特別是文革時期對人權、人道的摧殘，加上近三十多年來，利益最大化、人性自私化的再次衝擊，使我們人性中的愛的情感資源有所淡漠，要使我們社會真正成為一個和諧的社會，在形成價值共識和道德觀時，務必要從這種根源性的仁愛與博愛精神教育開始做起，逐步喚醒人性中的善端，增強社會中人與人之間的愛情與善意，與人為善，在相互幫助、實踐公益的過程中逐步建立社會與人際的信任，因此，一定要講仁愛，行公益，這確實應該成為我們社會主義核心價值觀的重要內容，其中的「友善」與此有類似之處，但總覺得「友善」的表達，意義不如上述博愛表達更加明確。如何將傳統的仁愛思想與西方的博愛思想融會貫通起來，豐富我們的「友善」價值觀並加以實踐，這是培育當代中國核心價值觀與加強道德建設的重要內容。

現代社會已經由傳統的熟人社會變成了陌生人社會，仁愛的感情往往形成於熟人之間，它雖然可以向陌生人推擴，但這只是一種可能性，現代道德建設，不僅要依賴愛的有所為的積極情感，而且，要依賴禮義之有所守的理性精神資源。現代生活的公共性日益增強，有所守，講求遵守公共文明規範、維護公共生活秩序，提高公民道德素質是道德建設的重要內容。我國自古以來素有「禮義之邦」之稱，但傳統道德所講禮讓大多限於熟人間的禮讓，這是有可能的。但由於我國傳統社會公共領域並不發達，人們步入現代公共生活的時間還不長，人們缺乏社會公共生活的道德資源，因此，在與世界交往的過程中，國人當下的某些公共文明素質的低劣已經成為令人十分難堪的事情，與中國經濟社會發展的水平是不相稱的。蔡先生所講的「禮讓與威儀」的基本精神，對

於我們當代社會有非常重要的針貶意義。

第三，社會核心價值觀建設必須體現真正的價值共識和主體實踐性。如果我們把蔡先生所講的社會核心價值與責任觀與時下我們倡導的社會主義核心價值觀之社會價值共識部分的內容即「自由、平等、公正、法治」作以比較的話，就會發現，前者可能會更無疑義的形成真正的價值共識並且具有較強的主體性與實踐性；如果說「自由、平等、公正、法治」還只是一種社會理想圖景的抽象理念的話，而「生命、財產、名譽」則更具有一種主體性、實質性的目的性價值；如果說前者僅僅是一種抽象價值觀念的話，那麼，仁愛與禮讓的責任觀就是一種主體性、實踐性的德性，價值觀不僅是人們所崇尚的好的事物，為了實現這種事物還需要將之化作行動，如果沒有行動，再好的高尚價值也難以實現。正如習近平所認為的那樣：「核心價值觀，其實就是一種德，既是個人的德，也是一種大德，就是國家的德、社會的德。」〔註13〕蔡先生的社會價值觀與道義責任觀構成了一個完整的整體，體現權利與義務的統一，價值觀念與道義實踐的統一，具有更強的主體參與性、實踐操作性，在我看來是一種更為合理的全社會的價值共識和共同責任。

原載《船山學刊》，2017 年第 3 期

〔註13〕習近平，《在北京大學師生座談會上的講話》，《光明日報》，2014 年 5 月 4 日。

朱光潛倫理思想析論

　　朱光潛先生（1897～1986）的學術思想貢獻不僅體現在其對中國美學的貢獻，而且他也具有系統深刻的倫理思想，其倫理思想主要體現在其《給青年的十二封信》《談修養》中，朱先生的這兩本「大家小書」足以體現其學養的深厚，學貫中西古今，史論結合，議論準確深刻，史實典故隨手拈來，其深厚的哲學、心理學學養，使其對問題的分析體現出對人性和人的心理的深刻細緻的洞察，其語言表達和文字風格流利暢達，明白感人。

一、倫理的基礎：生活與情理

　　人為什麼要講道德？或者換句話說，道德的目的是為了什麼？追求好生活，不僅是一切道德實踐的目的，而且也是倫理學家探索道德問題的目的。追求好生活或者追求幸福是道德的目的，生活也就成為道德建構的基礎，一切道德的建構都是為了好生活，而不是相反，生活接受道德的引領、指導甚至約束最終還是為了好生活。馬克思說：「人們為了能夠『創造歷史』，必須能夠生活。但是為了生活，首先就需要吃喝住穿以及其他一些東西。因此第一個歷史活動就是生產滿足這些需要的資料，即生產物質生活本身。」〔註1〕並進而指出：「現代歷史著述方面的一切真正進步，都是當歷史學家從政治形式的外表深入到社會生活深處時才取得的。」〔註2〕這兩段話告訴我們，一切學術研究和著述都應以詮釋、指導生活為基礎，為旨歸。倫理學作為一門以人和人的道德為研究對象的人文學科更應該面向生活、深入生活；只有如此，才能取得真

〔註1〕《馬克思恩格斯文集》第1卷，北京：人民出版社，2009年，第531頁。
〔註2〕《馬克思恩格斯全集》第12卷，北京：人民出版社，1962年，第450頁。

正的學術進步，從而為提升人民的生活品質和人生幸福做出貢獻。這涉及做一切學問的一個根本出發點和方法論，朱先生認為：「我時常想，做學問，做事業，在人生中都只能算是第二樁事。人生第一樁事是生活。⋯⋯假若為學問為事業而忘卻生活，那種學問事業在人生中便失去真正意義與價值。」如果是這樣，「在個人方面，常使生活單調乏味，在社會方面，常使文化浮淺褊狹。」〔註3〕「我要說的話，都是由體驗我自己的生活，先感到（feel）而後想到（think）的。換句話說，我的理都是由我的情產生出來的，我的思想是從心出發而後經過腦加以整理的。」〔註4〕「學術思想是天下公物，須得流佈人間，以求雅俗共賞。」朱先生說的雖然是做一切學問和生活的關係，但這種對待生活與學問的態度，卻不僅符合馬克思主義的觀點，而且也符合當下國家所提倡的學術研究要「貼近生活、貼近民眾、貼近實踐」的方針，對於人文學科的倫理學研究就更有啟發意義，如果一味顛倒觀念世界和生活世界的關係，如果一種學問研究不基於生活與實踐，這種倫理學研究就變成了某些學者的嗜好，所形成的理論必然是灰色的，而對常青的生活缺乏價值引領和指導規約。朱光潛先生的生活先於學問或者說生活是學問的基礎的思想對於我們從事倫理學研究提供了一種重要的方法論啟示：倫理的基礎是生活或者說生活是倫理的基礎，應然要基於實然，規範要基於事實。「規範是應然的，是以人的意志定出一種法則來支配人類生活的，事實是實然的，是受自然法則支配的。⋯⋯規範雖和事實不同，而卻不能不根據事實。⋯⋯規範倘若不根據事實，則不特不能實現，而且漫無意義。」〔註5〕

如果生活是倫理學或者道德的客觀前提，那麼，道德的主體基礎是什麼呢？主要是基於人的理性或者理智還是情感？圍繞這個問題，西方哲學史主要是理性主義佔據主導地位，但也不乏感性主義，而在中國文化中則體現出一種情理合一的情本體思想。我曾經撰有專文「論中國文化的情理精神」對此做過一點分析：「儒學或中國文化中的情理精神其特色首先在於它既不是西方式的情感主義又不是典型的理性主義，而是一種合感性與理性為一體的情理精神。理生於情，理寓於情，理以節情，理以化情，它是以情感為基礎的，又是以理性為指導的，以實現通情達理、合情合理為目標的，而且在這種情與理的

〔註3〕 朱光潛，《給青年的十二封信》，北京：人民教育出版社，2018 年，第 39～40頁。

〔註4〕 朱光潛，《給青年的十二封信》，第 103 頁。

〔註5〕 朱光潛，《給青年的十二封信》，第 53 頁。

交融中化解了理性與感性的對立衝突，而達到了一種中庸的理想境界，即合乎理性的倫理情感。」〔註6〕實際上在現代中國學術史上，有類似觀點的學者還有梁漱溟（《東西文化及其哲學》）、林語堂（《中國人》）、李澤厚（《倫理學綱要》）蒙培元（《情感與理性》），朱先生早在20世紀20年代末也持這種觀點，可以說深諳中國倫理的特質和主體精神，他在《給青年的十二封信》中的「談情與理」一文中專門分析了這個問題，並對情感作為道德的基礎做出了深刻的分析。他認為理智不是萬能的，行為的原動力是本能與情緒，不是理智，他認為功利主義和心理學中的目的心理學皆倡導感性為行為原動力。他認為理智的生活是很狹隘的，如果僅任理智，那宗教、藝術和愛對人將變得無意義了。他認為理智的生活是很冷酷的，很刻薄寡恩的。「純粹理智的人天天都打計算，有許多不利於己的事他絕不肯去做的。歷史上許多俠烈的事蹟都是情感的而不是理智的。人類如要完全信任理智，則不特人生趣味剝削無餘，而道德亦必流為下品。嚴密說起，純任理智的世界只能有法律而不能有道德。純任理智的人縱然也說道德，可是他們的道德是問理的道德（morality according to principle），而不是問心的道德（morality according to heart）。問理的道德近於外力，問心的道德激於衷情，問理而不問心的道德，只能給人類以束縛而不能給人類以幸福。」「生活是多方面的，我們不但要能夠知（know），我們更要能夠感（feel）。理智的生活只是片面的生活。理智沒有多大能力去支配情感，縱使理智支配情感，而理勝於情的生活和文化都不是理想的。」〔註7〕接著朱先生又以五四時期胡適先生在《答汪長祿書》中對孝道批評為例進一點闡發了他的觀點，他認為，胡適先生文中認為父母於子無恩，因為生他時並沒有取得兒女的同意，因此，不應把「兒子孝順父母」列為一種「信條」，朱先生認為，胡適這種觀點也只是把孝假定為只是一種報酬，「只是一種問理的道德」，孝並不是一種報酬，不是借債還息，不是生意買賣，而是愛，是以心感心，以情動情。「換句話說，孝是情感的，不是理智的。世間有許多慈母，不惜犧牲一切，以護養她的嬰兒；世間也有許多嬰兒，無論到了怎樣困窮憂戚的境遇，總可以把頭埋在母親的懷裏，得那不能在別處得到的保護與安慰。這就是孝的起源，這也就是愛的起源。這種孝全是激於至誠的，是我所謂問心的道德。孝不是一種報酬，所以不是一種義務，把孝看成一種義務，於是『孝』就由問心的

〔註6〕 肖群忠，《倫理與傳統》，北京：人民出版社，2006年，第214頁。
〔註7〕 朱光潛，《給青年的十二封信》，第57～59頁。

道德而為問理的道德了⋯⋯禮至而情不至，孝的意義本已喪失⋯⋯近人非孝，也是從理智著眼，把孝看作一種債息。其實與儒家末流犯同一毛病。問理的孝可非，而問心的孝是不可非的。」〔註8〕朱先生準確深刻分析了情感基礎上的情理合一作為道德的人心主體基礎機制，對現代的非孝者也是一種深刻有力的批判。更重要的是揭示了中國倫理的情本體的特色，給我們以深刻的人文精神的陶冶和啟示。情本體是中國文化與道德的特色，倡導情志是中華人文精神的精華，因此，在當下工具理性昌盛、功利主義橫行、到處都是精緻利己主義的當下，倡導中華文化與道德的情本體、做人有性情、有擔當，無疑有助於社會道德精神的提升。

二、道德的前提：價值與人生觀

倫理學是一門價值科學，倫理道德的實踐不僅要以生活和人的心理機制作為客觀與主觀基礎，而且，要以一定的價值觀或者主體的人生觀、人生態度為主體前提，因為我們如何行動，做什麼樣的人，總是以這個行動是正確的，這樣做人是善的為價值合理性的前提。在西方哲學史上，倫理學一直是哲學價值論的核心，任何一種倫理思考其核心問題是行動和做人，但卻離不開為什麼要這麼做、這麼做為什麼是對的、善的或者合理的價值思考。朱光潛先生也深諳倫理學這一要旨，在其倫理思想中，他特別重視「價值意識」（專文篇名）和人生觀、人生態度及其對人的道德選擇與實踐的影響的探討。

在「價值意識」一篇專文中，他認為：「物有本末，事有終始，知所先後，則近道矣。」「價值意識對於人生委實是重要。人生一切活動，都各追求一個目的，我們必須先估定這目的有無追求的價值。」「『哀莫大於心死』，而心死則由於價值意識的錯亂。我們如想改變風氣，必須改正教育，想改正教育，必須改正一般人的價值意識。」他把事實與價值的分別在實踐應用上釐清為「條理」與「分寸」，甚是精妙。「條理是聯繫線索，分寸是本末輕重。有了條理，事物才能分別類居，不相雜亂；有了分寸，事物才能尊卑定位，各適其宜。條理是橫面上的秩序，分寸是縱面上的等差。條理在大體上是純理活動的產品，是偏於客觀的；分寸的鑒別則賴於實用智慧，常為情感意志所左右，帶有主觀的成分。別條理，審分寸，是人類心靈的兩種最大的功能。一般自然科學在大體上都是別條理的事，一般含有規範性的學術如文藝倫理政治之類都是審分

〔註 8〕 朱光潛，《給青年的十二封信》，第 58～59 頁。

寸的事。這兩種活動有時相依為用，但是別條理易，審分寸難。一個稍有邏輯修養的人大半能別條理，審分寸則有待於一般修養。它不僅是分析，而且是衡量，不僅是知解，而且是抉擇。『廐焚，子退朝，曰：「傷人乎？」不問馬』，這件事本很瑣細，但足見孔子心中所存的分寸，這種分寸是他整個人格的表現。所謂審分寸，就是辨別緊要的與瑣屑的，也就是有正確的價值意識。」

　　朱先生從宏觀上將價值分為真善美三種，並認為追求真理是科學的，追求美是藝術的對象，而藝術活動分欣賞與創造，而追求善，是道德行為的對象，行善社會才可安寧，人生才有幸福。求行為的善，即所以維持人格的完美與人性的尊嚴。「世間事物有真善美三種不同的價值，人類心理有知情意三種不同的活動。這三種心理活動恰和三種事物價值相當。真關於知，善關於意，美關於情。」教育的目的在啟發人性中所固有的求知、想好、愛美的本能，使它們盡量生展。「於是有智育，德育，美育三節目。智育叫人研究學問，求知識，尋真理；德育叫人培養良善品格，學做人處世的方法和道理；美育叫人創造藝術，欣賞藝術與自然，在人生世相中尋出豐富的興趣。」理想的教育是讓天性中所有的潛蓄力量都得到盡量發揮，所有的本能者都得到平均調和發展，以造成一個全人。「所謂『全人』除體格強壯以外，心理方面真善美的需要必都得到滿足。只顧求知而不顧其他的人是書蟲，只講道德而不顧其他的人是枯燥迂腐的清教徒，只顧愛美而不顧其他的人是頹廢的享樂主義者。」〔註9〕

　　以上是朱先生對價值意識或者價值觀之內在理論的分析，包括價值之於人生的重要性，事實認識與價值追求的區分，價值的分類等問題，實際上朱先生在本文中首先是從青年修養與實踐的角度談論價值觀的，他認為，大學教育在於使人有正確的價值意識，知道權衡輕重。追求名位是中國學者的大患。由此引出了倫理學或者道德觀的最基本的問題：義利之辨。「『正其誼不謀其利，明其道不計其功』，是儒家在人生理想上所表現的價值意識。『學也祿在其中』，既學而獲祿，原亦未嘗不可；為干祿而求學，或得祿而忘學便是顛倒本末。我國歷來學子正坐此弊。……近來一般社會重視功利，青年學子便以功利自期，入學校只圖混資格作敲門磚，對學問沒有濃厚的興趣，至於立身處世的道理更視為迂闊而遠於事情。這是價值意識的混亂。教育的根基不堅實，影響到整個社會風氣以至於整個文化。輕重倒置，急其所應緩，緩其所應急，這種毛病在每個人的生活上，在政治上，在整個文化動向上都可以看

〔註9〕 朱光潛，《談修養》，桂林：廣西師範大學出版社，2004 年版，第 117～118 頁。

見。」〔註10〕他說：「在從前，至少在理論上，道德是人生要義；在現在，道德似成為迂腐的東西，不但行的人少，連談的人也少。」〔註11〕由上述引證可見，朱先生不僅對倫理學或者道德觀的基本問題有高度的理論自覺，而且早在20世紀40年代所發批評教育和時弊的議論，對我們觀察當下的社會文化思潮不也是有深刻的啟發意義嗎？四十多年來，中國改革開放，經濟建設有目共睹，但功利主義盛行，道德失落也是不爭的事實，學習研究朱先生的義利觀，無論對我們社會形成正確的義利觀和良好社會風氣，還是我們個人的人生幸福與修養顯然均具有重要的啟發意義。

　　朱先生不僅對義利觀有其理論自覺與洞見，而且對道德觀的另一重要價值選擇問題也有深刻而獨到的理論，這就是他的群己觀。任何一種倫理觀從其價值取向上都要面對個體本位還是社會本位，關於這個問題，朱先生在其《個體本位與社會本位的倫理觀》一文中開篇就指出：「社會由個人集合而成，而個人亦必生存於社會。由前一點說，個人是主體，社會是擴充；由後一點說，社會是主體，個人是附庸。粗略地說，中國傳統的倫理思想偏重前一個看法，西方傳統的倫理思想偏重後一個看法。」〔註12〕也就是說他認為中國倫理思想是個人本位的，而西方思想是社會本位的，這與學術界的通常看法正好是相反的。如早在五四時期，陳獨秀先生在其《東西民族根本思想之差異》一文中所指出的那樣，「西洋民族以個人為本位，東洋民族以家族為本位。西洋民族，自古迄今，徹頭徹尾，個人主義之民族也」。〔註13〕那麼，朱先生何以得出如此獨特的個人見解呢？我們來看一下他的分析論證：他在論證中國是個人本位時以道家與儒家為例。他認為道家是極端的自然主義，是極端的個人主義，因此而拋棄人為，任其自然，蔑視社會、尊生貴己，這似乎有些道理，實際上作為倫理觀上的個人與社會必然是一種關係，道家學說是一種隱士的哲學，他們是極力擺脫社會，因此，這裡的個人實際上已經與世俗社會沒有多大關係了，因此，說他們具有尊生、貴己的人生觀是可以成立的，但說他們具有個人本位的倫理觀則是有點勉強。朱先生分析儒家學說所謂修齊治平，內聖外王，立己達人，都是從「己」即個人出發的，但朱先生未能區別思維起

〔註10〕 朱光潛，《談修養》，第111～116頁。
〔註11〕 朱光潛，《談修養》，第33頁。
〔註12〕 朱光潛，《談修養》，第24頁。
〔註13〕 陳獨秀，《東西民族根本思想之差異》，《新青年》第1卷第4號，1915年12月15日。

點和方法上的從己出發並不具有實質利害損益的「倫理性」或者「道德性」，因此，不能說從己出發就是個人本位的，這就如同董仲舒所說的「仁以愛人，義以責己」，實際上二者都是以人或者己為出發點的，但其實質卻都是「互以對方為重」（梁漱溟語）的人際本位或者社會本位的，另外，從修身或者內聖出發，其最終指向和目的還是齊家、治國、平天下或者外王，這顯然都是社會本位的。對於西方思想的社會本位，朱先生舉了柏拉圖、盧梭、穆勒的「最多數人的最大量的幸福」，黑格爾的思想甚至耶穌的救世思想，這其中的某些人的思想確實是集體主義或者當代的社群主義思想的先驅，但某些人物的思想如穆勒的功利主義這個「最多數人的最大量的幸福」，在顯性上似乎是群體導向，但其後臺支持的理論卻是個體的肉體感受性和「公益合成說」，因此，其實質是個體本位還是群體本位還是有討論空間的。當然，無論怎麼說，西方思想傳統中應該說個人主義或者社會本位的思想都有其代表人物和思想傳統，但從總體看，一般認為西方思想是個人本位的，也是不謬的。這從古希臘的原子論，人是萬物的尺度，一直到近現代的啟蒙運動，個人主義和自由主義哲學佔據西方文化主導，這都是不爭的事實。但不管怎麼說，朱先生在 20 世紀 40 年代就對這個價值觀、倫理觀問題進行了深入思考分析並得出自己不同的看法是難能可貴的，而且，他也承認「說到類型，都不免普泛粗略，中國人也未嘗不偶有從社會本位出發，西方人也未嘗不偶有從個人本位出發」。顯然，這個問題在他看來也是比較複雜的，但他這樣講的目的或者說是實踐關懷在於：「不過就大體說，中國人以為一個人須先是自己是一個好人，對社會才會是好人，個人好，社會才能好；西方人以為一個人對於社會是好人，才算得是好人，社會好，個人就容易好。」〔註14〕這種中西文化特質的比較卻是非常準確的，中國人或者儒學的思維方式，是只有先改變自己，才能改變社會，反求諸己，修身為本，只有明明德，才能親民或者新民，才能達於至善。這也許就是朱先生強調中國倫理以自己作為出發點的旨趣所在吧。

三、倫理的核心：處群與人際道德

道德，產生於協調人群關係的客觀需要，是協調人與人關係的規範，因此，規範、原則、準則的探討就成為道德觀和倫理學探討的核心問題。朱先生深諳此理，他特別重視道德的處群功能，在《論修養》一書的 22 篇短文中，談一

〔註14〕朱光潛，《談修養》，第 26 頁。

個專題著墨最多的就是《談處群》，有上、中、下三篇。並把「群育」與德育、智育、美育、體育並提，可見其重視程度。

朱先生認為，「我們民族性的優點很多，只是不善處群」，這表現在社會組織力的薄弱，社會德操的墮落，社會制裁力的薄弱。他認為能否處群是衡量一定民族是否是開化民族的標準，「普通所謂『文化』在西文為 civilization，照字原說，就是『公民化』或『群化』。『群化』其實就是『法化』與『禮化』。一個民族能守法執禮，才能算是『開化的民族』否則儘管他的物質條件如何優厚，仍不脫『未開化』的狀態」。〔註15〕而要處理好人與人、人與社會關係即「群」的關係，就離不開道德、法律與輿論。「一個民族的道德風紀就是他的共同目標，共同理想。這共同理想的勢力愈堅強，那個民族的團結力就愈緊密，而其中各分子越軌害群的可能性也就愈小。」〔註16〕要處好群，要求我們要有社會德操，這種社會德操最重要的就是要有公私分明的意識，守法執禮的精神，民主的風範。人們要有共同理想，參加共同的活動，民主國家人民易成群，而專制國家人民則不易成群，這也許就是我們在歷史上不能成群、處群的原因。「政體既為專制，而社會的基礎又建築於家庭制度。謀國既無機緣，於是人民都集中精力去謀家。」「部落主義是家庭主義的伸張，在中國社會裏，小群的活動特別踴躍，而大群非常散漫。」「小組織的精神與大群實不相容，因為大群須化除界限，而小組織多立界限；大群必擴然大公，而小組織是結黨營私。我們中國人難於成立大群，就誤在小組織的精神太強烈。」〔註17〕一個民族的性格和一個社會的狀況大半是由教育和政治形成的。因此，我們要改變這種民族不善處群的狀況，就要從教育上不僅要教人知識，還要教人做人，要人多過團體的生活，要盡量增加團體合作的活動。處群的訓練，不僅要靠教育，也要靠政治，人民必有群的活動，群的意識，必感覺到群的力量，受群的裁制，然後才能養成良好的處群的道德。

朱先生的處群論實際上是對現實道德關係的分析，一定的倫理原則建構必須建立在一定的倫理關係基礎之上。他對中國當時的國民性和道德關係的分析即中國人不善處群的分析至今來看仍然是準確的，對其成因的分析和建構的原則、改良的方法等問題的論述都是切中要害，即使在今天看來仍然有重要

〔註15〕朱光潛，《談修養》，第 32 頁。
〔註16〕朱光潛，《談修養》，第 33 頁。
〔註17〕朱光潛，《談修養》，第 37 頁。

的思想價值。反過來說，道德和法律作為人類自我控制和調節社會生活、人際關係的兩種軟、硬規範，對客觀的道德關係也有重要的調節和控制作用。朱先生說：「想調劑社會的需要與利己的欲望，人與人中間的關係不能不有法律道德為之維護。因有法律存在，我不能以利己欲望妨害他人，他人也不能以利己欲望妨害我，於是彼此乃宴然相安。因有道德存在，我盡心竭力以使他人享受幸福，於是彼此乃歡然同樂，社會中種種成文和默認的信條都是根據這個基本原理。服從這種禮法和信條便是善，破壞這種禮法和信條便是惡。」〔註18〕

　　道德產生於一定的倫理關係，為了處理好人與人之間的道德關係，也需要建構相應的倫理原則和道德規範，在這方面，朱先生主要分析了中國傳統道德中的普遍與核心德目：仁與義，還有針對青年人群，主要分析了交友之道與戀愛婚姻道德，既有普遍性的分析，也有很強的人群針對性。

　　《談惻隱之心》《談羞惡意識》兩文顯然是在分析傳統道德中的「仁義」兩德。《孟子‧公孫丑上》曰：「惻隱之心，仁之端也；羞惡之心，義之端也；辭讓之心，禮之端也；是非之心，智之端也。」《易傳‧說卦》有言：「立天之道曰陰與陽，立地之道曰柔與剛，立人之道曰仁與義。」韓愈在其《原道》中認為：「仁與義為定名，道與德為虛位。」「凡吾所謂道、德云者，合仁與義言之也，天下之公言也。」仁義是立人之道，又是道德的實質，足可見仁義在傳統道德中的核心地位。

　　孟子是儒家思孟、心性學派的代表人物，其對道德問題的分析本就是本著一種反求諸己的心性論路線，朱先生更是以他儒學和豐厚的中西方文化教養和心理分析之長對仁義兩德進行了更加深入透徹的現代分析。所謂惻隱之心就是對別人所處危難、痛苦狀況的一種同情之心，他以孟子所舉的「今人乍見孺子將入於井」的例子進行分析並認為「這種同類的痛癢相關就是普通所謂『同情』，孟子所謂怵惕惻隱之心。」並認為這種惻隱同情之心即愛人之心是野蠻與文化，惡與善，禍與福，死滅與生存的分水嶺，惻隱仁愛之心，是一切文明、人性與道德的淵藪和基礎。「孔孟所謂『仁』，釋氏所謂『慈悲』，耶穌所謂『愛』，都全從人類固有的一點惻隱之心出發。他們都看出在臨到同類受苦受難的關頭上，一著走錯，全盤皆輸，丟開那一點惻隱之心不去培養，一切道德都無基礎，人類社會無法維持，而人也就喪失其所以為人的本性。這是人類智慧的一個極平凡亦極偉大的發現，一切倫理思想，一切宗教，都基於這點

〔註18〕朱光潛，《給青年的十二封信》，第33頁。

發現。這也就是說，惻隱之心是人類文化的泉源。」〔註19〕這種分析論述實在是準確，深刻分析闡發了仁德在中華或者儒家文化與世界各大宗教中的源頭意義，接著他分析批評了那種認為「惻隱仁慈只是弱者的德操」的觀點，而是認為這種基於惻隱的愛心恰恰是產生一切偉大事業的道德心理基礎，如孔子的「仁者必有勇」，菩薩心腸與英雄氣骨常有連帶關係，最好的例證是釋迦。「世間勇於作淑世企圖的人，無論是哲學家、宗教家或社會革命家，都有一片極深摯的悲憫心腸在驅遣他們，時時提起他們的勇氣。」「無論如何，在建國事業中的心理建設下，培養惻隱之心必定是一個重要的節目。」〔註20〕朱先生的這些思想清晰闡明了仁德在中國倫理與世界文化中的重要與源淵地位，並啟示我們弘揚傳統美德、進行道德建設首先仍要以培養這種基於惻隱之心基礎上的仁愛之德為首務，讓世界充滿愛，培育人們的愛心與奉獻精神，仍然是這個世界變得更加美好的倫理思想基礎。

義究竟產生於哪裏？按照荀子的觀點，人能群，在群中各人有其分即份，這使人有了義，也就是說在他看來，人賦己責。或者說角色、秩序產生了社會客觀人倫關係中的義務，而在孟子看來，義則產生於人內心兩種感情即「羞惡之心，義之端也」，也就是說如果自己做錯了事換句話說沒有盡到義務，人會感到害羞，而別人做錯了事人會感到厭惡，或者按朱先生的詮釋是「行為適宜或恰到好處，須從羞惡之心出發。」〔註21〕這兩種心理感情可能不是義的真正客觀來源，而可能是人未履行義務後的心理感情反應和體驗，但其對人加強義務的自覺性和人格修養的主動性顯然還是有積極意義的。不僅如此，朱先生非常重視羞惡之心對於法律、道德和人格養成的重要作用。他說：「世間許多法律制度和道德信條都是利用人類同有的羞惡之心作原動力。近代心理學更能證明羞惡之心對於人格形成的重要。」而且他認為羞惡之心與自尊心、榮譽感是一體之兩面，有恥才能向上奮鬥，「知恥近乎勇」，悔悟是羞惡之心的表現，羞惡之心最初是使人有所不為，但恥也促使人自尊自重，不自暴自棄。不僅個人須有羞惡之心，集團也是如此，他認為在當時的民族英勇抗戰就是最好的例證。如果說仁是一種情感性、積極性道德，那麼，義就是一種理性地、裁斷、約制性的消極道德，當然恥感也能激發出積極的義務感，仁義是中國道德中兩

〔註19〕 朱光潛，《談修養》，第 49 頁。
〔註20〕 朱光潛，《談修養》，第 52 頁。
〔註21〕 朱光潛，《談修養》，第 54 頁。

種最重要的倫理精神源泉，因此，我們有「仁義道德」連用的習慣，朱先生對義在個人人格養成和社會生活中的作用都進行了仔細深入分析，是很寶貴的思想資源，我們在當代道德建設中，要仁義兼行，合情理、激勵與約束於一體，倡導履行積極義務與遵守消極義務相結合，激發人們的羞惡心與榮譽感，形成正確的榮辱觀，為此，才可能有助於國民道德素質的提高和社會風氣的好轉。

朱先生認為：「人生的快樂有一半要建築在人與人的關係上面。只要人與人的關係調處得好，生活沒有不快樂的，許多人感覺生活苦惱，原因多半在沒有把人與人的關係調處適宜。」這種看法完全符合中國的實際，由於我們中國文化是一種倫理本位、關係本位，因此，如果在生活中處不好各種人倫關係，肯定會使主體感到不快樂，這種情況從傳統中國一直延續到三十多年前，這三十年來，似乎西方文化的個體本位精神已經深入滲透到當代中國社會生活中來了，因此，人際關係對主體的壓力變小了，使某些人感到了一種自由和輕鬆，消極性和積極性的壓力都變小了，這使某些人獲得了輕鬆和自由，但喪失了責任和秩序。

中國傳統人倫關係主要是「五倫」即父子、夫婦、兄弟（長幼）、君臣、朋友，而朱先生也許是針對青年人群寫的前述兩本書，因此他特別重視朋友這一倫，而且他對朋友一倫關係的性質和地位提出了自己獨到的看法：「五倫之中，朋友一倫的地位很特別，它不像其他四倫都有法律的基礎，它起於自由的結合，沒有法律的力量維繫它或是限定它，它的唯一的基礎是友愛與信義。但是它的重要性並不因此減少。如果我們把人與人中間的好感稱為友誼，則無論是君臣、父子、夫婦或是兄弟之中，都絕對不能沒有友誼。就字源說，在中西文裏『友』都含有『愛』的意義。無愛不成友，無愛也不成君臣、父子、夫婦或兄弟。換句話說，無論哪一倫，都非有朋友的要素不可，朋友是一切人倫的基礎。懂得處友，就懂得處人；懂得處人，就懂得做人。」〔註22〕從理論上看，朱先生認為朋友之倫的基礎是自由與愛，因為愛是一切人倫關係的基礎，因此，他把朋友關係看做是一切人倫的基礎。但在實際人際交往關係中，朋友關係遠沒有父子、兄弟血緣關係、夫婦姻緣關係、君臣政治利害關係那樣，由於基礎牢固、利害相關，因而是更重要的，在《中庸》中認為夫妻是人倫之始，因為只有夫婦結合才能組成家庭、產生新的生命。在傳統中國，實際最為人們看重的人倫關係仍然是父子、君臣，在家孝親，在朝忠君仍然是中國人的根本

〔註22〕朱光潛，《談修養》，第 80 頁。

義務。當然，沒有朋友的人生也是不完滿的，因此，古人也重視朋友之倫。朋友之間貴在相知，也貴在形成良好影響，塑造人格。《說文解字》謂「同志為友」，交友原則貴在「同聲相應，同氣相求。」要交益友，諍友，以義相交而非以利相交，「愛人者人恒愛之，敬人者人恒敬之」，交友要常常牢記「責己宜嚴，責人宜寬」，朱先生上述這些對年輕人提出的交友原則規範都是中華友道的智慧結晶。

年輕人的時年特點決定了他們必然面臨性愛、戀愛結婚問題，既然朱先生上述兩本書主要是以年輕人為對象群體的，因此，在兩本書中都有專文談這個問題。朱先生認為，性愛問題很重要，正如聖人所說的「飲食男女，人之大欲存焉」，他認為這個問題是「性」的自然本能與「愛」的社會精神性的統一，這種分析客觀平實，既不是把性愛看作僅是人的性慾自然衝動，也不是純粹柏拉圖式的「精神戀愛」，性中有愛，愛中有性。圍繞這個問題所形成的人類文化的「禮法」無非有兩種作用或者說是起源：第一是防止爭端，其次是劃清責任，戀愛的正常歸宿是婚姻，婚姻的正常歸宿是生兒育女，成立家庭，因此，當事人都要負責。社會對此事進行合理裁制的界限和標準仍然是如上所說的防止爭端和劃清責任。解決自然欲望衝動與合理裁制的關係應該是問題關鍵所在。另外，朱先生也主張，當「遇著戀愛和道德相衝突時，社會本其『道德的宇宙』的標準，對於戀愛者大肆其攻擊搗毀，是分所應有的事，因為不如此則社會所賴以維持的道德難免墮喪」。〔註23〕這說明戀愛道德的倡導實屬必要。

如何從總體上認識評價朱光潛先生的倫理思想？在我看來：首先，朱光潛先生有系統的倫理思想和深厚的倫理學養。在朱先生散文化的似乎不經意的寫作中，所體現出來的對倫理學研究的生活與情理基礎、價值觀、人生觀的前提的自覺，對中國社會人倫關係弊端的自覺反思，對傳統道德核心或者重要德目如仁義、孝等的清醒自覺和深刻分析，都體現出其高度的倫理學學養和系統的倫理學思維訓練、慎密思考和嚴整邏輯，令人肅然起敬並深受教益。其次，朱光潛先生關於學術思考與寫作必須基於生活、面向大眾，通俗易懂，對於我們都有學風和文風上的重要啟示。最後，朱光潛先生的倫理思想博大精深，視野、觀點、方法的創新性深具啟發性，研究揭示其思想光輝，有利於加強 20 世紀我國倫理思想遺產研究，推動當代中國倫理學學術進步。

原載《北京大學學報》，2020 年第 4 期

〔註23〕朱光潛，《給青年的十二封信》，第 36 頁。

人文學者與中西哲學
——韋政通著作讀書箚記與評論

　　每一位讀書人因其專業和性情，總有幾位自己心儀的著作人，在當代學人中，錢穆、林語堂、韋政通是我喜歡的著作家。韋政通先生是一位祖籍江蘇鎮江、目前已 92 歲高壽的臺灣著名學者和思想家，他長期從事中國思想史、文化哲學和倫理學研究，他思想的清晰、文字的清新曉暢令人喜歡。

　　記得購藏最早的韋先生的著作是 20 世紀 80 年代在大陸「走向未來叢書」中出版的《倫理思想的突破》，那時我還是一個剛入倫理學門坎的年輕人，對這樣一本來自海外，回應了現代挑戰而又有創新的倫理學著作肯定是要入藏的，讀的可能並不深入，加之學養也不夠，但其中的一些新觀點如臺灣社會提出的「第六倫」（陌生人與陌生人之間的關係）的討論信息卻是從這本書中得到的。

　　記得在我讀博士期間（1997～2000），有一次去日壇公園的書市上淘得了一本韋先生的《中國哲學辭典》（水牛出版社、世界圖書出版公司，1993 年版），雖為大陸版，但仍保留著臺版的繁體豎排版式。為此感到很高興、很有收穫，以後研究什麼問題，先要查查韋先生這本辭典，看他對若干觀念是如何整理的。2009 年，當吉林出版有限責任公司再出簡體橫排版後，我又買了一本。近日讀到中華書局出版的「韋政通文集」之一的《知識人生三大調》第 62 頁一段話時，心裏不由得一陣偷樂：在《少小離家老大回》一文中，韋先生在其第二節記述了 1988 年中國文化書院院長湯一介為他組織了一個學術座談會，「這場座談會由湯院長主持，院方事前印了一份我的簡介分發與會者，包

括生平、現職和著作目錄，其中有一節：『特別是由韋政通先生著的《中國哲學辭典》和由他主編的《中國哲學辭典大全》，在國際上享有盛譽，從而更加確立了韋政通先生在學術界的地位。』這一段文字，使我頗感意外，因在我的主觀評價中，這兩部書只占次要又次要的地位。」是啊，在 1988 年的大陸學術界，由於兩岸信息交流不夠，人們未必能全面瞭解韋先生在思想上的創造與貢獻。但他的這部辭典卻是以其文獻的紮實可靠為很多學人所熟悉並使用，因此，才有湯先生之言。也許在韋先生自己看來，這部辭書只是一種學術的資料整理工作，它的重要性不及自己的思想創見，但客觀上卻是嘉惠學林。因此，本人認為重要的可能與學界一定時期認為重要的並不一致。

實際上，韋先生的著作對我的影響不僅限於上述兩本書。這些年來，大陸出版韋先生的書日漸多起來了，基本上我能看到的都買了，如兩個出版社的《中國的智慧》，中國和平出版社，1988 年版，吉林文史出版社，1988 年版；《中國文化概論》，嶽麓書社，2003 年版；《中國思想史》（上、下），上海辭書出版社，2003 年版；《儒家與現代中國》，上海人民出版社，1990 年版；《中國思想傳統的創造轉化》，雲南人民出版社，2002 年版；還有中國人民大學出版社出版的全本《倫理思想的突破》《中國文化與現代生活》，均為 2005 年出版。韋先生的這些書，我讀得有粗有細，不僅受到思想的啟發，在教學與研究工作中也常常借鑒引用，如在給研究生上中國倫理思想史課程時，備課多有參考韋先生的《中國思想史》，在上中國人民大學哲學院倫理學專業博士文獻課時，我將韋先生的《倫理思想的突破》作為我選定的 20 世紀 10 餘本經典著作要求學生閱讀。

以上這些似乎都是一種自然而然的、不經意的讀書生活，最近使我對韋先生給予特別關注並引起我濃厚讀書興趣甚至產生研究韋先生相關著作和思想的動機，來自於這樣一個刺激：2017 年寒假去書店，發現新書中又有韋先生的如下幾本書：《韋政通八十前後演講錄》，華中師範大學出版社，2009 年版；中華書局，2011 年出版的「韋政通文集」一套四本：《傳統與現代之間》《人文主義的力量》《時代人物各風流》《知識人生三大調》，先買到的是《韋政通八十前後演講錄》，韋先生的學術文字輕鬆易讀，演講錄更是直抒胸臆，加之其中的內容多談及治學和修身的方法，更易引起思想共鳴。因此，我拿起來就沒再放下，在家讀了一些後就出發去歐洲旅遊了，一路上除了帶著要看的學生的博士論文，再就是這本書了，不僅讀完了，同行的妻子也看完了，我讀後還準

備要求自己的學生們也要看，我相信肯定會對他們大有好處，也省得我去指導他們。韋先生的修身與治學方法我都深為敬佩並贊同，讓學生們直接聆聽大師級的老師的教導，比我給他們說強多了。回到家後，又接著讀上述文集的最後一本，因為這一本相當於韋先生的學術傳記，韋先生本人就提倡讀傳記，我對這一方法也深為贊同，因為一本好的傳記確實就是一部活的人生教科書，況且韋先生的治學方向和路數與我太接近了，我雖不能及，但心嚮往之，讀到一本半時，總覺得先生人生奮鬥的歷程令人感動，一些重要的教導似乎不做點文字筆記是不行的，因此，故有此記此感。

韋先生是一位高壽且健在的臺灣著名學者，其思想的先銳和新見，敘述文字的曉暢通達，其在中國思想史、倫理思想、文化理論、中西比較等方面的學術貢獻，都受到了學界的廣泛關注和好評，兩卷本的《中國思想史》被看作是繼胡適、馮友蘭之後真正有分量和學術原創性的中國思想史著作，《中國文化概論》被評為學術通俗化的最好樣板，《倫理思想的突破》是其代表作之一，產生了很大的學術影響。本文無意全面研究評論韋先生諸多方面的學術貢獻，作為一篇讀書劄記和評論，主要是對韋先生關於人文學者主體的若干特質和中西哲學區別、傳統倫理的君臣之義以及當代中國社會需要從富裕走向文明等問題記而評之。

一、知識人生的三種角色

韋先生的知識人生三大調子就是學者、思想家、知識分子，作為學者，他對中國思想史的一些重要專題研究如荀子、董仲舒、朱熹、孔子、毛澤東等人物都進行了專深的研究並做出了突出貢獻，在通史方面其《中國思想史》自有自己的諸多學術創見，其《中國哲學辭典》亦造福學界。作為思想家，他提出並認真從事了傳統的創造性超越工作，他最初是儒家和傳統的信仰者，繼而又是傳統的批判者，最終成為傳統的超越者，他以思想的智慧和學者的中和對新儒家、自由主義和社會主義都有自己的理解和超越。面對現代化的挑戰，他對「倫理思想的突破」做出了自己獨特而全面的貢獻。作為知識分子，他以知識與觀念參與的形式，啟蒙青年和大眾，立足臺灣，關懷大陸。他不僅以《中國文化概論》《中國的智慧》等著作使青年和廣大讀者受益，而且自 20 世紀 90 年代以來，他多次來大陸多所高校演講，直接向青年學生傳道授業。韋先生知識人生的這三大調子是現代學人的三個基本的角色，在先生身上完滿地合而

為一。作為後學，應從先生的人生經歷中獲得啟發，學習追隨，提升自我。先生奮鬥之艱辛實屬不易，雖然與牟宗三、唐君毅、徐復觀等新儒家和自由主義者殷海光等著名學者有師友關係，但基本上屬於自學成才，是一種體制外邊際性知識分子。有時連生活都發生困頓，雖然最終成功了，但其中的艱辛令人敬佩，這樣成功的學者更值得尊重。其叛逆性格、獨立人格實是成為一真正的學者和知識分子所必備，他對權威主義性格的批評我也感同身受，一個學者，如果沒有一點自由之精神和獨立之人格，我想他就不會成為一名真正的學者。

二、享受學者生活的孤獨和寂寞

「獨處，一個人，一個人生活。在社會現代化的潮流之下，我們獨處的能力逐漸喪失。喪失的原因，是我們現代的社會花樣太多，吸引力太多，誘惑太大。每當你一個人生活的時候，就會恐慌，覺得寂寞無聊。」（《韋政通八十前後演講錄》，第 91 頁）

可是，學者的生活卻離不開獨處，「這種獨處的能力，我們又稱之為一種承受寂寞的能力。一旦寂寞了，沒有什麼關係；寂寞了以後，我還過得蠻愉快。……我們培養一點承受寂寞的能力，那麼將來遇到寂寞的時候，我們就有能力消受，不會為了寂寞到處亂跑，為了寂寞而犯錯。人的錯誤行為，常常是在一種極度寂寞的情況下犯下的。……如果理想一點的話，我們要學習享受寂寞，學會享受孤獨。……一個有成就的學者，都是孤獨的。只有數十年如一日地工作，你才能真正有比較大的成就。因為我們的工作永遠做不完，要解決的問題永遠做不完，時間永遠是不夠用的。」（《韋政通八十前後演講錄》，第 93 頁）

那麼，如何培養這種能力呢？一是要養成閱讀的習慣，二是要提升專注力，三是養成克服難題的耐力，四是要提高生活的品位。

「生活品位的一個基本特徵，就是物質生活簡單樸實，精神生活豐富多彩。具有生活品位的人，一般比較重視精神的世界，重視精神生活，而比較不重視物質，即內重則外輕。中國人講，這個人很有分量，一個真正有分量、精神世界飽滿的人，他會不太重視物質生活。所以你看一個人，到他家裏看他怎麼裝扮，用什麼裝潢，你大概就知道這個家庭的人的品位。」（《韋政通八十前後演講錄》，第 98 頁）

是的，獨處、孤獨、寂寞可能是一個讀書人生活的常態和合理的生活方

式。要成為一個優秀的學者，要下苦功，「板凳要坐十年冷」，自然是要獨處的，沒人能代替的。學者在某種意義上可以說是「知識個體戶」，他有他獨特的知識、思想與精神世界，要與社會生活保持必要的距離，才能靜下心來做學問，反省社會。當然這是說「士」即純粹的學者，如果出「仕」了，難免就要去做「管理眾人」的事了，這可能已經是官了，但其出身卻是知識分子，這是兩種生活方式，這兩種角色如果為一人所兼有，就會有一定的衝突和矛盾。在中國歷史上，做學問和做官在很多人那裡是集於一身的，在當代社會的高校裏，也有所謂的兩肩挑，但在我看來，實際上一個人同時做兩件事，精力總是有限的，是難以做好的。總結三十年來的人生經歷，常勉勵自己「人生不可二志」，卻常常經不住誘惑或自認為還行，常常做不到這樣的自勵，因而就常有心理衝突和矛盾。不過無論如何，總應該明白，一個知識人應該享受獨處、孤獨和寂寞，似乎隨著年齡增長，是越來越喜歡獨處的生活，然而有時卻是客觀的身不由己。

享受孤獨和寂寞是一個高尚靈魂自我關照的優雅生活，時下浮躁功利的世風使很多人都坐不下來，不能享受這種孤獨和寂寞的生活，正如韋先生所說，一看其家裏的裝修就可以看出主人的品位。人要有自己的精神家園，有的人由於精神的缺失，忙得僅把自己的家當作一個睡覺的窩，其裝修有錢卻沒文化。中國人相較於外國人，家中的藏書量是很少的，我曾在一個美國教授的三層別墅的家裏住過一夜，人家一層整個是教授的個人圖書館。有的人可能就很少讀書，一些平常百姓來我家或者是要投入門下的求學青年來家拜訪時，常為自己的書房所震撼感動，其實，我自知，作為一個文科知識分子來說，我的藏書實際上是很少的，儘管如此，在一般人看來似乎是很多的。可見，提高全民族的文化素質還是非常急迫的。

三、學者的類型和治學方法

「楊國樞兄在《學院生活的追索》一文中，曾分析過學術研究的兩種形態：一是『安土型』；一是『游牧型』。安土型的學者，在研究課題的選擇上所表現的特色是從一而終，他們往往選定一兩個題目，從此便心無旁騖，專心研究下去。而游牧型的學者，往往見異思遷，喜歡轉換研究的課題，好比逐水草而居的游牧民族，不停地由一塊牧地轉徙到另一牧地。我的性格是比較接近游牧型的，……在要求學術品質與自我滿足二者之間，我往往寧願犧牲

前者而放任後者。性格決定人生，這話真有點道理。」（《知識人生三大調》，第 75 頁）

這段話本人感同身受，引為知己，自己特別喜歡韋先生其人其書，也許就在於我們是同一類人。我自認為也屬於這種游牧型的人，並進而認為，這種游牧型的學者必須要有發現一方水草的眼光和能力，也就是說，他們往往具有一些學術的識見和眼光，有比較廣泛的學術興趣點，有敏感的問題意識，但他們的缺點則是淺嘗輒止。發現新的自留地而不深耕的人，這一缺點韋先生也許沒有，但我覺得自己可能就有這樣的缺點，有時讀讀書，問題就來了，甚至有時一本書還沒讀完，一篇文章的思路就來了，即使發現了有意義的問題，也不會抓住不放做深入研究。比如，自認為「道德功利主義」「情理精神」都是自己對中國傳統倫理文化內在機制與精神的重要解釋性概念，但也只是分別寫了一篇文章了事。實際上，這些問題都可以作為深挖的領地，可自己卻沒有這樣做。正如韋先生所說，性格決定命運，就隨它去吧！

關於治學方法，韋先生多次談到他的「科際整合法」，也就是多學科、多角度地研究同一個問題，這一點我非常認同，自覺似乎在本人三十年來的治學道路上也是自覺運用的，特別是自己覺得，治倫理學特別是以中國的思想資源治倫理學更要這樣。一方面，倫理道德是廣泛滲透在社會生活的方方面面中的社會現象，如果沒有一個廣視角、多學科的視域，是難以全面正確地理解道德現象的；另一方面，在中國文化中，倫理道德是民族文化的核心或者說中國文化就是倫理型的，故倫理道德更是與中國的宗教、哲學、政治、法律、教育甚至經濟、軍事、國民性和生活方式緊密聯繫在一起的，本人治倫理學或中國倫理學，就是基於一種寬廣的文化學的視野和方法，因此，對韋先生的方法也是引為知己。

另外，韋先生下面所說的這個方法，我曾經在給學生講課時講到過，我把它概括為「以寫帶讀法」。

「閱讀是廣度的開拓，寫作則是深度的挖掘。人的思想不能僅靠閱讀或深思默想而成熟，必須掌握有興趣的論題，辛勤的建構，使紊亂中顯秩序，並予以系統化的表達。才能一級一級上升，一步一步前進。」（《知識人生三大調》，第 21 頁）

四、何謂知識分子

「在中國的 20 世紀初期，一般上過學，在中學以上的人都被稱作知識分

子了。讀過點書的人都稱作知識分子，那是一個泛稱。……我們在這裡所講的知識分子是在 20 世紀形成的一個新的觀念。這個觀念強調社會的批判和改造。知識分子的特色，一個就是批判，另一個就是從事一種社會的改造。用知識批判社會的不合理現象，用新思想、新的觀念推動社會的改造，只有這樣的讀書人才能稱作知識分子。」（《知識人生三大調》，第 155 頁）

「知識分子」觀念有兩個來源：一個來源是法國，另一個來源是沙皇時代的俄國。……當然，知識分子的概念形成雖晚，但類似知識分子的角色很早就有了。這種角色在中國古代早就有過，比如孟子所說的『大丈夫』就是近代人所說的知識分子。……儒家講的『大丈夫』偏重於道德，而近代『知識分子』除了道德之外還強調知識，特別是運用知識進行社會批判的精神。」（《知識人生三大調》，第 155～157 頁）

「知識分子有不同的類型。有的著重於觀念的參與，有的著重於社會的實踐。所謂觀念的參與，就是用我們的思想和觀念為改造社會、建設現代國家服務。……觀念的參與，是相對於在象牙塔而言的。象牙塔並不是一個很壞的觀念，一個專心從事學術工作的人，他可以只做研究不做觀念的傳播。我們中國現在專心一致從事研究的學者還是太少，純粹的學者還是非常缺乏，所以象牙塔並不壞。但他們是學者不是知識分子，知識分子不侷限在象牙塔內，他們常常注重把觀念和思想傳播到社會，參與這個社會的演變和發展，這就是一種觀念的參與。純粹的學者不一定要做這種事。」（《知識人生三大調》，第 162 頁）

「跟觀念參與的知識分子不同，另一種類型的知識分子是致力於社會的實踐。從事社會實踐的人不只是寫文章、演講，而且付諸行動。社會上的群眾運動，像學生運動、勞工運動、婦女運動、弱勢團體的運動等，背後都是知識分子在支持的、在動腦筋的，他們把他們的理念付諸行動，這就是社會的實踐。

究竟是做觀念參與的知識分子還是做行動的知識分子？怎麼樣去選擇？一個讀書人，他是不是要扮演知識分子的角色，扮演到什麼程度，是由個人的性格決定的。」（《韋政通八十前後演講錄》，第 163 頁）

韋先生的上述論述，傳達了現代知識分子的觀念並做了中西的比較，說到底所謂知識分子不僅是有文化的人，而且要有道義的承擔和社會批判、社會關懷，但是在當代中國卻有一種知識分子理論，主張知識分子只是一個純粹的知

識工作者，人們應該放下沉重的十字架也就是放棄自己的道義承擔，把自己作為一個普通人，一個憑知識掙飯吃的人，這種觀點實際上是把學者與知識分子的角色混同了，當代社會的唯知識化，重智輕德的傾向是這種思想形成的社會大背景。「一個教授、一個學者不一定是知識分子」，批判並改造社會才是知識分子的本質規定。當然，韋先生具體分析了學者與知識分子這兩種角色的區別並承認各自的價值合理性，因此，對於個人的選擇來說都是自由的，是僅作為一個學者還是要繼而成為知識分子，這確是由個人的價值觀或性格所決定的個人選擇，但從一個社會的整體來說，可能也需要知識分子的社會批判和實踐參與，否則社會就會缺乏進步的重要智力資源。

五、經師和人師

中國傳統中有一種人稱為「經師」，一種人稱為「人師」。漢代有所謂五經博士，是官職。這些人，專門講經書，是經師，跟現代專門傳授知識的人比較接近；中國傳統裏還有一種人叫人師，道德學問上做人的榜樣、典範的那種老師。「經師易至，人師難求」。……傳統的「人師」，以道德楷模為追求，這在現代體制裏面幾乎落空了。現代體制中，當一個老師、教授，只是看學術上的專業和成就，主要不講求你道德上的修養。

「就大學教授來說，必須確立一種『教堂跟教室不同』的觀念，這對傳統的教師概念是個挑戰。傳統社會教師的工作，按照韓愈的說法，是『傳道、授業、解惑』。傳道是信仰層次的問題，傳統社會，無論東方西方，多半是把信仰和知識混淆的，教師不但要傳授學術，而且要傳達信仰。現代化的社會，教師只是授業、解惑，不再把傳道作為重點。」（《韋政通八十前後演講錄》，第112～113頁）

「希臘傳統以知識為主的師生關係與中國儒家傳統以道德為主的師生關係，在性質上的確有所不同，這種差異對中西思想的發展有一定程度的影響。以追求知識為主，則『吾愛吾師，吾尤愛真理』的想法，勢所難免，因追求知識的終極目標在發現新的真理，要發現新的真理，必須不斷推陳出新，在這一目標下，師承是過渡性的，一個大思想家必須獨立門戶，開闢新天地。……在以道德實踐為主的儒家傳統裏，除了少數例外，知識一直處於附從的地位，師承不是人生的踏腳板，一日為師，終身為師，弟子最大的願望，也不在知識的創新，而在承先啟後，為往聖繼絕學。……因此，在中國，重視傳統，強調尊

師重道，就成為很自然的現象。」（《知識人生三大調》，第 20～21 頁）

這幾段話韋先生講到了為師之道與中西方的師生關係。「經師」與「人師」之辨是中國的重要傳統，雖然「人師」在現代體制中幾乎落空了，但作為一個為人師者，仍然要將為「人師」作為奮鬥的目標。韋先生對現代教師的職能的理解，關鍵在於如何理解「傳道」之含義，如果從狹義即宗教信仰的角度，無疑韋先生所說是正確的，時下的教育制度，傳教的宗教是不能允許入大學、進課堂的，但我理解在中國傳統語境裏，所謂所傳之道可能並不主要是這種宗教信仰的「天道」，而是人生與做人之道，如果這樣理解的話，實際上與「人師」的追求是一致的。作為一個傳統社會的「師者」，不僅要授業、解惑，這是他們的「經師」之責，而且要「傳道」，這正是他們的「人師」之責。現代社會的某些教師只把自己作為一個職業人，以知識傳授掙飯吃，而放棄了為人師者的道德表率作用。但在我看來，在現代社會，仍然要提倡將韓愈所說的三項兩類職能作為教師的完整定位，如此，才能完成教師既教書又育人的職責。當然，做到「經師」與「人師」集於一身，就更是一個更高但也應該努力為之的目標了。

韋先生對中西方師生關係的比較，我覺得有一定的道理。求知識之進步，必要超過老師，否則，知識和學術難以進步。因此，「吾愛吾師，吾更愛真理」就應該成為現代師生關係的一個原則。要做到這一點，為人弟子者固然要有這種超越的能力和膽識；作為為人師者，也要有理解和容忍的雅量。但中國人又素有「一日為師，終生為父」的傳統，因此，從做人的角度，則要尊敬老師，盡弟子職，執弟子禮。背叛師門、數典忘祖，被中國人看作是最不道德的事。從理論上講，這種知識的知性追求和情感與做人上的尊師重道似乎是可以分別情況並能做到的，但在實踐中，由於中國文化的慣性，往往又是難以實現的，中國人容易把學術和情感混為一體，把說事與說人不加分別，因此，做學問難，做人更難。有的老師因為學術觀點不同而對自己的弟子有情感上的親疏，有的弟子因為學術觀點而與老師翻臉，然而在我看來，雖然很難，但作為一個現代學者，這兩點的分殊和不同對待仍然應該是努力為之的。

六、中西哲學的區別

「西洋的哲學偏向的是精確的概念定義、清晰的邏輯推理、嚴密的理論證明等，而中國哲學這方面比較差，中國的哲學跟西洋的很不同。中國哲學注

重的是精神修養，無論是儒家還是道家，都有這樣的偏向。西方哲學與精神修養沒有什麼關係（神學例外），它注重的是抽象理論和邏輯思考。」（《韋政通八十前後演講錄》，第 111 頁）

「中國人講倫理學，一開始就和西方哲學講的倫理學是兩碼事，性質上有根本的區別。中國人的倫理，我們叫做規範性的倫理，它是要用行為去實踐的倫理；西方人的倫理學，主要問題不在實踐，西方的傳統裏面，道德的實踐問題是屬於宗教負責的。……儒家究竟是哲學還是宗教：它既是哲學也是宗教，既不是哲學也不是宗教，都可以講得通。」（《韋政通八十前後演講錄》，第 36 頁）

「中國哲學原來的精神就是一種生命體驗。中國人儒、釋、道三教都很重視這個生命，生命是需要體驗的，不只是理解。理解跟體驗是兩碼事。我們現在求學問都是理解，但是缺少體驗，一種生命的學問需要體驗，你要瞭解宗教，你單單在文獻上去理解，那是不夠的，必須體驗那個修養的過程，修養工夫的過程，難就難在這兒。所以我們現代人，像胡適之、馮友蘭寫的《中國哲學史》，因為他們都在美國受教育，學到西方哲學的思考方法，因此離開中國原來的那個精神距離比較遠。」（《韋政通八十前後演講錄》，第 129 頁）

中國哲學史與西洋哲學史有很大的不同，西洋哲學多半是一個抽象的、理論的過程，它的哲學活動本身就是目的，中國不是這樣的。中國任何哲學家、思想家，他人生最重要的目的不是在寫幾本書，也不是在創造一個思想系統，無論是儒家、道家、佛教，這些思想家最終極的目標和人生的理想是一個人格的成長和完成，這個觀念我們現代人已經不瞭解了。所以寫《中國思想史》或《中國哲學史》容易出現「隔」的問題。

「在中國傳統中，為學與做人，做人比為學更重要。如果一個人品德差了的話，他的學問會被貶低。中國文化裏面有這樣的觀念，西方沒有，西方哲學家人格上可能有重大的缺點，但是在學術上我承認你的學術價值，把做人和學術分開看。中國傳統是比較不分開看的。在中國，你要做一個大儒不是寫一大堆的書啊！寫一大堆的書，不能成為大儒，必須建立人格的風範，要有道德的風範，這樣的人才受尊重。我們當代的新儒家，受西方的影響，思想力求系統化、哲學化。這個也很重要，因為你受到西方的挑戰，必須把中國哲學變成抽象的思考，也要變成系統化，要能翻譯成英文給西方人看。而新儒家把真正的儒家精神丟了。丟在哪裏？就是丟在道德修養上沒有重視。儒家要在社會上產

生影響，現在的新儒家影響在哪裏？那就是影響在學院少數讀書的人，而且是對儒家有興趣的人，影響是非常之有限，因為它是以知識為主的。一個儒家要在社會上有影響力，它需要有淑世人格的感召力，這一代的新儒家是缺乏的。過去那些大儒，像王陽明、朱熹，像程頤、程顥，像孟子、荀子，他們當時有很大的影響力，他們的影響力不是靠寫書，而是靠對社會有種教化的責任。」（《韋政通八十前後演講錄》，第 127～128 頁）

　　韋先生關於中西哲學的區別的論述，很多看法在我看來是發人深省、深以為然的，但其中可能還會存在比較大的爭議，觀察目前中國大陸的思想史和中國哲學史界，實際上很多人也還是沿著胡適、馮友蘭所開創的西學的路子，以知識論的視角在做一種純學問式的「哲學」研究，多有研究儒家的「學者」，而少有將儒家學說化作他們生命體驗、生活方式的「儒者」。話題比較敏感，以本人的淺薄之學識，還是少說為妙，多抄少評，不過，以韋先生對現代中國思想史的學養，以及他與新儒家大師代表人物的交誼（曾拜訪梁漱溟，與牟宗三、唐君毅、徐復觀等人均具有師友關係），他總還是應該有批評的資格與權利吧！

　　上述筆記寫完有十多天了，這兩天又讀了《中華讀書報》2011 年 2 月 16 日刊登的劉笑敢先生的一篇學術自述的長文：《四海遊學記》，這篇文章中也有一些關於中國哲學的身份、方法、標準等問題的論述，觀點獨特而有見地，這裡也摘錄其中的一些觀點，有助於中國哲學合法性和特質等問題的思考研究。

　　「最先引起注意和討論的是『反向格義』的問題。在港臺，多次有人提到：『不懂康德，怎麼研究孟子？』這讓我馬上想起杜繼文說的『不懂馬列，怎麼研究中國哲學』。顯然，在不少人看來，用西方哲學（包括馬列）的角度、框架、概念來研究、解釋、重構中國古代的思想理論是天經地義的，或者是必須的。我並不完全反對這一傾向，因為這是中國哲學作為一個現代學科建立的客觀歷史。但是，對這種做法的盲從造成中國哲學研究的一個困境就是不能、不會、或不想客觀地理解中國古代思想家的術語、理論、目的和意義。」

　　「中國哲學的身份、性質和方法問題。我最新的提法是兩種身份、四種角色。即是說，中國哲學這個術語同時代表『現代學術』與『民族文化』兩種身份。前者同時擔當現代學科和世界文化資源兩種角色，後者同時擔任民族文化的主體和個人修身養性的精神指南。所謂『國學熱』的出現凸現了儒、釋、道作為民族文化代表和個人精神生命資源的功能在現代社會復興的需要，於丹、

易中天大受歡迎就是這種需要的明證。即使斥之為『糟蹋學術』或『精神鴉片』也無法否認這種需要。於是，『中國哲學』這四個字所代表的儒釋道傳統就仍然有民族文化的身份，而這一身份就有了民族文化載體的角色以及個體精神生命導師的角色。」

劉先生的這種觀察和理解準確、客觀，深有啟發，與韋先生的觀點有相互支持的意義。當然我們應該看到用西方哲學框架和概念解釋中國經典的「反向格義」，作為現代學科的中國哲學研究路子在大陸學界仍然佔據主流地位，你如果想以民族文化或生命學問或為己之學的態度，來指出他們純知識論的不足時，準保被認為你是沒學問的，他們是有學問的，是正統。劉先生的觀點比較平實，他也知道這種情況是一時半會也難以改變的，他至少是提醒人們注意這兩種身份、定位的不同，決定了其目標、方法和標準的不同。

七、何謂君臣有義

「所謂『君臣有義』，這個觀念當時還沒有受到專制的影響，或者受到法家的影響。法家強調君臣尊卑的觀念，君是無限的尊崇，臣子是無限的卑賤。尊卑的觀念是法家首先提倡的，但是在『五倫』這個觀念開始出現的時候，君臣之間的關係還不是尊卑的關係。『君臣有義』的『義』字，通俗的解釋就是做官『合則留不合則去』。大臣有大臣的風範，先秦時代不乏其人，到漢朝仍有這樣的大臣，是以道義與皇帝結合的，我可以幫助你治理這個國家，但是如果你不接受我的建議就拂袖而去，我不幹了，這就是『義』。」（《韋政通八十前後演講錄》，第 37 頁）

可是在中國人的現實實踐中，儒家這種理想似乎已經被丟棄了，君臣有義，這說明君臣在義的面前是平等的，大家都應該「唯義是從」，義者，宜也、合理、應該，合則留，不合則去，可由於中國長期以來的歷史文化影響，很多領導有權威主義性格和一言堂、家長制的作風，實際上這是吸收了法家的君尊臣卑思想，甚至是皇權專制或山大王意識，很多領導實際上也在運用法家的法、術、勢的思想，而並不實行禮賢下士、君禮臣忠的儒家倫理，缺乏民主作風和風格，看來中國文化真是陽儒陰法啊！前些年竟然有這樣的新聞報導：地方上的副職領導雇黑或直接殺害正職，這種惡性事件之所以發生，原因也許很複雜，但主要有兩個方面：從副職這方面看，可能是利慾薰心，喪失理性、越規殺人；從正職這方面看，也許是其家長制作風和權威主義性格一直壓

迫著副職，使其無法忍受，才做出如此之不理智的行為。因此，韋先生認為現代中國的新倫理的建構一定要吸取自由、民主、平等這些來自西方的價值理念，以補充我們傳統倫理中的不足，改造我們的傳統倫理，以實現傳統的創造性超越。

八、從富裕走向文明

「現在市場經濟越來越發達，可是生活的品質卻相對的越來越低下，人的素質也相當低劣。這是我們目前面臨的一個大問題。我們的經濟慢慢地越來越好，可是人的素質沒有跟上。」（《韋政通八十前後演講錄》，第86頁）

「我們現在這個社會，搞市場經濟，一切向錢看，不是前面的『前』，而是金錢的『錢』。當一切向錢看的時候，社會一定會有很多不堪的事情發生，就是為達目的不擇手段，貪污之風盛行，要改，非常不容易。除了懲罰人以外，制度方面也要改良。」（《韋政通八十前後演講錄》，第88頁）

「我們一定要知道，一個國家除經濟發展之外，更重要的還要提高國民素質。……一個國家發展經濟，可以使這個國家慢慢富有起來，但你這個國家的人民如果素質不夠，特別是人文素質不高，你再富有，都不能夠得到別人的尊敬，這是我們學人文學科的人要特別重視的。」（《韋政通八十前後演講錄》，第89頁）

「很不客氣地說，我們大陸在目前的狀況下，文明的水平可以說還需要極大地提升，品格就更不用講了。……文明與品格是素質教育的核心部分，同時，文明和品格也是一個國家無形的競爭力。」（《韋政通八十前後演講錄》，第166頁）

「其實，經濟發展了以後，它的重要目的是把我們人的素質提高，把我們的貧富差距拉近，促進社會的和諧，增加人們的幸福。」（《韋政通八十前後演講錄》，第167頁）

「但願今後我國的人文學者，能共同組織一個推動人文教育的機構，以提高國人的生活品質。到目前為止，世界上還沒有一個人民品質低落而能使經濟持續發展的國家。」（《韋政通八十前後演講錄》，第208頁）

以上論斷是韋先生2004年10月、2006年10月在杭州師範大學和東南大學的兩次演講中提出來的，可謂是切中時代之弊，有先見之明。近年來，隨著經濟的進一步發展，這一問題也越來越引起國人的重視，記得前不久讀了一本

名為《從富強到文雅》（鳳凰出版傳媒集團、江蘇文藝出版社，2010 年版）的書，這是鳳凰衛視世紀大講堂的一個演講集，而這個書名是取自甘陽的一篇篇名，甘陽在文中認為：「我基本認為，三十年過後，我們的富裕程度已經相當可觀，但仍然是一個相當粗鄙的、不大有教養的社會。」（該書第 62 頁）「我覺得從下一個三十年開始，僅僅是經濟發達、人民富裕、軍力強大是遠遠不夠的，我們的人民也必須是受過高等教育的、具有高度素養的人。只有這樣，才能對得起中華民族作為禮儀之邦的偉大傳統。」（該書第 69 頁）前不久，還看過一本臺灣黃昆岩先生寫的《教養——離我們有多遠》的書，昨天看了《光明日報》2011 年 2 月 6 日發表的於平的文章《文化人格的層次攀升》一文，他把人或民族群體的文化人格層次劃分為如下四個層次，「文化素質」，這是一個人有無「文化」的基礎層次，「文化水平」，這可以確定一個人「文化水準」的高低；「文化涵養」，則是更高一級水平的體現；而「文化境界」，則是對高層次文化人格的評價。這些著述都使我深受啟發，作為一個倫理學工作者，對這一問題比較自覺和敏感，對上述觀點非常認同，自認為也有責任通過教育和教化，啟迪民眾實現陳獨秀先生所說的倫理之覺悟是國民覺悟之最後之覺悟，誠望更多的國人對此有自覺，從而不斷提高中華民族的文明素質和國民的道德素質，真正從富裕走向文明，使世人不僅僅是製造「中國威脅論」而害怕我們，更重要的是應讓他們真誠地尊重中華文明及其人民。但我也深知，這方面要做的工作還很多，很不容易，任重道遠。心靈和精神文明的建設絕非一朝一夕之事。人們對一些不文明無教養的事已經麻木不仁了。2017 年年底，參加首都精神文明辦舉辦的在京相關學科和文化界人士的「做文明有禮北京人」的新春聯誼座談會。一方面是一個主題研討，另一方面也是一個年終的團拜聯誼，出席者有百人左右。在宴會前一個小時，有幾個著名學者（都是全國級學會的會長如陳來先生、萬俊人先生等）做主題演講，在我看來，他們都是學養深厚、高屋建瓴的人，講得都非常好，我很想認真聽聽，可竟然底下的聽眾都鬧哄哄的，我當時嘴上不敢說，但心裏想，這就是中國人當前文明素質差的最典型的體現，連教授們都是這樣對著名專家的演講不尊重，隨便講話，可想而知要是一般的公民將如何？這又使我想起了大概在五、六年前，我作為中國倫理學代表團的秘書長與一行二十多位倫理學教授赴韓國訪問，常常為這些教授們在五星級酒店大堂以及與韓國教授同乘的汽車上旁若無人、大聲喧嘩的不文明行為，急得我團團轉，很多人都不以此為恥，終於晚回的師弟與韓國人在後來

的深度交往中被告知，中國教授素質很差，這不是指他們的學術、外語水平，而是指他們的文明教養，令人聽了後更感汗顏。我說這兩件事，是想說明人的文明素質的提高的迫切性。我曾專門研究過日本自明治維新以後的公共文明素質的建設情況，日本人在國際上有良好的形象，這絕非一日之功。

中國改革開放已經四十年，我們在經濟上取得了令世人矚目的巨大成就，當前也是我們離實現中國夢最為接近的歷史時期，但當前中國人的道德素質還需要不斷提升，這也是一個不爭的歷史事實，因此，韋先生關於要從富裕走向文明的論斷真是富有歷史洞見，指明了我國社會發展的文明方向，為我們提供了寶貴的精神導向，值得我們珍視。

原載《唐都學刊》，2018 年第 5 期

真誠性、創發性是
儒家道德主體性的根本

　　成中英先生是現代新儒家三期發展階段的代表人物，是國際著名學者，也是中國人民大學哲學院的講座教授。2016 年 3 月 22 日，成先生受人大哲學院姚新中院長邀請，在「人大倫理學論壇」上奉獻了他的最新思想成果——「論儒學的真誠性與創發性：兼論儒學的三偏與三正」的學術報告。我受姚院長委託，擔任這場學術報告的學術評議人，有幸提前拜讀了成先生的大作，並親耳聆聽成先生報告，我想從如下四個方面，對成先生此次報告的思想，談一點我的理解和評論。

一、述史砭今說偏正，真誠創發開新論

　　我想從宏觀角度先講一下對成先生此次報告整體思路的理解。成先生是儒學大家，他在報告一開始首先從儒學史的角度，回顧了儒學的五個發展階段及其特點。他認為先秦儒學是一種基礎胚胎，漢代大致屬於政治儒學。宋代則是心性宇宙哲學。近代則是危機回應哲學。現代新儒家的共同特點是必須要有現代性。在現代新儒家中，牟宗三的心性儒學並不是唯一的，比如不能不重視唐君毅重視文化意識與歷史發展的立場和徐復觀的主張發展民主意識的建言，也不能忽視方東美在中西文明與哲學的比較的闡說中彰顯中國哲學真誠與創發的形象及影響。大陸新儒家重視政治儒學是可以理解的，但與心性儒學可能不是一種排斥對立的關係。成先生對新儒家二期發展的代表人物的評價是客觀公允的，成先生這次報告的學術思想可能更多地受到方東美

先生思想的影響。他對後學第四代發展中的大陸新儒家和港臺新儒家所持基本立場即心性與政治儒學觀點的評議也是很有時代感,且在之後還有較為詳盡的討論。

成先生在報告一開始首先論史,我想是為其新說提供一個知識的背景,也說明了當代儒學的各種面向即心性儒學、政治儒學、生活儒學在儒學史上都是有其思想資源的。在此論史的基礎上,他闡發了自己治儒學的特點:哲學儒學的核心概念和立足點即儒學的真誠性與創發性。「就我個人而言,我或許屬於當代新儒家的第三代,重視儒學的宇宙創發精神,重視儒學的整體的哲學思想的系統建立,這是當代儒學面對現代性的一個的新發展。」(以下引成先生上述報告論文,不再一一注出)

「周雖舊邦,其命維新。」儒學進入現代社會後,要發展必須要創新。「儒學本身就具有求新的精神,有創新性,這就需要回到更原初的儒學精神,回到漢以前的儒學,對本體性的問題加以關注。」「即使在歐美,現代性背後的主體性,即人的主體性,來自中國的儒學。我一直強調這一點。」「現代性的發展蘊含在道德主體性裏面,主體性開發工具理性,創建一個理性化的社會體系是自然與必然的,像馬克斯‧韋伯所說的。」「總言之,反觀中國儒學的發展,我們還是需要回歸到一個創造性儒學的階段,就是認識儒學的創發性和真誠性。」儒學需要創新,如何創新?就是要重新探究原始經典儒家是如何進行創造的,要回到真誠這個儒家生命哲學的根基,要回到道德主體性這個儒學創造的源泉。其動力是德性。《中庸》又曰:「誠者,天之道也;誠之者,人之道也。」「有誠之後,就可以發揮自己的生命力量,所謂『至誠如神』『不誠無物』。『至誠』就是真實地掌握了生命本體,神就是創造力,『至誠如神』就意味著生命本身很大的創造力。掌握真實的自我,才能創造出新的天地和宇宙。若沒有『誠』,就什麼都沒有,『不誠無物』。不誠,是個空白、空洞,不能帶動宇宙的發展。真誠性帶動創發性,創發性才能開拓更多的真誠性。從儒學的歷史來看,一旦儒學失掉真誠性,就失掉創發性,就失掉生命力,就不能面對現代性。創發性與真誠性有密切關係。儒學不能在現代發展主要是因為它喪失了真誠性。」

至此,可以說,成先生完成了本文的知識背景敘述、立論之核心觀點和立足點即儒學要適應現代性,必須有也必能有創發性,要有創發性,必須有真誠性。誠不僅是儒學的道德本體論和形上學,也是其修養工夫論和創發性的前

提。誠意是儒家修身之本，立誠是創發之基。立誠和創發都是道德主體性的重要體現。失掉真誠和創發性是儒學發展的最大偏頗，堅持道德的主體性和價值理性，克服工具理性，堅持真誠性與創發性，是儒學實現現代發展與超越的必由之路。

總體上看，成先生的思路和方法論，從思想資源上是走的宋儒的道路，即堅持把「誠」或「真誠」作為儒學的一個形而上學本體，認為只要堅持這種「誠」就會使儒學有創發性，從而實現儒學的現代化轉型。從治儒學的方法論角度看，正如他本人所說，可能是一種「哲學儒學」，這可能是第二、第三代新儒學比較普遍性的一種方法論。在我看來，作為一種學術儒學，以「反向格義」法，借助西方哲學的分析方法，來解釋儒學，可能是儒學的一種現代化道路，但真正要使儒家傳統從「博物館文化」中蘇醒過來，變成一種活的傳統，並對現代生活能有所影響的話，似乎這條路的效果是值得質疑的。從此角度看大陸新儒家的所謂「政治儒學」「制度儒學」「生活儒學」「民間儒學」的努力，似乎應該是受到鼓勵的。在歷史敘述和理論基礎提出之後，成先生提出了其三偏三正（或四正）說，探討儒學的新發展。

二、仁義禮智誠為真，德性角色倫理魂

如何看待個人與社會的關係，儒學如何成為倫理學？這是成先生討論的第一個問題。不可否認，儒學雖然包含著豐富的思想內容，但倫理道德確實是儒學的核心，它塑造了中國文化的道德本位特色。「儒學是『本立而道生』的德性主義。」在這個問題中，成先生作為儒學大家，對儒家倫理的諸德目和倫理精神本質都給予了雖簡要卻精到的論述。

儒家成為一種倫理學，在我看來，顯然是由於孔子發現了仁，為禮這種文化和社會秩序的外在設計與規範找到了一個心性、德性的基礎和動力。

維護一個社會秩序，不能沒有正義，孔子強調「務民之義」（《論語‧雍也》），「義之與比」（《論語‧里仁》）。義是大家公認的價值目標，在義中區分善惡是非。孟子對此說得很清楚，「仁，人之安宅也；義，人之正路也」（《孟子‧離婁上》）。義是對事物關係的認識，是對個別事物的安排和具體的認識，是對人的合理行為的肯定和要求；然後禮才有實質內容。孔子昇華了禮，禮體現了仁的創造性。孔子更深刻地考慮禮，禮要實現仁，「人而不仁」是不好的，「為富不仁」是不好的，要「富而好禮」。禮不能空洞，須有仁作為基礎。禮

也需要義作為骨幹。用孔子的方式來說，禮源於仁，據於德，依於義。

　　成先生這段話，很好地詮釋了儒家倫理學三個最主要範疇和德目的內在關係，即禮義的外在秩序都要以仁這種人的心性與德性作為基礎與動力，但同時「克己復禮為仁」，仁也必須依靠禮義加以貫徹落實。成先生在此文中還論述了義與利、仁與智的關係，並指出誠是儒家倫理學創發性的基礎與動力。可以說文字雖然簡要，但他討論了儒家倫理學最重要的問題。仁義禮智是儒家提出的最重要的「四德」，也是四個最重要的道德範疇。義利之辨按朱熹的說法乃儒者第一義，對這些範疇之間關係的探討，是儒家倫理學的中心問題。仁與義、禮涉及內與外的關係，是儒家倫理的源初性問題。《易傳·說卦》有言：「立天之道曰陰與陽，立地之道曰柔與剛，立人之道曰仁與義。」韓愈在其《原道》中認為：「仁與義為定名，道與德為虛位。」「凡吾所謂道、德云者，合仁與義言之也，天下之公言也。」仁與禮是孔子倫理思想的核心。「孔子提倡仁學，每個人必須自我修養心性，導向了思孟學派。另一方面，孔子也注意到社會的治亂，在於能不能建構一個有價值目標的禮法框架，用一種聖賢當政的權威來規範社會的發展。」仁與禮涉及內心情感與外在規範關係，開啟了思孟學派重心性修養與荀子、董子重視外在教化的不同思想路線。重視仁智關係涉及情感心性與知識認知的關係，而義利關係則是涉及人生價值觀問題。「儒學既有感性也有理性，既重外在知識也重內在反思。儒學的體系，從仁到禮，從禮到智、到義，基於一個已知的框架建設。對於不同處境，儒學既可以有不同的德性，也可有不同的知識體系來相應。」成先生在講座中對這些問題都給予了簡明透徹的分析。

　　儒學是一種合內外之道，不僅要知己、為己，而且要知人、知物、知天，「發於中，形於外」「致中和」「位天地」。不僅修己，而且安人。不僅明明德，而且親民。不僅修身養性，而且要治平天下。不僅要「盡己之性」，而且要「盡人之性」。它不僅是情感主義的，也是理性主義的，是情理合一的。儒學不僅是一種角色倫理，而且是一種德性倫理。僅僅把儒家理解為一種角色倫理是有偏頗的。「角色倫理給人的感覺就是注重形式，是一種外在規範在組織中的安排，這就是角色倫理本身的問題。據我的理解，這是角色倫理的一個偏差。」「總而言之，角色倫理沒有找到儒學的真誠性、創發性，誤置了個人的重要性。」「正確的理解是，我們要把儒學看作創造德性的真誠倫理、創造倫理，不僅是角色倫理，也不僅是關係倫理。」成先生的立場觀點無疑是對的，他比

較重視角色倫理的內在心性基礎，倫理規範之所以能夠成為一種德性是以人的自覺性、真誠性為主體基礎的，強調角色倫理的心性基礎，對於針砭現代社會的「秀」「做」「偽」也是有意義的，但從全面的角度理解，儒家倫理誠如成先生之說，是合內外之道，因此，內在心性與外在角色也是互相聯繫，缺一不可的。

儒家既是一種德性倫理，發自人的主體之真誠，即人之愛心、義之自覺，同時也是一種角色倫理，有禮的關懷與踐行、智的認知與明察、信的堅守與完成。儒家倫理學是一種既重視心靈秩序的個人倫理學，也是一種重視社會秩序的社會倫理學。這種合內與外、個人與社會的德性倫理與角色倫理，如果用倫理學的現代話語來講，也可以被看作是德性倫理或稱美德倫理與規範倫理的合題。有一年在北京師範大學舉辦的一次學術論壇上，筆者應邀就這個問題發表主題報告，表達了這樣的學術看法，即儒家倫理學是美德倫理與規範倫理的合題：

> 修身做人的美德倫理學與政治社會倫理學在中國傳統道德思考中是統一的，雖然不同的思想家有其致思的重點，但就中國倫理學的總體來看，這二者之合大於分。不僅如此，中國傳統倫理學雖然是以修身的美德倫理學為起點和重點，然而，它不僅與治平倫理密不可分，而且，與人際間的規範倫理、交往倫理也是密不可分的，因此，可以說沒有一個獨立的美德倫理學形態。錢穆先生說：「既成為道德，必然有教訓。中國人教『忠』、教『孝』，西方似乎很不以教訓人。古希臘蘇格拉底所講之『正義』，亦與中國人之道德觀有不同。正義可以獨行其是，忠孝則必有對象。中國人講道德，乃在人與人之間，此即中國所謂之『人倫』。所以道德不是自守完成的，而且必是『及人』的」。〔註1〕這說明，中國傳統倫理是美德倫理學與規範倫理學的統一，如忠與孝，不僅是修身做人的美德，而且也是人與人交往的道德規範即君禮臣忠、父慈子孝。另外，如果把治平天下的政治倫理看作是一種基於教化社會的「教化倫理」的話，那麼，傳統中國人在日常生活中的修身倫理、家庭倫理、個人社會交往（如朋友、師生等人倫交往）倫理，我們都把它名之為「生活倫

〔註1〕 錢穆，《中國思想史六講‧中國學術思想十八講》，北京：九州出版社，2010年版，第99頁。

理」。生活倫理與教化倫理也是處於一種既相互聯繫，又相互區隔的合與分的關係中。〔註2〕

三、心性政治不可分，內聖外王再創新

近年來，圍繞心性儒學與政治儒學之爭，是儒學界的熱門話題，來自兩岸的一批比成先生更為年輕的儒家學者即所謂第四代新儒家對此問題進行了討論甚至會講。比如，不僅通過報刊隔空討論，而且還於 2016 年 1 月 9 日，由《天府新論》編輯部聯合四川省儒學研究中心，在成都杜甫草堂仰止堂舉辦了首屆「兩岸新儒家會講」，邀請港臺新儒家代表李明輝、林月惠，鄭宗義，大陸新儒家代表陳明、干春松、唐文明等 13 位學者會講，有多個主題，其中之一就是：心性儒學與政治儒學之關係。報告人之一為香港中文大學哲學系的鄭宗義，其題目為：「重檢『心性儒學』與『政治儒學』的區分——兼談牟宗三的政治哲學」。其核心觀點是：「心性儒學與政治儒學的區分在學理上是站不住的，充其量只是出於策略的考慮，這點連蔣慶自己都承認。提出所謂『政治儒學』的意圖，是想發掘儒家的政治思想資源，來應對大陸當前的現實問題。」〔註3〕這種觀點與成先生的觀點有相近之處。一般認為，臺灣的年輕儒學者大多遵奉牟宗三先生之路徑，是所謂「心性儒學」，而大陸新儒家以蔣慶等人為代表則是所謂政治儒學，也有人稱為「制度儒學」。不能以心性反對民主政治，也不能相反。「就原始儒學而言，心性與社會政治並不衝突，而是相互為基礎。有好的心性人格，必須有好的社會環境，孟子對此已有表明；有好的人才能通情達理、明辨是非，才能趨向開明的社會，這正是我們所期盼的。這二者互為因果，互為基礎，不能偏執。臺灣的心性儒學，坎陷良知是一種偏。而大陸的政治儒學也是一種偏」；「良知化的儒學、非良知化的儒學，或者政治化的儒學、反政治化的儒學，這都是偏」。既然是一種偏，那麼就要以正來糾偏，那就是堅持心性儒學與政治儒學的統一。儒學內部本身蘊含著這樣的思想資源，也是它可能對現代社會所能作出的新貢獻。允許不同的學者對儒學研究有不同的面向與偏好，如有人就比較重視儒家心性修養的路徑和思想資源，這對加強現代人的道德修養、提高人生境界與安身立命仍然是重要的思想資源。這

〔註2〕 參見肖群忠，《修身倫理與治平倫理的合與分——對中國傳統道德的新的視角分析》，載《齊魯學刊》，2011 年第 5 期。

〔註3〕 鄭宗義，《重檢「心性儒學」與「政治儒學」的區分——兼談牟宗三的政治哲學》，載《天府新論》，2016 年第 2 期。

就如李澤厚先生把儒家道德主要看作一種涉及心性修養的「宗教性道德」,「宗教性道德」是自己選擇的終極關懷和安身立命,它是個體追求的最高價值,常與信仰相關聯,好像是執行「神」(其實是人類總體)的意志。〔註4〕基於現代民主體制和權利哲學產生的西方公共道德則被稱作「社會性道德」,它可能有規範行為的「對錯」標準價值,但仍不能缺少「宗教性道德」的範導作用。我本人曾受國際漢學家羅哲海先生思想的影響,撰寫《儒者的安身立命之道》一文,在文中我指出:

> 20世紀以來,儒學失去了其官方統治思想的地位,但人們在對儒學的認識中似乎還是多注意它的治國安邦的功能。實際上,儒家學說還有另一方面的內涵和功能,這就是它可以向人們提供一種安身立命之道。換言之,通過學儒可以獲得一種心身平衡之術,從而心安理得,寵辱不驚,心平氣和。這種安身立命之道,既不是像佛教那樣看破紅塵,寄託來世;也不是像道教那樣追求得道成仙;而是依靠學儒者自覺加強學習、領悟、修養,從而能獨善其身,依靠道德來安身立命。這正如孔子所說:「朝聞道,夕死可矣!」(《論語·里仁》)對於今天的學儒者、修儒者,儒學中包含的這種安身立命、修身養性的內涵和功能也許更加重要。這是儒學貢獻給當代中國人的寶貴財富,也是我們重新重視儒學的內在理由。〔註5〕

我雖然堅持這種觀點,並在自己的生命體驗與行為實踐中堅持學儒以安身立命,但絲毫不想否定別的學者有更多的家國天下情懷甚至有帝王師理想,因為「為天地立心,為生民立命,為往聖繼絕學,為萬世開太平」一直是儒家知識分子的高尚理想與濟世情懷。因此,政治儒學的思考與關懷,憂國憂民,為治平獻計獻策,這仍然是一種高尚的返本開新的現代性關懷,是值得尊重的學術努力。只是二者不能各執一偏,互相否定,而是要以正糾偏,和而不同,並行不悖。如何實現其「正」?成先生的結論是:「儒學是開放的學術體系,是自覺學他的心性哲學,是一套人的個性與群性兼顧的教化哲學,不是自相矛盾的閉塞的心性結構主義。」「儒學是追求全面化的社會倫理,是一個重視知識與德性知行合一的行政倫理,是一套內在現代化的政治哲學,是內外合一的環境倫理,是內外合一知行合一的政治倫理。」

〔註4〕 李澤厚,《倫理學綱要》,北京:人民日報出版社,2010年版,第12頁。
〔註5〕 參見肖群忠,《儒者的安身立命之道》,載《哲學研究》,2010年第2期。

四、知識信仰究天人，道德主體儒學根

　　儒學究竟是不是一種宗教？這也是儒學界熱議的一個問題，在大陸新儒家中不乏持「儒教」說者。甚至也有一些所謂的「康黨」還主張將儒教仍要提升為一種「國教」的至尊地位。對於這一重大學術問題。成先生作為儒學大家，也談了自己的看法：「我也知道，儒學作為儒教是一種教，教的目的是教化社會，儒學有教的充分含義；但儒學作為一種教與宗教信仰還是不同的。儒學是一套信仰，但儒學是知識化的信仰，智慧化的信仰。簡單地說，孔子所說的君子知而後信；而宗教強調信，信之後能不能知，就是問題。儒學強調『格物致知』，學而後知，知而後信。如果知而不信，就不是真知。」「從開始，孔子到孟子，都看不出他們有我瞭解的宗教性。他們有信仰，是一種知識信仰，是informed belief，不可離開知識，不可離開道德，而是一套追求知己知人、盡己之性、盡人之性、盡物之性的自我與社會發展的哲學。這樣的話，如果我們加上第四種偏向，即便我們認為中國社會今天需要一個宗教信仰，但不能把儒學變成宗教信仰，更何況要把它變成一個具有過高地位的宗教信仰，如康有為所倡。這是一種失誤。這是第四偏。」

　　儒學在中華民族的發展歷史中對民眾確實發揮著一種準宗教的功能。這是因為儒家作為一個道德學派，其所提出的道德價值與規範系統，對民眾的生活發揮了非常強大的作用，因此，實際上產生了如梁漱溟先生所說的「以道德代宗教」的作用，對於傳統中國人的精神生活來說，一般認為，儒家所提出的傳統道德安頓了中國人的現實生活甚至是安身立命之道，又得到了佛教的「三世兩重因果」和道教「神佑鬼懲」的道德制裁理論的加持，從而三教合一影響著中國人的精神生活和行為方式。儒學不是正規宗教，沒有神職人員，但在歷史上也大量存在「文廟」「祠堂」祭祀以及大量的儒生、教職，因此，說儒學具有一定的宗教性也是有一些根據的，特別是它實際上發揮了指導中國人安身立命、克服生命緊張、勉慰情志的宗教功能。在現代社會，儒學失去了國家統治思想、科舉考試等制度支持體系，如何使儒學發展一種具有組織化的依託和載體，這也許是儒學界倡導「儒教」的初衷，即想使儒學在現代社會有一個更大的發展。實際上，在香港，儒教也是被公開認可的七大宗教之一。但是，從學理分析和內在性質看，成先生對儒學的宗教性的特殊性的分析顯然也是科學合理的，即儒教本質上是一種建立在理性勸喻基礎上的人文教，而不是一種建立在完全信仰基礎上的標準宗教。這種看法實際上在前輩新儒家學者中

也有相同的看法，成先生之報告分析表達得更為清晰深入些。作為一家之言應該受到尊重，且所見平實客觀，但這個問題恐怕還是仁智互見，仍然會繼續得到討論。

五、結論

　　如果一言以蔽之的話，那麼，在我看來，成先生是以一種哲學的態度研究、對待儒學的，因此，他必然要探尋儒學義理之後的根源性基礎與道德形上學。在這種致思路徑和方法引領下，成先生在這次報告中所闡發的根源性基礎和形上學是什麼呢？在我看來，這就是他提出的儒學的真誠性和創發性，這種真誠性和創發性又是其所要論述的道德主體性的根本。所謂「主體性」一般是指人的意識自覺性和能動性，而儒家對道德的高度真誠與篤信是其主體自覺性的極致，創發性是其能動性的最高體現。基於對「明明德」的高度自覺與篤信，為了達致「親民」「至善」的目標而堅持不斷的與時俱行，革古鼎新，與時偕行，創造發展，這也許是儒學的淵藪性的精神根源，只有如此解釋才能克服當代儒學發展之偏，而實現其正，達到對儒學如下的正確理解：「第一，儒學是生命倫理，道德倫理。第二，儒學是真誠創造，不只是心性倫理，是從內到外、從外到內的創造倫理，不是角色扮演。第三，儒學是內外兼顧或說合內外之道的政治哲學，不只是政治化的儒學，而是參與化的實踐儒學。最後，儒學是哲學，反身而誠，不是宗教權威。」總之，進入耄耋之年的成先生，作為一位儒學大家，其公允中和之思想、綜合創新之新說、儒學哲思之方法，足以使我們這些儒學晚生深受啟發，受益良多，必會助益於儒學的新發展。

原載《哲學分析》，2016 年第 4 期

紀念緬懷恩師羅公

　　2015 年 3 月 9 日上午 7 時 22 分，業師羅公國傑先生永遠離開我們了，驚聞噩耗，不勝悲痛。多日來，全力投入到治喪活動中去，不覺今日已經是恩師的頭七了，這督促自己一定趕快寫點文字，以紀念緬懷先生。

一、師生結緣，獎掖後學

　　我正式登堂入室，成為先生的弟子較晚，1997 年才在羅老師指導下攻讀博士學位，但與羅公結緣還是比較早的，那是在 1981 年，我還只是一個師範大學的普通大三學生，因為熱愛倫理學並立志終生從事倫理學研究事業，以古人治學之遍訪名師的心態與方法，向羅公寫信求教，並希望給予指導。我本是抱著一種試試看的心態，也並未希望得到名望很高又很忙的羅老師的回信。可是讓我沒想到的是，羅老師不僅回了信，而且還給我郵寄了他主編的中國馬克思主義倫理學教科書的第一個版本，即兩卷上下冊的校內內部印行的黃皮本，倫理學界的人都知道，無論是從思想和版本學的角度看，這本書都是非常珍貴的。可惜，這本書我沒能留下來，因為我收到這本書學習了一陣後，人大受教育部委託，舉辦了兩屆倫理學骨幹教師進修班，這本書被我就學所在系的老師借去參加這個班學習了，從此就再沒還給我！下面是羅老師給我的覆信原文：

> 肖群忠同志：
>
> 　　來信收到後，曾寄一套書去，不知收到否？因忙著別的事，回信遲了，還請原諒。你喜歡倫理學專業，並有決心在這個領域裏努力，對我們這些稍稍年歲大的人來說，聽了是很高興的。我國倫理

學還是剛剛開步，一些老同志都年齡大了，心有餘而力不足，真正
有希望的，還要寄託在年青人的身上。從你給我的信上看，決心很
大，我希望你能長期努力。荀子有言曰：「鍥而捨之，朽木不折，鍥
而不捨，金石可鏤」，只要有決心，有信心，不斷努力，一定會取得
好的成效。如能考考研究生，可從事這一專業，即為工作，也望能
在業餘中不斷努力。

　　此致

　　為謹

羅國傑 1981.8.16

這以後雖然在多次會議上都能見到羅公，但那時我只是居於西北偏遠城
市的一所師範大學的一名年輕教師，只能是遠遠望著先生而高山仰止，1985 年
雖然上了中國人民大學的研究生班，羅公也不久就由系主任升任副校長，由於
太忙，只是來研究生班開班儀式上講講話，講了一次課，因此，可以說與羅公
的接觸交流並不多，1997 年正式登堂入室，接觸的機會相對較多了，在老師
的培育教導下，我的博士論文《中國孝文化研究》獲得了全國優秀博士論文獎，
我自知，這篇論文寫得還說得過去，在參加評獎前已經在大陸和臺灣出版了簡
繁兩個版本，並且在兩地的重要學術刊物如《哲學研究》《教育研究》《光明日
報》《孔孟月刊》等已經發表了近 20 篇論文。經過九位專家的通訊匿名評審和
專家會議評審，這篇論文成為該獎開評以來倫理學專業的唯一一篇論文，也是
老師的教育成就之一，最終能評上當然也離不開中國人民大學與恩師的威望
和影響力。2002 年我以引進人才身份調入人民大學任教，這也全仰賴老師的
提攜。在學術委員會的應聘答辯會上，羅老師親自到場，對我調入人民大學給
予了充分支持。當我正式來人民大學報到上班後，第一次教研室會議，老師特
意出席，並講話說，肖群忠調入人民大學對於教研室非常重要，還送給了我一
個筆記本（非電腦）作為禮物，勉勵我。

二、胸懷使命，嚴謹求實

　　羅公在解放前就曾就讀於同濟大學法學院，背叛自己的家庭出身，自覺投
身革命，曾經擔任同濟大學法學院的中共地下黨支部書記，喬石同志曾是他的
直接領導，他對共產主義有真誠的信念，這種信念為他終生所持守。解放初的
頭七年裏，他在上海從事黨務工作，已經是處級幹部。但他對哲學思考與學術

有濃厚興趣，經向組織申請，作為調幹生來人民大學哲學系就讀。瞭解了羅老師的這種革命經歷和堅定信念，就能更好地瞭解，羅公從事學術活動總是以黨員知識分子的身份，胸懷為黨的事業和民族進步的理想而從事學術活動的。胸懷家國天下，也完全與中國古代儒家知識分子的情懷相一致，經世致用、理論聯繫實際，這種儒家立場方法與馬克思主義的立場方法也是完全一致的。有的學者願意在自己構建的觀念與思想世界裏，在書齋裏從事自己所謂的「純學術」研究，這也理應受到尊重，學者應該有不同類型的關懷，我們不能輕易相互否定。「鐵肩擔道義，妙筆著文章」，李大釗同志的這句話是羅公從事學術活動的態度與貢獻的生動寫照。

　　羅公基於這樣的立場與方法，可以說在當代倫理學術上取得了非常突出的成就，他組織編寫了第一部中國馬克思主義倫理學教科書，組建了中國第一個倫理學教研室，他所創造的倫理學理論體系長期被中國倫理學界作為母本、底本而學習、傳播。羅公所創立的這套理論體系很好地詮釋了我國當代文化與道德建設的主弦律，為社會生活的和諧進步提供了自洽的理論解釋，為培育一代新人的道德人格提供了理論支持。他早在世紀之交時曾給時任黨和國家最高領導人一對一講課，所講話題「儒家思想與政治治理」成為後來黨和國家最高領導人提出「以德治國」治理策略的理論基礎，與習近平主席在 2013 年末提出的「以德興國、以德立人」的思想也是完全一致且具有前瞻性的。他主編的學術專著《以德治國論》也獲得了中宣部「五個一工程獎」。2001 年《公民道德建設實施綱要》是中共歷史上以黨中央名義發布的唯一一部專門涉及道德建設的文件，其中的一些重要提法如社會主義道德要以為人民服務為核心，以集體主義為原則，以「五愛」為基本規範等，都是在很大程度上徵詢並採納了羅老師的相關建議而提出的。羅公逝世後，習近平、張德江、劉雲山、胡錦濤等黨和國家領導人都表示哀悼和慰問，享盡哀榮，我想與羅老師對黨和國家的這種理論貢獻是分不開的。綜觀恩師一生的學術貢獻，我覺得將他評價為中國馬克思主義倫理學的奠基人、市場經濟條件下道德理論的探索者，是完全符合歷史實際的。恩師治學始終以馬克思主義為指導思想與方法，善於繼承人類一切優秀文明成果，在學貫中西的基礎上，特別重視和長於中國傳統倫理文化，主編有兩卷本的《中國倫理思想史》，自己親自撰寫的部分占很大比重。他團結全國倫理學界同仁編著的五卷本《中國傳統道德》對於系統整理和闡發中國傳統道德奠定了堅實的基礎，不僅受到大陸學術界的好評，也受到港臺學

術界的好評。羅公晚年將自己的學術思想從總體上概括為「馬克思主義德性倫理學」這是相當準確的，體現了羅公以馬克思主義為指導，自覺繼承中國傳統倫理的優良傳統而興國立人，以資政育人為倫理學的最終目的和情懷。

我老師能在學術上取得如此大的成就和影響，一是他有強烈的使命感，另外就是他求實嚴謹的學風。他絕不是唯上唯書，而是實事求是，嚴謹治學。在新的市場經濟條件下，傳統革命道德似乎受到了社會生活條件變化的一些衝擊，羅老師立足於變化了的生活，對集體主義原則做出了自己新的詮釋，特別強調社會利益與個人利益的結合，他辯證地提出了自己的道德境界說，即大公無私、先公後私、自私自利，實際上注意到了道德的層次性問題，使不同的人根據自己所處境界進行道德修養。在一段時期內，社會上都強調衡量道德進步的標準是「是否促進生產力的發展」時，他卻保持著高度的理論自醒和理論前瞻性，他認為推動生產力進步不能簡單成為衡量道德進步的標準，道德進步的標準應是是否促進人和社會的完善，顯然，羅公不是一個趨時唯上的人，而是一名嚴謹求實的學者。

我 1997 年入羅門攻讀博士學位，1998 年晉升教授，應該說在讀博士前已經有一定的科研積累，來讀博士時，就立志研究傳統孝道，且已經有一定的前期研究成果。入門後，我向羅公彙報我的研究題，羅公最初委婉地說：孝似乎前幾年已經有一位碩士寫過了，我向羅公彙報了我不單純是一個倫理視角，而是文化視角，將會有大的突破，羅公也就同意了。當我提到清人編著的一本《孝經大全》這本文獻時，羅公隨即就冒出一句話：「這本書我還沒看過」，這句話對我震憾很大，多年來一直常出現於我的腦海中，對於一個具體研究領域的某一個文獻，作為大家的羅公不知道，這是非常自然的事，可貴和令人震憾的就是他在學生面前非常自然地說出自己不知道，這種求實的精神、真誠的品格實在是一個學人的高貴品質，這正如孔夫子所說，知之為知之，不知為不知，方是知也。老師的這句真誠而不做作的話，使他在我的心目中的地位與形象更加高大偉岸，這種自然流露出來的真誠品質，是他做人做學問的人格底色，這也就使人能很好理解他在擔任人民大學副校長時，建議學校並最終確定以「實事求是」作為校訓的原因了。

三、知行合一，人格楷模

羅公是一位倫理學者，更是一個知行合一的儒者。愛因斯坦在評價居里夫

人時大概有這樣一段話：「第一流人物對於時代和歷史進程的意義，在其道德品質方面，也許比單純的才智成就方面還要大。」他老人家在我心目中就是高山仰止地活在現世的儒者。他臉上永遠掛著發自內心真誠善良的微笑，現在已經凝結為一個永恆的瞬間，但他的人格風範卻會常留在人們的心中。他時刻嚴以律己、寬以待人。上學時我們學生去家裏看他時，帶一點蘋果，他進門時雖然不先批評你，但你走時，他卻堅持要你一定帶走。我的《中國孝文化研究》獲得全國優秀博士學位論文後，學校舉行頒獎儀式，結束後合影留念，時任人民大學校長和黨委書記出於對羅老師的尊重，讓羅老師站在最中間，兩個領導站兩邊，我和另一位時任校辦副主任的同門師弟站兩邊，我覺得這張照片非常有紀念意義，想沖印留念，正在興頭上，還沒出會場，羅老師就告訴我和師弟，這張照片不得擴散。我謹遵師命，至今也沒有將這張照片示人。我在拜訪老師前，以為他的房子很大，到了林園四樓 24 號羅老師家一看，那麼擁擠局促，總面積只有 90 多平米，家具也都是舊舊的。老師生活簡樸，就是書多，當全校改善了住房條件，我們給老師往世紀城搬家時，運了好幾車書，客廳裏一個很舊的木質沙發，老師堅持要搬到世紀城繼續用，我和幾個師兄弟堅決不同意，就悄悄將舊沙發扔了。後來根據新房客廳的大小，買了一組兩面相對，一面坐三個人都很擠的簡易沙發。這組簡易沙發兩面都一樣，沒有單人的，人去坐時，都不知哪是正位，也是因為客廳很小，面向南面最大的一間房子被老師作書房了。就是這組沙發，一坐又是十多年了，就連李長春同志前年去看望羅老師時，坐的也是這個沙發。前天去家裏看望師母時，這組沙發仍在那，可羅老師已經永遠去了，我心裏一陣酸楚，眼淚在眼眶裏打轉。

他親赴學生宿舍為病中的學生送藥關懷，他在同教研室老師面臨批判被整的關鍵時刻，想辦法保護同事。他在病危意識半清醒之時，每當別人看他時，他總說的一句是：「某某是好人」，「成績都是大家一起做出來的」，當聽到這種潛意識發出的心聲時，人們不僅動容，就會理解羅老師是一個什麼樣的人了！

如何總結羅公的這一生，在羅公逝世後，諸多弟子都撰寫輓聯試圖總結紀念羅公，最後在八寶山告別大廳門上用的是經過多人修改定稿的，其聯曰：

尊德性，懷家國，一代宗師垂世範

開新學，育棟樑，千秋偉業耀華天

在人民大學人文樓六樓設立的弔唁靈堂中用的則是健英師妹所撰，其

聯曰：

　　泰山其頹，哲人其萎，師者風範音容宛在

　　仰之彌高，鑽之彌堅，道德文章以饗後人

　　很慚愧，我從小沒讀過《笠翁對韻》之類，對對聯之平仄對仗也不懂，但總想以較為簡明的語言來概括紀念老師這一生，因此，也就不揣淺陋，將我所撰不算對聯的對聯錄於下面，表達我對恩師的追憶紀念，並結束此文：

　　開創學科，弘道彰德，國之英傑；

　　道德文章，學高身範，為人表率！

　　尊德性而道問學，知行合一，大家風範；

　　極高明而道中庸，頂天立地，仁者氣象！

原載《倫理學研究》，2015 年第 3 期

鑄民族文化倫理之魂
——《倫理與傳統倫理論集》自序

　　《倫理與傳統倫理論集》是本人 2007 至 2014 這八年來公開發表相關主題論文的一個選集，能由臺灣花木蘭文化出版社出版，本人深感欣慰。在此之前，本人曾有兩個論文集，即《道德與人性》（鄭州，河南人民出版社 2003 年版），《倫理與傳統》（北京：人民出版社，2006 年版），前一本選集了我自 1982 年至 2002 年這二十年發表的部分論文，後一本則選集了我任中國人民大學哲學院教職以來四年間（2002～2006）發表的論文，這次本書集的出版，則使我目前發表的論文成果得到了較為系統的集匯。

　　自 1982 年公開發表第一篇學術論文到現在，從事學術思考與研究已經 30 多年了，從事教職也已經過了 30 年了。這期間曾經出版學術、注評、編著 10 餘部，發表學術論文 200 餘篇。在我看來，學術表達，重大題材需要以專著形式表現，但論文也是學術表達的重要形式。我常以為，論文能夠結集出版，往往是學術上的大家，到了學術總結階段，才可以出論文選集或全集，在人們看來，這種選集往往是字字璣珠，篇篇經典才能出，因此，本人的粗淺文字能夠結集全依賴命運機緣垂青，因此，前兩個集子雖實為文集，卻不敢以文集自命，而是以一種專題編為一系統性論著形式。這次結集書名，終於敢名為「論集」，但還是要有一個主題，就是我上述想法的一種體現。

　　此次拙文能結集出版，全仰杖花木蘭文化出版社的厚愛與「中國倫理思想研究論叢」叢書的抬舉。收閱花木蘭文化出版社近期新書的宣傳活頁，看到其中有澤應教授主編的這套書，而且自己的博士畢業生歐陽輝純的博士論文《傳

統忠德研究》也在該叢書中出版，這促使我也產生了把自己近年來論文結集交付出版的想法。從 1984 年成都開會認識，我和澤應兄認識相交也已經整整 30 年了，他與我專業完全相同，回想 1986 年，由中國社會科學院哲學所、中華書局、光明日報等八家重要單位聯合舉辦的「全國中青年哲學工作者最新成果交流會」在黃山舉行，應徵論文 2000 餘篇，入選論文只有 180 篇，倫理學界入選論文只有 5、6 篇，其中就有澤應兄和我。我們倆在治學上都堅持史論結合方法，即重視倫理學理論修養，又重視中國傳統倫理的材料考據工夫，在對待史論，考據與義理關係問題上，我們的治學方法與風格有深契之處，因此，交流起學術問題來，一拍即合，使人心生欣喜，有同志之樂。

拙文結集《倫理與傳統倫理論集》也確實符合全書內容和我長期以來的研究方向。我的學術研究三十年來，其基本方向和研究領域、研究方法，都一直沒變過，這就是倫理學理論和中國傳統倫理或者說是中國倫理思想史。以論馭史，以史佐論，史論結合，這是我的基本方法。因此，選入近八年公開發表的三十餘篇論文，其內容大致可分為三個方面，倫理學理論；中國傳統倫理的總體性研究；中國傳統倫理的問題個案與人物、文本個案研究。入選「中國倫理思想研究論叢」叢書，倫理學原理的問題入編，似乎有點不妥，但在我看來，要研究清楚中國倫理思想，離開了倫理學原理的支持，可能就會缺乏分析的理論基礎，如上所述，史論結合方法也是我長期堅持的，因此，也就釋然了！

以《倫理學基本問題新論》為首篇，這不僅在於它是倫理學基本問題，是指導我思考的一個基本前提，而且從原文發表時間來看，也是 2007 年，實現了歷史與邏輯的統一。別的倫理問題，我提出了「常人道德」的新概念，對「社會公德」理論也進行了一些新釐清。另外，還從更為廣闊的視野，探討了「智慧、道德與哲學」的關係，該文在《北京大學學報》發表後被《中國教育報》理論部主任在第一時間看中，約我以此文為基礎，在其「理論週刊」版的「大眾學堂」欄目中連載了四期，因此，這兩文在某些內容上似乎有些重複，但為報紙寫短文，實際上是一次再創作，而且內容也有很大不同，因此，這次編選集時，就將兩文同時選入。《道德危機的拯救與文明大國的崛起》則是對 2011 年全民道德憂慮的一種回應和思考，《論律己》則是對儒家重視修身傳統的現代詮釋。要研究清楚中國倫理問題，必然要以儒學圈的他國作為借鑒，因此，還有兩篇文章探討了日本自明治以來的社會公德建設和

韓國的弘孝立法實踐。

《中國倫理研究的回顧與展望》是一篇綜述性文獻，不屬嚴格意義上的學術論文，之所以集於此，是因為相信它有助於臺灣學界瞭解大陸學界中國倫理研究的總體情況，而且這篇信息文章也曾在臺灣輔仁大學《哲學與文化》刊載過。《儒家〈仁義內外之辨〉的現代倫理意義》，孟子與告子的仁義內外之辨不僅是儒學史上重要的問題，更重要的是我們要研究仁內義外這兩種儒家道德精神實質對現代倫理建設的意義。《儒者的安身立命之道》則揭示了儒家倫理作為一種宗教信仰倫理的內聖精神，這不僅是本人知命之年的一篇學術論文，更表達了自己的生命體驗。《修身倫理與治平倫理的合與分——對中國傳統道德的新的視角分析》一文則是以西方倫理學近幾十年來的規範倫理學與美德倫理學的理論與分析範式對儒家倫理學的一種分析與解析。《儒家德性傳統與現代公共道德的殊異與融合》一文，實際上是對傳統儒家倫理與近現代西方倫理的一種現代分析，《「國粹」與「國魂」——弘揚中華倫理價值與重塑民族精神》一文則是有感於西方倫理對儒家倫理的衝擊，而對中華倫理精神的一種堅守。《禮義之邦的禮義精神重建》，則是基於現實禮治秩序與禮儀文明逐漸凋落的現實，而發出的吶喊與關懷。自認為這幾篇文章都是對儒家倫理最重要的內在精神特質的總體性分析。

《仁義信和民本大同——中華核心價值新六德論》一文則是對習近平主席提出的「深入挖掘和闡發中華優秀傳統文化講仁愛、重民本、守誠信、崇正義、尚和合、求大同的時代價值，使中華優秀傳統文化成為涵養社會主義核心價值觀的重要源泉」的重要論述的一個解讀。回想儒學近百年來的命運，經過五四運動和新文化運動的批判，在大陸，很長時間對傳統文化與傳統道德都持一種否定和批判的態度，在近一年多來，習近平分別在曲阜、政治局學習、北大五四青年節、國際儒聯大會上就儒學與傳統文化與傳統倫理發表了四次重要講話，從政治環境看，現在是大陸地區弘揚儒學與傳統美德的最好時期。最後以《傳統道德與現代幸福生活》結束這一邏輯板塊。

可能會有喜歡做個案小問題研究的學者或讀者會覺得，上述文章似乎都是較為宏大的空疏論文，但這可能就是我的學術研究特點，個案小問題的精深研究固然可貴，但在我看來，宏觀義理的研究也不可缺少，且有重要價值。

當然，我的學術研究，微觀個案研究也不是完全沒有，收在本集中第三單元的下述論文都屬於問題、人物、文本個案。我長期研究孝道，博士論文《中

國孝文化研究》一書曾受臺灣陸委會大陸學人專項資金資助，得以在臺灣五南圖書出版公司出版。我的孝道研究備受學界重視，因此，仍然不免常有約稿之事，這推動我不斷研究而不是簡單重複舊有成果，因此還常有關於孝道研究的新論文發表，本集選了在這八年裏發表的五篇孝道研究論文：《把根留住：孝與中國文化》《孝與廉》《傳統孝道的傳承、弘揚與超越》《孝道的生命崇拜與儒家的養生之道》《孝道養老的文化效力分析》，這些文章應該說還有其新的問題角度和論證。另外，如下四篇文章可以說是研究傳統倫理的問題專題的：《先秦氣節觀及其現代意義》《傳統「義德」析論》《傳統師德及其現代價值》《論中國古代鄰里關係及其道德調節傳統》。最後，還有三篇文章，一篇是從修身思想的角度解讀《老子》文本的，另外還有兩篇是專門研究船山倫理思想的，這兩篇文章是在不同時期受澤應兄之約而寫的，王兄湖南衡陽人也，與船山為老鄉，也是當代研究船山倫理思想的著名學者，近年來，又擔任《船山學刊》執行主編一職，受兄之命，常覺得盛情難卻，由於自己對船山思想並無精深研究，但又難負盛情，撰出兩篇粗疏論文覆命，將此兩文集於此，也算是對我們兄弟之間學術情誼的一種紀念。本書集的最後一篇論文是《李澤厚道德觀述論》，關於這一篇是否應上，我是很猶豫的，因為常常說起《中國倫理思想》時往往說的是中國倫理思想史或傳統倫理思想，而李澤厚是一位當代學者，目前還健在。況且寫其道德觀，似乎也是理論而非史學思想了，當然李先生對中國思想史的研究有其著名的古代、近代、現代三個集子。但最終還是上了，一方面，自己認為李先生是大陸地區影響深巨且在學術史上能留下歷史地位的著名學者，其倫理思想或道德觀也可以說是獨樹一幟的，而且，自認為這篇文章還是下了些工夫的，因此，就猶豫再三還是上了，從論開始又以一篇史論結合的當代人物個案作為本書集的結束。

時光如逝，一晃又是八年過去了，生有涯，學無涯，人已過知命，而處於知命與耳順之間，能有機會將這八年的文字結集，是對自己這八年來學術生命的一種總結，因此，不勝感慨與感恩。

花木蘭文化出版社委託澤應兄編輯「中國倫理思想研究文叢」叢書，旨在推廣大陸學人關於中國倫理思想的研究成果，這一舉措在我看來，意義重大。兩岸政治上分治的現實割不斷兩岸同種同文的文化血脈，傳統倫理是中華文化的核心與靈魂，這是為兩岸中國人所共同尊奉的文化傳統。在臺灣，中華文化傳統一直不曾斷裂過，在大陸地區，在相當長時期，是否定傳統文化和傳統

道德的，在大陸大搞所謂的「文化大革命」和批林批孔運動時，臺灣卻在搞「中華文化復興運動」，甚至陳立夫先生還曾在上世紀九十年代提出「用中華文化統一兩岸」的呼籲，當他向大陸學者談及「四維八德」時，大陸的某些學者竟然說，陳先生，您為什麼概括的如此好呀？由於兩岸的隔膜，竟然連大陸學者也在當時條件下，不瞭解孫中山先生的新八德和管子的「四維」合起來就是「四維八德」了。令人可喜地看到，在這三十多年來，兩岸學術界的交流還是日漸多起來了。比如，本人就曾在臺灣出書，也曾在《孔孟月刊》《文化與哲學》上數次發表論文。各種學術都可交流，中國思想史、儒學或國學、傳統倫理方面的交流可以說就更少障礙，因為這是我們共同的文化命脈。臺灣學者的成果、著作也大量在大陸出版，還有很多臺灣學者尤其是傳統文化領域的學者也常常活躍於大陸。由於大陸地區長期以來對儒學與傳統文化的否定，因此，在很長時間，關於傳統文化與傳統道德的研究可能是落後於臺灣的，比如，第二期新儒家學者基本上都是居於臺灣香港學者。三十多年過去了，大陸新一代學者也經過較為系統的學術訓練，因此，兩岸也具有了平等對話的條件了。推介大陸學者的研究成果，是兩岸學術文化的一項盛舉。

對於傳統文化與傳統道德，目前在大陸地區，得到了高度重視，習近平在曲阜提出：「國無德不興，人無德不立」，不僅官方重視，民間弘揚傳統美德的熱情也很高漲。大家都認識到，中華民族的偉大復興不僅需要經濟、科技、軍事等硬實力，而且需要道德與文化的軟實力，只有如此，中華民族和中國人，才會受到世界各國人民的真正的尊重而不僅僅是畏懼和討厭！

孫中山先生當年在其《三民主義·民族主義》中指出：「要維持民族和國家的長久地位還有道德問題，有了很好的道德，國家才能長治久安。……所以窮本極源，我們要恢復民族的地位，除了聯合起來做成一個國族團體以外，就要把固有的舊道德先恢復起來。有了固有的道德，然後固有的民族地位才可以恢復。」傳統美德是中華民族偉大復興的重要基礎和精神動力，讓我們大力推動中國倫理思想的研究，大力弘揚中華傳統美德，希望通過本書在臺灣的出版，有助於推動兩岸的學術文化交流，為提高中華民族的凝聚力，為提高中華民族的整體道德素質而盡一點綿薄之力！

原載《船山學刊》，2015 年第 3 期